旅游强国视阈下的民族村寨文化"两创"：

以"村超""村BA"为例

徐姗姗 著

新华出版社

图书在版编目（CIP）数据

旅游强国视阈下的民族村寨文化"两创"：以"村
超""村BA"为例/徐姗姗著. -- 北京：新华出版社，
2025. 1. --ISBN 978-7-5166-7651-6

Ⅰ. F592.3

中国国家版本馆CIP数据核字第2024XA4396号

旅游强国视阈下的民族村寨文化"两创"：以"村超""村BA"为例

著者：徐姗姗

出版发行：新华出版社有限责任公司

（北京市石景山区京原路8号　邮编：100040）

印刷：北京厚诚则铭印刷科技有限公司

成品尺寸：170mm×240mm 1/16	**印张**：21	**字数**：320千字
版次：2025年4月第1版	**印次**：2025年4月第1次印刷	
书号：ISBN 978-7-5166-7651-6	**定价**：108.00元	

微店

视频号小店

抖店

京东旗舰店

扫码添加专属客服

微信公众号

喜马拉雅

小红书

淘宝旗舰店

中央民族大学学术团队引领计划项目
"文旅'两创'与各民族'三交'的互促机制研究"
（项目编号：2024QNYL20）的阶段性成果

序 言

"村 BA""村超"：实践乡村振兴的别样风景

2022 年，黔东南名不见经传的台江县"村 BA"火出了圈，各大媒体相继报道，台江县也成了网红打卡地。当看到大量新闻报道时，最初我还挺纳闷，为何它突然就火了。

早在 2020 年跟着中国民间文艺家协会到榕江、雷山等地调研"爬坡节"时，我就已听闻当地村民喜欢踢足球、打篮球。当时我看到很多村落有篮球场、足球场，我倒没有太多意外，因为在很多地方调研的时候，我都看到村落外空旷的广场上，零散、破败的健身器材和孤零零的篮球杆子、球筐，太多留于形式的设施，让我没有兴致仔细去问。在雷山，有天早晨，在开始调研前，我到附近走路，看到节日前很多青年人、孩子们，甚至有老年人在球场上奔跑，我当时都有点恍惚，后来问了贵州民间文艺家协会和贵州民族大学经常过来调研的老师们，他们说："在这儿，篮球、足球体育运动是常态，这些体育运动在贵州兴起得很早。"我当时还挺意外，或许也是刻板印象所致，总觉得少数民族地区与现代体育运动距离较远，就像我曾经在新疆调研时听说很多滑雪运动员都来自阿勒泰地区一样。因为在我们的文化观念中，经常以传统的文化框架理解不同地域、不同民族的文化事项,我们可以理解村落里的戏台、庙宇,乃至后来的村落广场、供销社(后来大多改为小超市)、村头的大树等在村民日常生活和公共活动、节日庆典中的意义,也可以理解生活革命带来的公厕等公共卫生设施和近年来因美丽乡村建设而在村落公共场所出现的各种壁画、涂鸦。但往往我们却忽略了20世纪初期开始,现代文化通过各种渠道进入乡村及各民族、各地域不同的接受状况。我们对城市中的公园、体育场馆司空见惯,但似乎这些与乡村并无关系。所以,在乡村文化振兴、艺术介入乡村建设时,我们总是强调或者希望发挥传统民俗文化的功能,比如,传统的公共文化空间如何进一步发挥作用,在村落改造、居民上楼过程中,如何更好提炼文化符号或民俗标志物,留住民众记忆,同时也让记忆有"场域"可依。但这些往往大多成为地方工艺品展陈,如刺绣、竹编等,与旅游地无异。我们似乎总是希望标准化对待"乡村建设",却忽略了村落的千姿百态。同样,对于传统文化资源的创造性转化创新性发展也经常是千篇一律公式样的面孔。全面强身健体,那到处都是体育器材;艺术乡建,则村落到处都是手绘及和村落毫无关系的图像,每年出版和发表的相关论著有上百本、论文有数百篇,因为关注这一话题,大数据也经常推送相关论题,不论是新闻,还是论著、研讨会,总觉得新意甚少,包括我自己所参与的课题和写作的论著,也一样,总觉得这样的瓶颈不知道如何才能打破。

拿到《旅游强国视阈下的民族村寨文化"两创":以"村超""村BA"为例》一书的样稿时,首先我就被作者文后的附录吸引了,看到作者仔细整理的"村BA"大事记和"村超"大事记,对照各个实践节点,让我切实感受到此书抓住了乡村振兴中文化资源转化或我们经常说的文旅开发的地域个性的一个很好的案例。恰巧同时,我翻阅了侗族作家姚瑶撰写的报告文学《"村BA":观察中国式现代化的一个窗口——台盘村乡村振兴故事》(贵州民族出版社,2023年)。两本书对读过程中,"村BA"和"村超"不再是碎片化的,而是连缀成一幅图景，给我们探寻"这个引来几万观众和几十亿网络流量的事件"中不同寻常力量的契机与探究乡村振兴文化密码的通道。其中最打动我的是书中"节日中穿上盛装在篮球场集合的苗族孃孃们和前来观光的外地游客"这张图片（第 78 页），它让我想起自己调研中看到的从几岁孩子到八十多岁老人聚集到篮球场的场面，想到姚瑶报告文学中，台盘村篮球运动从石头球、棉花球到如今国家赛事般的排场，从苗寨女篮到"村 BA"延续八十多年、跨越三代人的篮球运动被称为"台盘村的灵魂"的原因。在作者对"'村 BA'现象级传播的制胜密码"的分析中，让我进一步理解了当下网红经济或文化资源转化中，不再是"依赖传统意义上的景观或商品价值，吸引消费的重点转向文化创意、人气氛围、情绪价值和配套服务"。本书作者并没有局限于对贵州"村 BA""村超"的论述，而是将其与山东淄博烧烤进行了横向比较，让其观点进一步夯实。这一论述对其他领域，如民俗学、民间文学领域都有启迪意义。民间文学领域对传说与文化景观的讨论，即可从这一视点出发，讨论当下文化景观建设中传说或民间叙事资源如何转化能进一步引发当地或旅游群体的关注，我们如何讲好"故事"，引发更多人共鸣。除了民间故事创编的研究外，我们更应该关注当下"打卡""网红地标"形成的机制或推动力。这也会推进我们进一步思考如何更好地挖掘乡村振兴中民俗文化和地方资源，发现富有民族特色和地域特色的资源，而不是仅仅停留在符号或形式层面。

　　另外，本书还阐释了现代文体活动如何融入传统民族节庆活动，并起到维系村落各族民众情感的功能。这一部分，作者虽然寥寥几笔，但带出了当下我们在传统节日研究乃至节日类非物质文化遗产代表性项目传承和保护中须探索的问题。限于篇幅，作者只是讨论了"村 BA""村超"对于民族交往交流交融和铸牢中华民族共同体意识的意义，希望未来能看到作者分析现代文体活动构筑民众共同精神家园及其对传统节庆活动重构的细致脉络。当然，这有点强他人所难，之所以写出来，也是聊表自己渴望在其他学科学者撰写的论著中看到自己想了解的话题吧。

　　总之，作者在本书的论述中，从个案入手，让我们了解到当下乡村振兴的多样性和个性化，也给了我们一个观察中国式现代化的个案。希望此书能引起除了民族学领域的其他领域学者，包括文学创作者的关注。也感谢此书作者徐姗姗的信任，更感谢她给了我早于其他读者阅读此著的机会。

毛巧晖

写于望京西园二区寓所

2024 年 12 月 28 日

目 录

绪　论

党的十八大以来,我国成为全球最大国内旅游市场,尤其近两年中各地民族特色的文旅热拉动国民经济效果明显。以文塑旅、以旅彰文,实现文旅融合高质量发展,有赖于不断总结对中华优秀传统文化的传承、保护、利用经验,探索从"系统性保护"到"创造性转化"的实践路径,分析新经验、新地标、新增长点的示范经验,以新发展理念引领旅游强国[①]建设。

图0-1-1 "村BA"(左)和"村超"(右)赛场上的观众人潮[②]

本书以贵州省黔东南苗族侗族自治州(以下简称"黔东南州")2022年和2023年相继火爆出圈、网络传播量已累计超过1000亿的"村BA""村超"个案为研究对象,观察西部民族村寨在现代化进程中物质文明和精神文明协调发展并孕育文化创新的过程、民族文化融合创新与现代化互洽互构的过程以及民族文化创新赋能乡村振兴现代力量的过程,进而解析"村BA"的成功密码以及其为何堪称"观察中国式现代化的一个窗口",挖掘"村超"赛事以及其产业链中蕴藏的民族文化创新创造活力是如何激发基层振兴乡村实践策略的。本书对于研究新时代的农文旅开发中应如何尊重人民首创精神、激发全民族创新创造活力、弘扬中华优秀传统文化乃至为中华民族伟大复兴中国梦凝聚起磅礴力量,具有一定参考意义。

---

① 习近平对旅游工作作出重要指示强调 着力完善现代旅游业体系加快建设旅游强国 推动旅游业高质量发展行稳致远 [N]. 人民日报,2024-05-18(001).
② 本书中的插图,除个别特殊说明的外,均系笔者现场拍摄。

第一节　选题缘起

　　"村 BA" 与 "村超" 作为我国近两年的网络热词，是新时代全民健身和体育强国的基层版本，是小山村 / 小县城搞出大动静的现象级传播事件，是民族地区对优秀传统文化进行创造性转化、创新性发展[①]（以下简称"两创"）的典范操作，也一路领先地为全国方兴未艾的农文旅融合发展打开了"体育 +"思路。因这两项群众性体育活动分属黔东南苗族侗族自治州的台江县和榕江县，又都以"村"出了特色而闻名，故常被媒体以"两江两村"赛事统称。带着对"村BA""村超"何以火爆出圈的研究兴趣，笔者两年中数次前往黔东南州进行田野调查后写作了本书。

　　2023 年 4 月晴朗的一天，笔者在第一次去往"村 BA"发源地——台江县台盘乡台盘村的网约车上，一边用手机刷着各类媒体对"'村 BA'背后有高人"的讨论和猜测，一边与司机攀谈，当听说小伙子就是土生土长的台盘村民时，迫不及待地问出了"你们的'村 BA'是怎么一下子火起来的？"他轻松答道："就是靠我们那天亮文化啊。"难道是某家文化传媒公司的名称？追问之下，才搞清楚所谓的"天亮文化"是黔东南文旅打出的口号——"跳舞唱歌到天亮；斗牛比赛到天亮；乡村篮球到天亮。"[②] 从歌舞、斗牛到篮球，可以看出民族村寨

---

　　① 2014 年 2 月 24 日，习近平在中共中央政治局第十三次集体学习时指出："使中华优秀传统文化成为涵养社会主义核心价值观的重要源泉。要处理好继承和创造性发展的关系，重点做好创造性转化和创新性发展。"参见：把培育和弘扬社会主义核心价值观 作为凝魂聚气强基固本的基础工程 [N]. 人民日报，2014-02-26(001).

　　② 黔东南州文体广电旅游局 . 来黔东南，一定要感受这三个天亮文化的神仙氛围 [EB/OL].(2022-08-01)[2023-06-10].https://mp.weixin.qq.com/s?__biz=MzA3NTE2MTI1MQ==&mid=2649802788&idx=1&sn=4a3ef24a3b82d02d173c0cabfccf2ff0&chksm=8770a3e8b0072afe680f174a4097a75f4c51246666f1a643b2fc01dbd7b7b6bfe230d2d4e81d&scene=27.

旅游吸引物（tourist attractions）从传统到现代并且中西合璧的走向，更为难能可贵的是，"村BA""村超"都是在黔东南深厚历史文化底蕴上生根发芽，扎实依靠本地各族村民锤炼成文化、创出知名度的农文体商旅综合体，代表新时代民族村寨文化振兴活力的新风尚。

民族地区是发展不平衡不充分、返贫风险高的"洼地"，也是民俗传统、文化遗产的富集区，是中华优秀传统文化创造性转化的"一线"及非物质文化遗产（以下简称"非遗"）活化利用的"前沿"，具有发展文化旅游产业的得天独厚资源优势。"村BA"与"村超"，一个孕育于仅1000余人口的村寨，一个上演在人口不足40万的县城，原本都看似平平无奇，甚少出现在贵州的旅游地图中，然而却在2022年、2023年出人意料地创造了比赛日分别涌入20000余名和50000余名现场观众的纪录，掀起的网络直播观看浪潮更是创造了上千亿次的流量奇观①，成为具有全国影响力乃至海外知名度的乡村体育IP。

兴起于黔东南、走红于互联网的"两江两村"赛事，堪称我国近两年内最成功的乡村/县域文旅品牌推广策划。看似是从外部去激活、赋能非遗保护和文旅开发的个案，但笔者经调研发现，其新文旅IP打造密码内建于村民自主的民族文化传承和民族风情传播——依托当地传统节庆项目的组织经验和参与热情，外来体育运动顺利实现了本地化；"村BA""村超"上与球赛同样精彩的银饰苗绣侗歌，源于黔东南州的非遗项目，这些传统文化符号贯穿现代球赛的中场对歌、"蹦苗迪"及奖品文创之中，发挥出对当地文旅关键的网络引流

---

① "村BA"方面，火爆出圈三年中全网流量超600亿次。参见：央视网．中国乡村哪里"火"？"村BA""村超"走一趟[EB/OL].(2024-07-07)[2024-08-10]. https://content-static.cctvnews.cctv.com/snow-book/index.html?item_id=12446453189843198633&source=50001&sub_source=50001_011.

"村超"方面，从2023年开赛至2024年5月5日，一年间系列赛事全网浏览量已超700亿次。参见：新华社．电商带货：产销两旺 富足山乡——贵州村超"踢"出就业增收新天地[EB/OL].新华社客户端(2024-07-17)[2024-08-10]. https://h.xinhuaxmt.com/vh512/share/12103700?d=134d94d&channel=weixinp&wxst=1721193209438.

功能①。由"两江两村"赛事从孕育萌生到全国瞩目的历程，可以清晰地看到纵向上现代体育嵌入传统民俗文化庆典、横向上民族非遗融入中华共有精神家园的双向促进。

"村BA""村超"走红的两年中，已引起多学科研究者的注意，提出了如下诸多经验与观点：

在体育领域，有学者归纳"村BA"之于乡村体育在提升群众参与、夯实发展基础、扩大影响力、推动文化繁荣等方面的经验②；有学者在体育人类学的脉络中梳理了从赛龙舟、"村BA"到巴黎奥运会，提倡既关注民族传统体育的当代变迁，也捕捉现代体育进入民族或乡村社区可能发生的"全球地方化"（glocalization）现象③；有学者构建"村BA""村超"的价值链模型，并分析乡村体育赛事在需求产生、组织运营、政策条件、文化氛围等方面的核心竞争力④。

在传媒领域，有学者分析运动风、乡村风与民族风如何构建审美共同体⑤；有学者梳理国际媒体对"村超""村BA"的报道，发现多关联乡村、民族、文旅产业、经济效益等话题标签，是立体真实展现中国"人民形象"的积极传播案例⑥；有学者汇总媒体关于贵州"村超"中"土味体育""粉丝文化""媒体融合""民族文化"等传播描述标签，指出"村超"集中呈现出裂变性、草根性、非理性、娱乐性等特点⑦。

① 徐姗姗，王军杰.从"村BA"看中国式现代化与民族文化创新的互构实践[J].云南师范大学学报(哲学社会科学版)，2024，56(01):81-88.

② 蒲毕文，邓星华.我国乡村体育赛事发展经验及启示——以贵州"村BA"为例[J].体育文化导刊，2023(02):68-73+110.

③ 郑少雄.从赛龙舟、"村BA"到巴黎奥运会——中国体育人类学的两条脉络[J].社会学评论，2024，12(04):54-77.

④ 黄雄，刘春华，王帅.价值链模型下我国乡村体育赛事研究——以贵州"村BA""村超"为例[J].河北体育学院学报，2024，38(02):75-81.

⑤ 旷芳.审美视域下的黔东南"村BA"文化研究[J].贵州民族研究，2023，44(04):166-172.

⑥ 王蕊.国际传播中"人民形象"的立体构建——以国际媒体对"村超""村BA"的报道为例[J].传媒，2024，(11):21-23.

⑦ 刘海涛，周晓旭，王宜馨.贵州"村超"现象级传播的生成逻辑与传播效应——基于知识发酵理论的视角[J].体育与科学，2023，44(05):15-21.

在文旅融合领域，有学者指出"以赛为媒"的形式能够从"自娱自乐"到"共享共乐"铸牢中华民族共同体意识，是民族文化邂逅时尚绘就各民族交往交流交融（以下简称"三交"）的新样板①；有学者以"村超"赛事说明因势利导地精耕乡村体育土壤，发展乡村在地化体育，有助于推动新时代乡村体育文化长期繁荣②；有学者认为"村＋"类体育 IP 的"文体旅"融合发展模式推动了乡村旅游转型的新思路，"村超"彰显了中国式现代化的贵州实践③；有学者举例"村超"与新疆和田夜市、天水麻辣烫等，都通过让广大当地居民和游客共同参与、互动的节庆、游园、赛事等促成各民族"三交"④。

在乡村振兴领域，有学者基于乡村振兴、全民健身、数字网络三大历史机遇，指出乡球联赛之所以成功，在于乡俗、乡韵、乡才、乡境、乡音五大振兴要素⑤；有学者从基层社会治理视角出发，分析台盘村是如何围绕篮球运动以推动农民构建生活共同体的思路来加强乡村治理和乡村振兴的⑥；有学者以社会表演学理论分析"村 BA""村超"案例，指出其已成为具有世界影响力的一种现象级的乡村表演形式，为铸牢中华民族共同体意识提供了一种由内而外的新思路⑦。

上述研究成果对"村 BA""村超"的成功经验及推广价值进行了较为丰富和及时的汇总，但总体而言，文献数量和研究深度有限，尤其对民族村寨文化

① 杨逐原."以赛为媒"：文旅融合视域下各民族交往交流交融的促进策略研究——以贵州省黔东南州台江县的"村 BA"赛事为例 [J]. 原生态民族文化学刊，2023，15(06):90–97+155.

② 周立."村超"出圈：乡村文化振兴新力量 [J]. 人民论坛，2024，(03):104–107.

③ 安海燕，何金彪，杨昌能."村＋"类体育 IP 促进乡村振兴的内在逻辑与实践研究——以贵州"村超"为例 [J]. 资源开发与市场，2024，40(04):590–597.

④ 李俊清，李泽锋.基于游客视角的旅游促进"三交"机理研究 [J]. 云南民族大学学报(哲学社会科学版)，2024，41(04):65–79.

⑤ 代向伟，凌媛，郭修金，等.我国乡村体育赛事振兴的历史机遇、实践经验与启示——以台盘"村 BA"为例 [J]. 沈阳体育学院学报，2024，43(02):45–52.

⑥ 许晓.生活共同体：乡村治理有效的实践路径——基于贵州省台盘村"村 BA"的田野调查 [J]. 求实，2024，(01):84–95+112.

⑦ 朱全国，肖艳丽.贵州现代乡村表演与中华民族共同体意识的呈现——以贵州"村 BA"与"村超"为例 [J]. 中南民族大学学报(人文社会科学版)，2024，44(04):98–106+220.

创新的意义及其与乡村振兴、民族团结进步创建的关系挖掘尚不够充分。

党中央提出文化"两创"理论 10 年以来，全国涌现了对中华优秀传统文化持续创新转化和保护弘扬的优秀案例，"两江两村"是其中颇具时代感和乡土气的一例。"溯历史的源头才能理解现实的世界，循文化的根基才能辨识当今的中国，有文明的互鉴才能实现共同的进步"[①]。笔者认为，"村 BA""村超"有一个共同的突出之处在于：作为民族文旅新热点，其走红所依托的并非政令或非遗立项，而是乡土内生孕育群众性体育文化创新——这一次，民族村寨不再是坐等"送文化下乡"的涵化（acculturation）边缘，或者按游客审美装扮上传统服饰的"被凝视者"[②]，而是凭与世界接轨的文体"通用语言"（篮球、足球）以及自下而上的民族文化主体性创新走入大众视野中心，成为全国点赞效仿的"网红"样板进而在中国式现代化的文化赛道上领跑。如此洋为中用、古为今用、辩证取舍、推陈出新的"两创"案例，值得对其历史底蕴进行考察、从中西文化对比视角予以解读，并提炼出值得全国广大经济欠发达而文化底蕴深厚的民族村寨学习借鉴的经验。

① 习近平向世界中国学大会·上海论坛致贺信 [N]. 人民日报，2023-11-25(001).

② "凝视"（Gaze）概念由萨特（Jean-Paul Sartre）、梅洛 - 庞蒂（Merleau-Ponty）、拉康（Jacques Lacan）等法国思想家引入学界后，多被用于分析主客体之间的微观权力运作关系。20 世纪 90 年代起，英国社会学家约翰·厄里（John Urry）提出的"旅游凝视"（tourist gaze）理论（参见：John Urry. The Tourist Gaze: Leisure and Travel in Contemporary Societies [M]. London: SAGE Publications Ltd., 1990.）在全球范围内被广泛用于现代旅游与地方文化变迁的研究，且多数研究者都对现代化进程中的多重建构持批评和反思态度。我国旅游人类学研究者亦多借"凝视"理论研究民族地区的文旅开发，如彭兆荣分析了景区东道主会根据游客在旅游动机中的期待而呈现"舞台真实"的现象（参见：彭兆荣. 景观与凝视 [J]. 湖北民族学院学报（哲学社会科学版），2018，36(6):12-20.）；又如孙九霞沿米歇尔·福柯（Michel Foucault）的"凝视"与权力隐喻分析框架，剖析了民俗村等特殊旅游场域在全球化和地方性的互动中，族群文化被商品化、符号化的普遍现象（参见：孙九霞. 族群文化的移植："旅游者凝视"视角下的解读 [J]. 思想战线，2009，35(4):37-42.）。

第二节 研究背景

"两江两村"赛事折射出全民健身、乡村振兴、文化强国、电商助农、旅游强国、民族团结进步创建等诸多亮点，学界分析"村BA""村超"案例所使用的学科理论与研究视角也各异。本文主要是从以下四个方面的大背景出发进行调查研究。

一、旅游强国带给西部民族地区的机遇

改革开放以来，我国旅游产业逐步驶上高速发展的快车道——2012年至2021年之间，国内旅游收入年均增长约10.6%。当前，我国既是国际旅游最大客源国和主要目的地，也已形成全球最大国内旅游市场。

近两年中，文旅市场在"以文塑旅、以旅彰文"的高质量融合发展模式中活力迸发，遍及基层乡镇的文旅新地标、新增长点不断涌现，越来越多游客走进乡村社区拥抱自然、寻味乡愁。这给刚刚打赢脱贫攻坚战的广大西部地区提供了在经济上缩小发展差距、探索向乡村振兴有效衔接的时代机遇。

例如贵州省，自古因"九山半水半分田"的自然条件地瘠而寡民，但非物质文化遗产和传统文化、民族风情资源丰富，在旅游产业开发中一批批景区不断"出圈"。"村BA""村超"的发祥地黔东南苗族侗族自治州，被誉为"原生态民族文化生态博物馆"，2008年起施行《黔东南苗族侗族自治州民族文化村寨保护条例》，计划每年至少打造20个民族特色村寨旅游融合发展示范点。

旅游是传承弘扬保护利用中华文化的重要载体，是践行"绿水青山就是金山银山"理念的关键领域，是乡村文化/产业振兴的有力抓手，也是双向提升人民群众获得感、幸福感的广泛渠道。我国西部欠发达、高返贫风险的诸多民

族村寨，传统上因交通路网、基础设施等方面的不足而未能充分被纳入文旅版图。而今，在沉浸式、体验式、互动式等新业态日渐成为旅游市场主流的条件下，西部村寨普遍面临进入文旅开发赛道，上马高附加值、高融合性、高创新性项目的机遇。

在党中央"着力完善现代旅游业体系，加快建设旅游强国，让旅游业更好服务美好生活、促进经济发展、构筑精神家园、展示中国形象、增进文明互鉴"[①] 的号召下，在各地开展的民族特色村寨保护发展与传统村落集中连片保护利用示范州项目、特色田园乡村示范点建设项目、民族乡村振兴试点等一系列举措中，西部民族地区有望兼顾传统村落保护与文旅产业开发，因地制宜地实现高质量跨越式发展。

图 0-2-1 黔东南州的民族节日广场上都会有民族团结进步宣传

二、旅游促进各民族交往交流交融计划

2022 年，文化和旅游部、国家民委、国家发展改革委印发《关于实施旅游

---

① 习近平对旅游工作作出重要指示强调 着力完善现代旅游业体系加快建设旅游强国推动旅游业高质量发展行稳致远 [N]. 人民日报，2024-05-18(001).

促进各民族交往交流交融计划的意见》（以下简称旅游促"三交"计划），这是在 2021 年第五次中央民族工作会议之后顶层设计加强中华民族共同体建设的抓手性举措之一，旨在通过旅游这一各民族人口双向流动并在其间增进族际相知互信的特殊场域，高效地推动各民族全方位嵌入，广泛铸牢中华民族共同体意识。该项计划也被纳入了国务院 2022 年初印发的"十四五"旅游业发展规划。

就微观层面而言，旅游业在满足各族人民精神文化生活需求、服务民族地区经济社会发展、围绕吃住行游购娱全要素全流程增进各民族"三交"深度与广度方面，具有显著优势；就宏观层面而言，民族地区星罗棋布的旅游目的地是广泛的各民族"三交"场景与"互嵌"社区，持续丰富旅游市场供给也是不断满足各族人民对美好生活向往的题中之义。

以黔东南州为例，作为全国实施"旅游 + 民族团结"创建的先锋，专项出台《中共黔东南州委 黔东南州人民政府关于以铸牢中华民族共同体意识为主

图 0-2-2 "村超"比赛结束后各族群众走入球场围成同心圆共舞
（来自 @ 榕江发布 的直播画面）

线推进新时代黔东南民族工作高质量发展的实施意见》，多方探索将景区景点打造成为促进各族群众"三交"的前沿阵地，目前已建成西江千户苗寨、黎平肇兴侗寨、岜沙苗寨等铸牢中华民族共同体意识教育基地 17 个；在民族特色村寨和易地扶贫搬迁社区中建设"民族团结食堂"的做法也成为推动民族互嵌式社区构建的先进经验。随着"村 BA""村超"带动全域文旅的游客接待量持续增大、服务质量持续优化，各民族交往的范围不断扩大，交流的频率不断提高，交融的深度和广度也不断拓展。

三、民族文化"两创"助乡村产业振兴

"国之称富者，在乎丰民。"在《国务院关于促进乡村产业振兴的指导意见》（国发〔2019〕12 号）中，"乡土文化"与种养业、绿水青山、田园风光等同等地被列为发展优势特色乡村产业可依托的资源。习近平总书记 2024 年对加强文化和自然遗产保护传承利用工作的重要指示中强调"使其在新时代焕发新活力、绽放新光彩，更好满足人民群众的美好生活需求"[①]。新时代的民族地区文旅开发，已从主要解决"有没有"转向解决"好不好"，从根据遗迹旧址等上马项目转向结合当地文化传承保护与创新创造能力精准开发，这就需要充分激发全民族文化创新创造活力。

传承、保护、利用民族特色文化与农业文化遗产，有赖于激发各族群众投身"绿水青山就是金山银山"实践的主动性创造性，建基于步步为营地为民族村寨扎实构筑起"一村一品·一村一韵·一村一景"，而能否在基层调动广大群众参与文化"两创"积极性的关键，在于产业能否富民、项目是否与各族人民对美好生活的向往相符合。

对民族地区而言，一地的文化遗产不仅浓缩着各民族世代"三交"的历史现实，更在日常生活的现实中持续增强着各民族情感认同与身份认同。远方

---

① 习近平对加强文化和自然遗产保护传承利用工作作出重要指示强调 守护好中华民族的文化瑰宝和自然珍宝 让文化和自然遗产在新时代焕发新活力绽放新光彩[N]. 人民日报，2024–08–07(001).

图 0-2-3 台江县为"村BA"吉祥物玩偶
分别制作了常规版本（左）
和代表当地非遗的蜡染版本（右）

的游客前来览胜探幽，是分享集体记忆并共同构筑中华民族共有精神家园的过程；东道主与各族游客在民俗节庆中共襄盛举，则是一道与时代脉搏同频共振的群众性文化交流活动，都值得提倡。因而对于文旅产业开发，不能只看到有利于地方拓岗增收、扩大知名度等短期效益，更要看到其有益于各族群众共享改革成果、有机统一各民族利益与国家利益、长效驱动各族劳动者同心共筑中国梦的战略性新兴产业属性。

黔东南州文旅产业开发已形成"区域连片、特点鲜明、风情浓郁""地域相连、特色相近、文化包容"的要求和"串点连线、成片发展"的思路，接下来的重中之重是扶持"村BA""村超"等基于群众文化"两创"的新生项目业态，以互联网思维将其附加值充分开发出来以惠农扶产，将农文旅融合发展红利导入中国式现代化的"毛细血管"中。

四、"农文体商旅"融合发展的新格局

我国自文化和旅游部2018年正式挂牌以来即高度重视文旅融合。2020年党的十九届五中全会通过的《中共中央关于制定国民经济和社会发展第十四个五年规划和二〇三五年远景目标的建议》提出"推动文化和旅游融合发展，建设一批富有文化底蕴的世界级旅游景区和度假区，打造一批文化特色鲜明的国家级旅游休闲城市和街区，发展红色旅游和乡村旅游"[①]。农文旅是我国近十年

---

① 中共中央关于制定国民经济和社会发展第十四个五年规划和二〇三五年远景目标的建议 [N]. 人民日报，2020-11-04(001).

来自"农家乐"全面升级而来的新业态，其对"非遗+""体育+""互联网+"等题材有全方位的呼应，因而抓住了打开集约式、跨越式、可持续发展新格局的机遇。2024年党的二十届三中全会提出"更好发挥市场机制作用""激发全社会内生动力和创新活力"[①]等要求，进一步为"健全文化和旅游深度融合发展体制机制"指明了方向。

2023年是贵州省"村BA""村超"两个农文旅新IP相继走红之年，于全国而言也是新冠肺炎疫情对出游人数负面影响消散、继2019年之后国内出游人次最多的一年。[②]旅游市场全面复苏之际，也酝酿着转型升级的机遇。例如黔东南州近年来在融入农文体商旅融合发展的新业态新格局方面进行了大量架构规划和人才储备工作，如实施"绣娘进高校、学子进苗寨"等专项培育。小黄侗族大歌队、岜沙火枪表演队等民间团队，石桥黔山古法造纸专业合作社、麻江县河坝靓丽瑶族文化产品旅游开发基地等一批文化传承主体，都已在文旅深度融合发展中投入运营并初步创收，在文艺展演链接助农"带货"方面也积累了一定经验。下一步，亟待厘清民族特色农文体商旅中的物质性与精神性、多元性与一体性、符号性与体验性等元素如何互嵌共融，从而更好地服务文化强国和旅游强国建设。

第三节 理论依据

一、非遗的"系统性保护"与"活化利用"

非遗是一个民族文化的精粹，旅游是各民族文化交流互鉴的渠道，古今中

---

① 中共二十届三中全会在京举行[N]. 人民日报，2024-07-19(001).

② 据文化和旅游部统计，2023年我国国内出游人次48.91亿，比上年同期增加23.61亿，同比增长93.3%。（参见：中华人民共和国文化和旅游部.2023年国内旅游数据情况[EB/OL].(2024-02-09)[2024-09-02].https://zwgk.mct.gov.cn/zfxxgkml/tjxx/202402/t20240208_951300.html.）

外皆如此。在国际通行的非遗保护公约中，系统确保非遗的生命力是首要原则①。我国也在21世纪之初就《关于加强我国非物质文化遗产保护工作的意见》确定了"保护为主、抢救第一、合理利用、传承发展"②的十六字指导方针。无论"口头文化、体形文化、综合文化、当下的造型文化"③等诸形态，还是"民间文学类、表演艺术类、传统工艺技术类、传统生产知识类、传统生活知识与技能类、传统仪式类、传统节日类、文化空间类"④等诸大类，都要求遵循保护当先原则，但对于保护措施方向与范畴的界定，学界尚有诸多解释和探讨。

我国非遗保护工程自20世纪90年代起步即与文旅议题相伴，学界视旅游发展为非遗"社区参与""区域性整体保护"的重要背景，在肯定手工艺类、民俗类等非遗具有旅游开发潜力⑤、非遗保护具有融入乡村社区可持续发展前景⑥的同时，也就旅游开发中的非遗商品化/工具化⑦、文化生态失衡⑧、文化体验失真⑨等对非遗"系统性保护"构成的威胁提出了诸多忧虑。尤其在涉民族地区的研究中，学者们常借用涵化（acculturation）、仪式（ritual）、游客凝视（tourist gaze）、舞台真实（staged authenticity）等西方理论审思旅游。

以贵州省的苗族聚居地区为例，美国人类学家路易莎·沙因（Louisa

---

① 联合国教科文组织.保护非物质文化遗产公约[EB/OL].(2003–10–17)[2024–06–20]. https://www.mct gov.cn/whzx/bnsj/fwzwhyes/201111/20111128_765132.htm.

② 国务院办公厅.国务院办公厅关于加强我国非物质文化遗产保护工作的意见（国办发〔2005〕18号）[EB/OL].(2005–03–26)[2024–04–18].https://www.gov.cn/zhengce/content/2008–03/28/content_5937.htm.

③ 向云驹.人类口头和非物质遗产[M].银川：宁夏人民教育出版社，2004:序1.

④ 苑利，顾军.非物质文化遗产学[M].北京：高等教育出版社，2009:14–17.

⑤ 张希月，虞虎，陈田，等.非物质文化遗产资源旅游开发价值评价体系与应用——以苏州市为例[J].地理科学进展，2016，35(08):997–1007.

⑥ 张士闪.非物质文化遗产保护与当代乡村社区发展——以鲁中地区"惠民泥塑""昌邑烧大牛"为实例[J].思想战线，2017，43(01):140–149.

⑦ 刘魁立.论全球化背景下的中国非物质文化遗产保护[J].河南社会科学，2007，(01):25–34+171.

⑧ 方李莉.文化生态失衡问题的提出[J].北京大学学报（哲学社会科学版），2001，(03):105–113.

⑨ 张朝枝，朱敏敏.文化和旅游融合：多层次关系内涵、挑战与践行路径[J].旅游学刊，2020，35(03):62–71.

Schein）基于在西江千户苗寨等地的田野调研，肯定了旅游等"不会窒息当地文化，相反，它会促进对文化的有意识的保护"[①]。而与此同时，一些学者延续了路易莎《少数民族准则》中有关制造"他性"（otherness）的批评[②]，将民族非遗"原真性"与旅游市场经济乃至国家现代化进程对立起来研究。那么，二者之间是否非此即彼、难以嵌融？非遗保护的"求真"与"求变"之间真有鸿沟吗？民族地区嵌入全国一体化旅游市场过程中，如何避免现代性商业化造成民族文化的淡化和异化？

在黔东南苗族侗族自治州的对外文旅宣传中，"原生态民族文化生态博物馆"是一个高频曝光的标签，可见当地对民族风情文化系统之活态传承的重视。美国人类学家朱利安·斯图尔德（Julian Steward）于20世纪在其文化生态学理论中系统阐述了文化与环境互动关系的四方面取向：首先，以文化存在于其中的环境来解释文化而不只是在经济与地理的结合中解释文化；其次，把文化与环境的关系作为一种过程而不只是相关来理解；再者，不是在大的文化区域，而是在小规模的环境中进行研究；最后，检验生态与多线文化进化的联系[③]。可见，非遗是不可能脱离其生境的，缺乏有机生态条件的非遗是事倍功半的；所谓活态保护与活化利用，都必须依循文化赖以生存之环境的发展规律。贵州作为非遗种类齐全、体系完整的多民族聚居地，当前面临多元文化冲击着民族文化自觉、资源依赖性与新时代高质量发展特性相冲突等普遍性问题，亟待以增强文化活力筑牢文化核心价值[④]。

————————

① 路易莎·沙因 (Louisa Schein)，杨健吾 . 贵州苗族文化复兴的动力 [J]. 贵州民族研究，1992，(01):26–32.

② Louisa Schein. Minority Rules: The Miao and the Feminine in China's Cultural Politics[M]. Durham: Duke University Press, 2000: 283–284.

③ Julian H. Steward. Theory of Culture Change[M].Urbana: University of lllinois Press, 1979: 39–40.

④ 李红飞，李杉杉，慈福义 . 区域文化生态视野下非物质文化遗产价值与高质量发展路径研究——以贵州少数民族非物质文化遗产为例 [J]. 贵州民族研究，2022，43(02):157–164.

二、文化的"创造性转化"与"创新性发展"

本书重点探讨"村BA""村超"缘何能基于传统文化（尤其是民俗）传承而孕育创生，并着重剖析该个案对党中央文化"两创"要求的践行。钟敬文认为"民俗文化的传承是由它的功能决定的"①。探讨文化何以长期存续进而赋能乡建，何以在基层村寨支撑起具有中国特色的现代化建设？必须首先承认其不是静态的、被动的，而是如皮埃尔·布迪厄（Pierre Bourdieu）社会实践理论所界定的那样：文化是动态的，不断发展变化的，只有通过不断的"再生产"才能维持自身平衡，社会也才得以延续②。

对非遗而言，生产性保护是其活态传承的必要条件；对传统文化而言，随时代扬弃是其与时俱进的题中之义。以传统节日为例，法国社会学家埃米尔·涂尔干（Émile Durkheim）指出周期性的仪式是部落成员聚会并交流情感、创造团结感的社会互动形式，亦即集体意识的来源③。董晓萍认为其因时间节点不同而呈现各种节日要素，可概括为"整合社会""整合资源""带有不同历史时期不同社会阶段和不同人生文化观念"三大类④。徐玉特阐述传统节庆文化作为中华民族传统文化的重要组成部分，是"两创"的根基，是文化建设和文化自信的源泉⑤。张勃建议通过发展习俗活动、丰富文化内涵对传统节日进行"两创"，使其不仅能够顺应"关系"领域出现的新情况新变化，也能够为解决新情况新变化带来的新挑战发挥积极作用⑥。

近年来，民俗学、文化人类学、产业经济乃至社会治理等各领域的研究者

---

① 钟敬文.民俗学概论[M].上海：上海文艺出版社，2009:14.

② 皮埃尔·布迪厄.实践感[M].蒋梓骅，译.南京：译林出版社，2012:78-87.

③ 涂尔干.宗教生活的基本形式[M].渠东，译.上海：上海人民出版社，1999:11-12.

④ 董晓萍.全球化与民俗保护[M].北京：高等教育出版社，2007:321.

⑤ 徐玉特.嵌入与共生：民族传统节庆文化创造性转化的内生逻辑——基于广西DX县陇峒节的考察[J].中南民族大学学报(人文社会科学版)，2021，41(12):65-73.

⑥ 张勃.中华传统节日的文化内涵——基于人与自然、他者和自身关系视角的考察[J].中国文艺评论，2021，(05):39-50.

围绕"文化何以赋能乡建"提出了各自观点，如：黄永林认为从神话、传说到庙会、节俗等，非遗是与地方社会发展同频共振的，其创新发展是乡村文化振兴现代性的要求①；萧放归纳了民俗文化传统助力乡村振兴的七大途径，如充分运用乡规民约、发挥乡贤的组织作用、以节庆传统增强人际互动等②；孙九霞等指出旅游导向下的乡村"在地化"发展，可为乡土空间重聚发展主体、注入各类经济生产要素，并实现物质文化的保存修复和精神文化的调适再造③；方坤等建议乡村振兴战略着眼村落社区和传统文化，遵从农村文化发展的内在规律和文化自信生成的内在理路④；白晋湘聚焦民族传统体育文化，指其现代发展应积极借用信息化技术并融入旅游产品研发和规划⑤；等等。

　　综上可见，现有研究普遍对民族文化底蕴赋能乡村现代化建设寄予厚望，但从非遗项目着眼者多，观察乡村"草根"文化创新者少。尽管已有一些针对民族民间体育文化创新的个案探究，但将其上升到与中国式现代化之间互洽、互构关系的研究还暂付阙如。本书拟透过"村BA""村超"创造的流量经济价值而进一步分析其传统文化创新性发展的深远意义，从而提炼"两江两村"赛事在"第二个结合"这样一场思想解放⑥中给西部民族村寨带来的示范性经验。

---

　　① 黄永林，任正.非物质文化遗产赋能乡村文化振兴的内在逻辑与实现路径[J].云南师范大学学报(哲学社会科学版)，2023，55(02):115-124.

　　② 萧放.民俗传统与乡村振兴[J].西南民族大学学报(人文社科版)，2019，40(05):28-36.

　　③ 孙九霞，黄凯洁，王学基.基于地方实践的旅游发展与乡村振兴：逻辑与案例[J].旅游学刊，2020，35(03):39-49.

　　④ 方坤，秦红增.乡村振兴进程中的文化自信：内在理路与行动策略[J].广西民族大学学报(哲学社会科学版)，2019，41(02):41-48.

　　⑤ 白晋湘.中国民族传统体育文化建设的使命与担当[J].体育学研究，2019，2(01):1-6.

　　⑥ 习近平总书记于2023年6月2日在文化传承发展座谈会上指出："'第二个结合'是又一次的思想解放，让我们能够在更广阔的文化空间中，充分运用中华优秀传统文化的宝贵资源，探索面向未来的理论和制度创新"。参见：习近平在文化传承发展座谈会上强调担负起新的文化使命 努力建设中华民族现代文明[N].人民日报，2023-06-03(001).

三、互嵌：构筑共有精神家园的文旅之道

2014 年，习近平总书记对中华传统文化提出了做好"两创"的要求，也在民族工作领域提出了推动"互嵌"[①]的部署。近 10 年来，这两个关键词成为民族学与文化学交叉研究的热点，也为我们重新认识广大民族地区的非遗以及各类传统文化事项如何在文旅开发进程中实现活化利用提供了一种新视角。

嵌（embeddedness）作为学术概念起源于经济研究[②③]，常用于解释现代市场中的主体社会行为。党中央提倡"互嵌"后学界跟进了对民族人口大流动大融居趋势中城市多民族社区的研究，但视野下沉至乡镇村寨者不多，调研延伸至"共居""共建"之外的"共乐""共享"等层面者有限。而现实中，民族村寨因文旅开发而拓展出的各民族互动场景是交往交流前沿的"融空间""嵌场域"，也是民族文化传承与非遗活化利用的主场。中国旅游市场高速发展四十年来，互嵌、融合现象已无处不在，学界探讨的新焦点在于如何把握分寸与尺度，这对于民族地区能否实现非遗"两创"并迈上文旅融合高质量发展新台阶尤为关键。例如：

在以旅彰文方面，孙九霞等早已通过剖析旅游地特色街区的通病——"非地方化"现象，指出同质化的空间实践使地方脱离了与本地历史文化和社会传统的联结[④]；空间维度之外的另一种"脱嵌"，体现在萧放等描述的非遗现代性境遇——疏离与"无根化"，破解之道是让非遗传统特性的文化因素有机融入

---

① 2014 年 5 月 29 日，习近平在第二次中央新疆工作座谈会上指出："推动建立各民族相互嵌入式的社会结构和社区环境"。参见：坚持依法治疆团结稳疆长期建疆 团结各族人民建设社会主义新疆 [N]. 人民日报，2014–05–30(001)．

② Karl Polanyi. The Great Transformation: The Political and Economic Origins of Our Times[M]. Boston: Beacon Press, 1944.

③ Mark Granovetter. Economic Action and Social Structure: The Problem of Embeddedness[J]. American Journal of Sociology, vol. 91, 1985(3): 481–510.

④ 孙九霞，黄秀波，王学基．旅游地特色街区的"非地方化"：制度脱嵌视角的解释[J]. 旅游学刊，2017，32(09):24–33.

现代生活，而当务之急是在非遗旅游中突出社区传统在当代社会的存在感[①]；宋俊华综合"非遗保护服务于人类可持续发展"的联合国公约精神和"以人民为中心""见人见物见生活"以及"两创"等中国特色的非遗保护理念，指出非遗可借道文旅融合、"国潮"产品等创新更好融入当代生活[②]。

在以文塑旅方面，黄永林等总结一些地方利用非遗资源发展乡村旅游时出现对非遗资源保护不力、内涵挖掘不深、体验感不强、创新融合不够[③]等不足现象，究其根本，都与文化互嵌思路的缺位有关；张继焦反思曾流行一时的"文化搭台说／配角说"，指出当前大型传统节庆具有"经济聚集性"和"文化集合性"[④]，也彰显民族文化互嵌对配置经济资源、增强社会凝聚的正向赋能；林继富等认为，非遗与旅游融合的实践行动表现出丰富的主体交互性和时空交叠性的在场感，能实现多民族互嵌共生互动[⑤]。

仅从一个微观视角——广场空间举例——2021年中央民族工作会议上习近平总书记基于对新时代各民族"三交"的形势研判，强调"逐步实现各民族在空间、文化、经济、社会、心理等方面的全方位嵌入"[⑥]。民族互嵌的诸层面中，空间首当其冲。空间既是各民族"三交"中社会关系整合的载体；也是一定条件下反作用于社会的关键性因素。以少数民族传统村落中的广场空间为例，其功能包括祭祀集会、节庆展演、市集经济等，作为乡土社会的"前台"，承担着消化异质文化交汇整合的重任，同时又与作为"后台"的村民生活情境相互构塑。桂榕等以亨利·列斐伏尔（Henri Lefebvre）的空间生产（production of

① 萧放，王辉.非物质文化遗产融入当代生活的路径研究[J].广西民族大学学报（哲学社会科学版），2021，43(01):70-77.

② 宋俊华.可持续发展理念与非物质文化遗产系统性保护[J].文化遗产，2023，(03):1-8.

③ 黄永林，邹蓓.推动非遗与乡村旅游深度融合发展的基本规律与主要路径[J].文化遗产，2024，(01):1-8.

④ 张继焦.文化赋能论：文化遗产赋能、文旅产业发展与中华民族现代文明建设[J].思想战线，2024，50(04):132-142.

⑤ 林继富，汤尔雅.非物质文化遗产旅游与铸牢中华民族共同体意识[J].文化遗产，2024，(02):1-8.

⑥ 习近平在中央民族工作会议上强调 以铸牢中华民族共同体意识为主线 推动新时代党的民族工作高质量发展[N].人民日报，2021-08-29(001).

图 0-3-1 台江县的大小广场（上）与台盘村"村BA"球场（下）

space）概念分析民族文化旅游空间，指出民俗广场与博物馆、文化传习馆一样，处在大众旅游体验的核心层①。孙九霞用福柯（Michel Foucault）的"凝视"与权力隐喻理论，反思民俗村等特殊旅游场域在全球化和地方性的互动中，族群文化被商品化、符号化的现象②。刘晓春借居伊·德波（Guy-Ernest Debord）的景观社会理论（spectacle society），以黔东南丹寨万达小镇的四大民族文化广场为例，探讨其"民族景观"生产过程中，村民何以不因"看/被看"的结构性

① 桂榕，吕宛青.民族文化旅游空间生产刍论[J].人文地理，2013，28(03):154-160.

② 孙九霞.族群文化的移植："旅游者凝视"视角下的解读[J].思想战线，2009，35(04):37-42.

权力关系而丧失自身主体性、民族性[①]。高丙中强调城镇化进程中修建的广场不能仅展示社区现代性，"只有居民被吸引到广场上，才有可能实现社区内居民的社会团结"[②]。综上可见，广场空间对民族社区尤其是开发旅游的民族村寨而言意义举足轻重，在各民族日常交往中绝不仅是扮演静态的容器，更是情感交流乃至促成人心归聚、精神相依的保温箱，是文化交融乃至促成创造性转化、创新性发展的孵化器。

第四节　思路与方法

一、田野调查概况

撰写此书的过程中，笔者多次赴"村 BA""村超"的发祥地——贵州省黔东南苗族侗族自治州台江县台盘乡、榕江县开展实地调研。这两个田野点位于图 0-4-1 中星号所在位置，台盘乡在北，是邻近镇远古镇、西江千户苗寨等驰名景区的一个苗族人口占绝大多数[③]的小山乡；榕江县在南，居黔东南之东南，是云贵高原东缘向湘西丘陵盆地的过渡地带，因此自古是各民族交错杂居并交往交流交融之地，如今是少数民族占八成以上[④]的多民族杂居县。

① 刘晓春. 当代民族景观的"视觉性"生产——以黔东南旅游产业为例 [J]. 社会学评论，2021，9(03):61–82.

② 高丙中，宋红娟. 文化生态保护区建设与城镇化进程中的非遗保护 : 机制梳理与政策思考 [J]. 西北民族研究，2016，(02):198–204+23.

③ 台盘乡辖区总人口 17327 人，其中苗族人口 16996 人，占 98.1%。参见：中华人民共和国民政部编、黄树贤总主编、丁治学本卷主编. 中华人民共和国政区大典：贵州省卷：上 [M]. 北京：中国社会出版社，2017:1802–1803.

④ 榕江县总人口 38.5 万人，现有常居人口中有 16 个民族，其中苗、侗、水、瑶等少数民族人口占总人口的 83.9%。参见：榕江县人民政府办公室. 榕江县简介 [EB/OL]. (2024–04–25) [2024–07–25]. https://www.rongjiang.gov.cn/zjrj_5903491/rjjj/.

图 0-4-1　田野点在贵州省文旅地图上的位置示意图（见两红星处）

　　位于贵州省东南部的黔东南苗族侗族自治州，不仅与省内的黔南布依族苗族自治州和铜仁、遵义两市毗邻，东部还与湖南省怀化市以及广西壮族自治区柳州市、河池市相接，具有交通区位优势和民族文化交融的历史积淀。黔东南苗族侗族自治州 2019 年被国家民委命名为"全国民族团结进步示范州"，居住着汉、苗、侗、水、瑶、壮、布依、土家等诸多民族，共创共享多彩文化。因此，黔东南州布局"旅游强州"战略定位较早，几十年来在生态博物馆、民族风情游、旅游康养区等文旅产业发展方面都探索并积累了全国领先的经验，尤其进入新时代后打响了"黔东南·好好玩""三千之旅"（即千户苗寨西江、千户侗寨肇兴、千年古城镇远）等知名文旅 IP。

　　黔东南州旅游业的资源优势和发展瓶颈都比较突出。进入 21 世纪以来，黔东南文旅开发在一路高歌猛进的同时，也遇到了来自学术界和社会各界的质疑与批评：如过度营销、"竭泽"开发、品牌抢注、破坏文化生态、非遗"舞台化"、旅游与当地社区利益联结不紧密等。截至 2023 年年末，黔东南州已有 5A 级旅游景区 1 个、4A 级旅游景区 20 个、3A 级旅游景区 48 个，有国家级风景名胜区 3 个、省级风景名胜区 7 个，有国家级乡村旅游重点村 6 个、省级以上乡村旅游重点村 67 个。黔东南州现有国家级非遗 56 项、省级非遗 218 项、州级非遗 329 项、县（市）级非遗 1590 项，侗族大歌更是入选了联合国教科文组织评选的"人类非物质文化遗产代表作名录"。这些旅游产业资源和历史文化积淀，有待在旅游强国建设中贯彻新发展理念、构建新发展格局、实现高质量发展，尤其亟须在贯通旅游环线、"非遗＋文旅"融合发展、一手抓流量一手提质量、盘活闲置低效旅游项目等方面有所突破。因此，本书选择 2023 年至今方兴未艾的"两江两村"经验作为旅游强国的典型案例进行研究。

选择台盘乡与榕江县这两个田野点，不仅因为"村 BA""村超"是 2022 年、2023 年相继在全国范围内走红的网络热词，还因为笔者考虑到台盘与榕江既同属黔东南民族文化富饶区又各具特点——前者是苗族聚落偏居一隅、传统上相对贫困的山乡，而后者是自古有江流通衢交汇之便、侗苗瑶水壮族等交融汇通的县城。在社会主义文化繁荣发展、各民族共有精神家园日新月异的今天，为更好呈现中华民族优秀传统文化"两创"在单一民族聚居区与多民族混居区之间、山乡与县城之间、相对封闭落后地区与交通经济均相对发达地区之间的异同，特选择对台盘乡和榕江县进行对比分析，既解读"网红"引爆的密码，也寻找文旅"两创"的规律。

二、研究思路框架

本书从新时代方兴未艾的"农文旅"文化热现象着眼，基于笔者对贵州省黔东南州台江县"村 BA"、榕江县"村超"的田野调查所获，综合民族学、文化学、传播学多学科理论进行现象分析。

全书共分为 7 章，在绪论简介选题意义、理论依据、时代背景以及研究方法之后，第一章首先从历史背景入手，分析贵州省为何能凭借多彩民族文化资源孕育出文体旅样板工程；第二章和第三章是田野调查材料，运用参与观察、深度访谈、线上统计等研究方法，从质性、个案、行动等角度立体式介绍"村 BA""村超"；第四章至第六章是本书主体——学理分析部分，就文化"两创"

```
研究视阈  →   体育强国        旅游强国         文化强国

历史背景  →   第一章  多彩贵州缘何孕育出文体旅样板工程

研究主题  →   新时代民族特色文旅融合发展的"两创"实践
                          典型案例

田野调查  →   第二章                          第三章
              "村BA":           "两江两村"    "村超":
              苗乡球赛通过网络    赛事         侗苗瑶水壮众多西南
              出圈迎八方各族游客                少数民族以球会友

              洋为中用    古为今用    辩证取舍    推陈出新
                              构成

              第四章  "村BA""村超"
              有机衔接传统与现代的"两创"经验

              创造交往空间    增进经济交流    实现文化交融
                              实现

学理分析  →   第五章  旅游促进"三交"与铸牢中华民族共同体意识

              "系统性保护"  ←→  "创造性转化"
                              保障

              第六章  乡村振兴助中华民族共有精神家园
                      中的非遗"活"起来

对策建议  →   第七章  多方协同推进民族村寨融入旅游强国建设的路径规划

              各级政府    社会资本    非遗文保    县域融媒    群众文化
              赋能文旅    共商新招    单位把好    精准孵化    主体持续
              开发        高招        方向        热点        创新
```

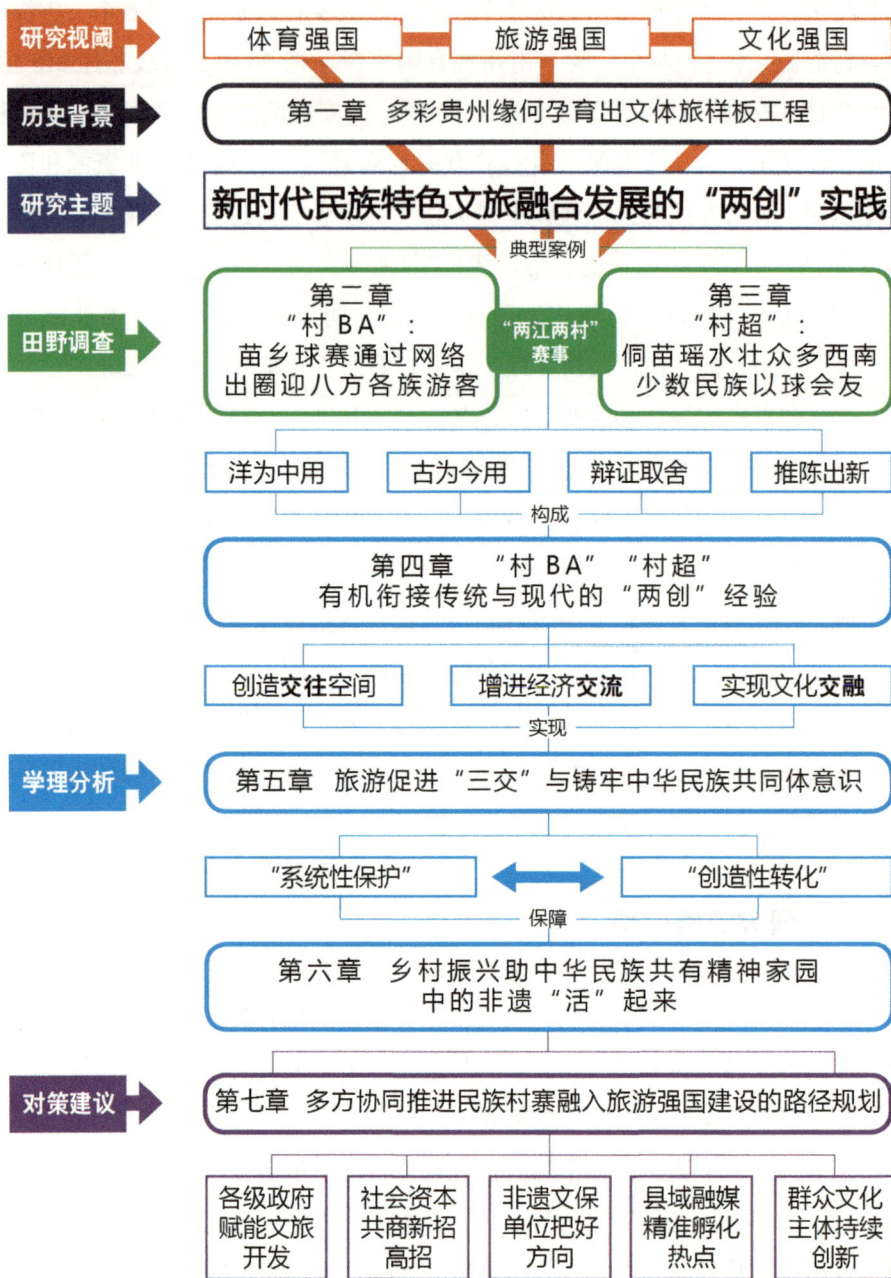

图 0-4-2 研究思路框架图

的角度谈"两江两村"赛事衔接传统与现代的经验，就民族工作的角度谈文旅开发中如何系牢"三交"纽带、搭建"互嵌"场景，就非遗保护的角度谈民族地区的乡村文化振兴与构建中华民族共有精神家园之间如何互促；第七章综合本研究的发现与思考，提出各级各地政府、非遗文保单位、县域融媒以及农文体旅经营主体等各方可从"村 BA""村超"汲取哪些经验，从而更好地服务体育强国、旅游强国和文化强国建设（具体框架如图 0-4-2 所示）。

第 一 章

多彩贵州缘何孕育出文体旅样板工程

"多彩贵州"这一众所周知的口号，是贵州省委省政府自2005年起实施的、旨在展示文化特色魅力并促进经济社会发展的品牌战略。经过近20年努力，"走遍大地神州，醉美多彩贵州"的宣传语已在全国叫响。所谓多彩，一方面意指瀑布、丘陵、森林、溶洞、花海、湖泊、草原、湿地等多姿多彩的地貌；另一方面更为关键的是，各族居民一辈又一辈为"山的王国""水的世界""洞的博物馆"等注入灵魂，民族风情之上孕育出国酒文化、茶文化、刺绣文化、银饰文化乃至阳明文化、长征文化、绿色生态文化、原生态民族博物馆等斑斓绚丽的文化图景。

多彩贵州是中华民族共有精神家园的珍贵标本，也是中华文明连续性、创新性、统一性、包容性、和平性的鲜活见证，更紧随中国式现代化的建设脚步持续焕发着各民族文化创新创造的朝气活力。

第一节　黔东南历代各族文体民俗活动溯源

"村BA""村超"绝非平地起高楼的农民文体活动，其今日所取得的成功与瞩目，建立在黔东南各族人民的百年积淀之上，甚至，要清晰解读其精神内核，还需回望其更为宏阔深远的历史纵深与源远流长的文化根基。

我国近千万的苗族人口中，有半数居住在贵州；同时贵州的侗族、布依族、仡佬族居民也都占到全国约一半的水平。黔地在历史上几经流变，有二三十个世居民族世代杂处并交往交流，堪称"五方之民共天下"交融格局的典型标本。从《史记》载"夜郎自大"到柳宗元名篇"黔驴技穷"，黔地在相当长的历史时期内都是蛮荒之地。自唐贞观年间设立都司府。至宋始称贵州，宋太祖敕书中有"惟尔贵州，远在要荒"之句。宋、元之际贵州人口在增长但仍是"化外生苗地"①。元代贵州分属湖广、四川、云南3行省治下。直至明清两代，不断有汉族因从政、从军、经商及逃难等原因入黔，随其通婚、定居，"汉入苗"的进程持续深化。明朝记载中即已"郡内夷汉杂处"②，经清代进一步改土归流、开辟"苗疆"腹地，贵州的经济社会文化都渐趋繁盛，形成了镇远古城等一批商贸军事重地。如"村BA""村超"的发源地台江、榕江，至今也多可见两湖会馆、广东会馆等旧址遗迹，可见其始终处于各民族共同书写历史、共同创造文化的交融汇聚之中。

苗族、侗族、布依族、瑶族、水族、仫佬族、土家族、壮族、畲族等30余个世居民族，在黔湘桂三省交界处交往交流交融并共创共享灿烂的中华传统文化。可以说，没有黔东南这片土地上百川汇流、和合共生的精神底色，就不可能孕育出彰显中国式现代化特色的"村BA"和"村超"。

黔东南历代各族文体民俗活动丰富多彩，民族特色突出，融汇传承有序。"百节之乡""歌舞之州""文化千岛""神奇之州""民间文化艺术之乡"等称号和美誉的背后，是诸多少数民族在与汉族以及彼此之间的"三交"史中，不断孕育、创新、传承、融合并再创造着各具特色的民俗文体活动，简单快乐的社会心态与清幽美妙的山水风光相映成趣，难怪被联合国教科文组织列入世界十大"返璞归真、回归自然"旅游目的首选地之一。进入21世纪以来，黔东南苗族侗族自治州的旅游产业以苗族侗族文化遗产保留核心地、民族文化生态博物馆等特色标签出位并在全国文旅市场中占据标志性的一席之地，依靠的始终是生长于历史根基之上的内涵丰富的文化遗产与民族精神系统。

---

① 旧时泛指政令教化达不到的偏远落后地方为"化外"，黔东南长期聚居着苗侗等少数民族，"生苗""熟苗"是两个相对的称呼，乾隆年间《镇远府志》载"能醒汉语者谓之熟苗"，其区分在于是否与外界交往、接受礼乐教化和先进生产方式等诸多方面，但并无明确界限。

② 沈庠修，赵瓒，等 .(弘治) 贵州图经新志 [M]. 成都：巴蜀书社，2006:10.

图 1-1-1　建于清光绪年间的台江施洞两湖会馆旧址

图 1-1-2　台江县国道公路两侧的路基边坡上描绘着当地各族先民生活习俗

"爱过节"且男女老少皆热衷于以各种文体活动庆祝，是镌刻在黔东南少数民族文化基因中的一种集体欢腾（collective effervescence）[①] 符号。据不完全统计，贵州省有少数民族传统节日 185 个之多，每年从农历正月初一到腊月末，四季十二个月中各民族、各地区举行的民族节日达 223 项，集会点有 1000 余处（次）。漫长的各民族交往交流交融史中，忠孝仁爱、讲信修睦等是各民族共同奉行的理念，风调雨顺、吉祥安康等是各民族共同祈求的愿景，而共享节庆等则是各村寨聚落传承民族文化、弘扬民族精神的群体团结方式。通过典礼、仪式乃至文体娱乐活动，每个族群的道德伦常、价值观念、行为规范、社会风尚等得以传承涵育。若是以文化生态学的宏观视角看待，"全人类的历史实际上可看作各种文化不断地适应其境遇的变迁历程"[②]，因而站在历史纵深上分析，

---

① 法国社会学家埃米尔·涂尔干（Émile Durkheim）于 20 世纪初提出"集体欢腾"概念，视其为人类文化创造力的温床，并指出"这种过度兴奋只有在社会中并通过社会才能实现"。参见：埃米尔·涂尔干.宗教生活的基本形式 [M].渠东，译.上海：上海人民出版社，2006:224."集体欢腾"被民族学研究者广泛用于对仪式、节庆以及相关集体记忆与认同的分析。

② 李亦园.文化与行为 [M].中国台北：台湾商务印书馆，1993:23.

今日看似古老的斗牛、赛龙舟、踩鼓舞等习俗，都曾是少数民族吸纳采借外来文化融入当地节日创造快乐的创新之举，与最新涌现的"村BA""村超"并无本质上的不同。

图1-1-3　黔东南苗族独木龙舟节中村民在准备放鞭炮庆祝

少数民族的文化思想各有其菁华但又都与社会主义核心价值观高度契合，同样随时代而吐故纳新、不断丰富和进步。以黔东南州少数民族古老的信仰类型节日——牯藏节为例，"既有祭祀祖先的内容，亦有祝愿丰收的含义，历史上的这种活动一般每十二年举行一次，盛行于黔东南苗族、侗族聚居区。由于这种节日仪式庄重、礼节繁琐、消费很大，一度在大多数地区消失"[①]。据笔者在黔东南调研的实地所见，近年来，少数民族节日的娱乐性、展演性、联谊性以及文旅价值越来越占据主导，县域基层的文化创新创造活力持续释放，当然，"村BA""村超"成功个案的孕育诞生也是得益于这股潮流。

---

①　黔东南苗族侗族自治州地方志编纂委员会. 黔东南州志. 民族志 [M]. 贵阳：贵州人民出版社，2000:260.

首先以占比最大的苗族人口①为例，不仅有作为物质文化遗产的历史古迹，更有作为非物质文化遗产的芦笙舞、反排木鼓舞、苗族古歌等，银饰制造工艺、蜡染制作工艺、传统服饰纹样等，将农耕文化、祖先崇拜和神话传说等浓缩蕴藏并活态传承下来。春有敬桥节、姊妹节、翻鼓节、三月坡节、种棉节等，夏有敬牛节、端午节、龙舟节、吃新节，秋冬有中秋节、重阳节、苗年节……时光流转，人才辈出，至今每到传统节日，苗寨的男女老少都会全情投入地参与各类文体竞技或文化展演，仍如近百年前伍颂圻②著竹枝词《苗风百咏》中所描绘的那样——"每到夏秋三令节，一街跳舞祀苗王""席地围炉笑语多，同倾牛角互高歌"。台江县作为"中国苗族第一县"，九个苗族支系有万余名男女老少歌手，每逢大小节庆，欢聚并一起进行飞歌、情歌、酒歌、鼓歌、山歌、贺歌、祭祀歌等表演，活态传承着非物质文化遗产，也带给前来观光游览的游客美的享受、心灵的涤荡、民族文化的震撼。近年来，凯里舟溪春节芦笙会、雷山西江苗年芦笙会、黄平谷陇九月芦笙会等已成为各族同庆并且吸引外地游客纷至沓来的文化盛会，不仅促进该区域的苗族村落紧密联系在一起，更在相当广阔的范围中促进了中华民族内部的交流与团结。

又如在全州人口中占近150万的侗族，文体民俗活动以侗年（农历十月底至十一月初）最为隆重，榕江西北的乐里七十二寨、寨蒿四十八寨等皆办大型庆祝活动，除了黔东南通行的跳芦笙和斗牛活动等，"斗莎"（即唱祭祖歌）仪式、吃杨粑、演侗戏、琵琶歌也必不可少。侗族的其他民俗节日还包括泥人节、摔跤节、林王节、接龙节、采桑节、"三月三"歌节、"二十坪"歌节等，其特色是糅合侗族的生产生活习惯、体现社会组织特点，节庆活动围绕侗族鼓楼和

① 截至2023年底的统计，黔东南苗族侗族自治州户籍人口数为489.93万人，其中少数民族402.33万人（含苗族人口213.93万人，侗族人口149.88万人）。参见：黔东南州统计局.黔东南苗族侗族自治州2023年国民经济和社会发展统计公报[EB/OL].(2024-05-07)[2024-09-20].https://tjgb.hongheiku.com/xjtjgb/xj2020/53492.html。

② 广东顺德人伍颂圻，曾官至广西直隶州州判，民国四年（1915）在贵州任县长，二十年后再入黔，写作了这组《苗风百咏》。这段描绘黔人节庆的词后有注："相传苗王战死，墓在贵阳城内，即今西城路西成铜像地址。每年四月八日，五月五日，八月十五日，附近苗族携男挈女前来祭祀，吹笙跳舞，至暮始归。"

· 33 ·

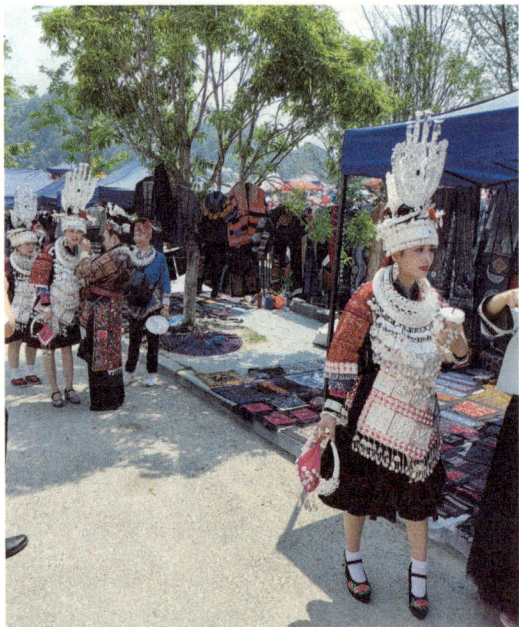

图 1-1-4　节日里身着盛装手捧奶茶赶集的苗族少女

风雨桥等建筑艺术的代表而举办，观赏性很强；节庆文体活动中男女老少各显其能，老人们通过"斗莎"教育下一代为人处世、勤俭持家等道理，青年男子在有"东方橄榄球"美称的抢花炮活动中一展身手，女子穿上节日盛装参加与对歌赛歌、跳花跳月等。各种节庆活动中，以被联合国教科文组织列入人类非物质文化遗产代表作名录的侗族大歌最为引人瞩目，这种无指挥、无伴奏的民间多声部合唱形式历史可追溯至春秋战国时期，歌词多用比兴押韵、曲调听来婉转悠扬，由侗族群众表演起来"长歌闭目，顿首摇足"（明·邝露《赤雅》），即使不懂少数民族语言的观众欣赏时亦可感受到穿透历史的厚重底蕴。

除了人口占比高的苗族、侗族之外，黔东南州多姿多彩的民族节庆还包括水族端节的铜鼓舞和斗牛舞，布依族"三月三"的"浪哨"对歌，瑶族盘王节的盘瓠祭奠，壮族的陇端节、仡佬族的吃新节、土家族的摆手节、彝族的火把节和赛马节，等等。"多彩贵州"的诸多少数民族并非各自缤纷、各美其美，而是在许多节庆中都有同享同庆的行为，尤其随着历史发展，各民族在空间分布上不断融居、共同向现代化迈进的同时，逢民族节日跨乡、跨县乃至跨省举办节庆活动越来越常见。例如"三月三"在壮族、汉族、侗族乃至海南黎族等群体中，各有其缘起传说，各有其祭祀祖先、祝福新生、歌颂爱情等侧重点，也在历史发展中积淀了各具特色的庆祝习俗；又如麻江县隆昌重益坡的四月八爬坡节，苗族、布依族、水族和汉族等的青年都会携本民族的节庆项目前来参加，常达到两三万人的盛况。三日会期中，吹跳芦笙、赛马斗牛、对歌联唱、翩翩起舞，各族男女在节日喜庆的气氛中共同增强了对中华民族的认同与自豪。

一次次联寨拜社、一张张盛装合影中，"你中有我、我中有你"的中华民族多元一体格局在不断深化，中华民族共同体的感召力与凝聚力也在不断增强。黔东南多彩的文化面貌，渗透着万物并育、执两用中的哲思理念，若非缤纷多源的少数民族非遗事项经年累月地持续向中华民族共有精神家园牢牢扎根，就换不来今日这样不仅枝繁叶茂还不时生发出新枝丫的文化繁荣面貌，就难以孕育出"村BA""村超"等文化"两创"的成功个案。

图 1-1-5　外地游客与本地群众一道参加台江县老屯苗寨举办的传统民俗
捉鸭子摸鱼趣味比赛 [①]

进入 21 世纪以来，随城镇化、现代化、全球化进程，旅游产业深入发展，民俗节庆及传统文化、非遗资源的观赏价值越来越被重视，旅游景区以及泛称"民族生态博物馆"的空间都成了本地居民与外地游客之间、各民族之间相互增进了解、加深情谊、铸牢中华民族共同体意识的文旅场域。原本就承担着社

---

① 水田抓鱼抢鸭的比赛是黔东南苗族聚居地区的传统民俗，古称"老庚捉鸭"，老庚即男性老乡，发展至今已不限男女均可下水田比拼，捉到的战利品都可带回家。随农耕社会向现代化转型，这项具有观赏性和参与感的民俗活动，也成为当地的文旅体验项目之一。

会组织、民族团结、文化涵化等功能的节庆民俗文体活动，吸引到各级政府、各类型市场主体的多元参与，不但使城镇化进程中面临"空心化"危机的村寨在群众性活动中焕发新生，而且在"文化搭台，经济唱戏"的平台上，各民族节日的民俗庆典中逐步加入了商业化竞技、展演式娱乐等服务游客导向的新兴活动。"文化节日化"（festivalization of culture）①是一种全球性潮流，在现代化持续扩展、大众生活节奏普遍加快的社会总体形势下，越来越多传统文化的传承都要依靠节日的时间空间场域来固定，以展演为契机传承、以节庆为节点弘扬，尽管有商业化侵蚀传统文化的风险，但也不可否认带来了复兴优秀传统文化、增加非遗传承保护投入、强化中华民族共同体凝聚力等积极影响。

第二节　从"化外之民"到各族共创灿烂文化

民俗是附着于人民生活最紧密，且最隽永地传承着一个民族审美情趣、价值取向、理想追求和精神风貌的文化事项，多民族混居地区的民俗中藏着数不清的民族文化交融汇聚后的文化密码。清水江流域自古是各民族共创灿烂文化的"三交史"标本，宋、元、明、清曾被打上"化外之民"标签的苗、侗等诸多民族，以喜盛装、爱过节闻名。在"九山半水半分田"的黔东南地区，诸多民族自然形成了大杂居、小聚居的格局。民间流传有"苗家住山头，夷家②住水头，客家③住街头"的说法，即汉族多居于交通要道附近，而苗族、侗族多居于山乡高地，布依族则滨水而居。历史上，各民族之间交往交流交融的民俗活动源远流长，节庆文体活动在百川汇流、包容并蓄中不断发展。许多节庆风俗都是苗族、侗族、布依族、壮族、水族、毛南族等与汉族共享同贺的，有赶

---

① Andy Bennett, Jodie Taylor, Ian Woodward. The Festivalization of Culture[M].New York: Routledge Press, 2014.

② 此处指布依族。

③ 少数民族对汉族的称呼。

春、采桑、吃新的生产劳动类节日，有拜社、食牯藏、赛龙舟等神灵祭祀类节庆，也有游方、踩鼓、歌节等人际交往类节庆……各类大小节日的庆祝活动各具一格、多元混一，汇集成如织锦般多彩的文化面貌，彰显着各民族内源性的文化创造活力以及中华文明的包容性、连续性和统一性。

从"生苗"到"熟苗"、从"化外之地"到"化内之地"的历史进程中，显然离不开对各族文化事象彼此之间的采借、交融与植根。其间既不可忽视中原文化融入苗乡侗寨，如清朝《苗疆见闻录》中多有汉文化融入苗岭习俗、语言、生产的记载（"其地有汉民变苗者，大约多江楚之人。愍迁熟习，渐结亲串，日久相沿，浸成异俗，清江南北岸皆有之"①）；也要看到黔地乃至我国西南各民族之间文化的交融，如由湖南省申报的国家级非遗"瑶族盘王节"②，在清代文人对苗、侗、毛南等族文化的记叙中多有出现（毛贵铭《黔苗竹枝词》载："侗家苗衣长不过膝，以岁首祀槃瓠而会食。""伴僮在荔波县与侗、水、瑶相同。岁首祭槃瓠，男女联袂入场歌舞，相悦者负之而去。"③）。苗、侗等古老民族的迁徙历史可追溯至远古，他们在辗转多地后聚居于黔东南，凭借对外来文化开放胸怀吸收、对本民族文化坚持融会贯通的能力，形成了如今既过春节、中秋节、端午节、清明节、重阳节等中华民族共有节日，也始终为代表历史上共创灿烂文化的少数民族特色节日留有一席之地的惯例。

仅就台江县而言，有反排、长滩、九摆等41个中国传统村落，有苗族姊妹节、独木龙舟节、反排木鼓舞、苗族刺绣及银饰锻造等14项国家级非遗，现有文化生态斑斓面貌是层叠互嵌的积淀，也孕育着持续"两创"生机——几十年来台盘村将打篮球收编为新民俗、新传统，如今每逢吃新节，篮球是主戏，斗牛、踩鼓也必不可少。古今文体活动辉映间，以"百节之乡"的内源性文化活力为纽带，而不是靠政令主导或商业利益等外源性驱动，这是"村BA"

---

① 徐家干.苗疆见闻录[M].吴一文，校注.贵阳：贵州人民出版社，1997:163.

② 中国非物质文化遗产网·中国非物质文化遗产数字博物馆.国家级非物质文化遗产代表性项目名录：瑶族盘王节（还盘王愿）[EB/OL].[2024-07-01].https://www.ihchina.cn/art/detail/id/23863.html.

③ 清代所称"伴僮"，即当今的毛南族。

图 1-2-1 黔东南斗牛比赛的热烈场面

成为一款非遗文旅新 IP 的制胜之道。

例如"牛打架"（斗牛比赛，当地又称"牛打角"）是西南少数民族中广受喜爱的民间体育活动，是交往交流交融史中一个采借化约了诸多民族节庆文化与审美趣味的文体项目。"短短衣裳过膝难，各牵斗牯出牛栏。田种博得今朝胜，百十成群拍手欢。"（《蛮洞竹枝词·其三十五》），每年四月初八，黔东南的凯里、雷山、黎平、天柱等地的山乡都会上演万众齐观"牛打架"的热烈场面。斗牛比赛的历史源远流长，缘起于苗族祭祀祖先的活动，后逐渐演化为百姓庆祝丰收、节日以及农闲时节的群众性娱乐项目。而今已被纳入贵州省非物质文化遗产名录的苗族斗牛习俗，"是苗人祭祖的庄严程序，既穿插着牯脏节节日的狂欢与躁动，也流溢着苗族对于祖先崇拜的祭祀礼仪，更有苗人积极的、集体性的社会参与……还充分展现了一定的文化意蕴、鲜明的农业文化特色、浓厚的伦理道德和黔东南苗族人民和谐向上的民族心理"[①]。因为斗牛活动在黔东南广受男女老少欢迎，所以除了民间自发组织，近百年来多见政府出资协助组织，逐步形成了完备的奖品、奖金、赛制等，竞技性和观赏性也随之不断提高。改革开放尤其是民族文旅产业兴起后，斗牛渐趋成为一项代表黔东南文化并吸引外来游客的旅游项目，商业化运作越来越成熟，各级各类斗牛比赛的组织也越来越频繁。但是，最具乡土气息和群众热情的"牛打架"比赛，始终在黔东南的山乡村寨之间绵延，活态传承着一面映射少数民族群体性格与精神世界的文化之"镜"。

图 1-2-2 是"村 BA"走红后台江当地专门设计的吉祥物——"村宝宝"。显而易见，其视觉形象（VI）传达源于当地斗牛风俗传统。手持篮球的小牛一副黝黑健壮的体魄，双目炯炯有神，头顶束民族图案的蜡染头巾，一对犄角象征满满斗志且又具有苗族银饰银冠的意象。"村宝宝"吉祥物的整体形象传递出敢拼敢抢的体育精神和自强不息的奋斗精神。笔者在台盘村调研时，发现受访的当地村民都很喜欢这个吉祥物，常常有人问"你要不要跟村宝宝合影？我给你拍"，还有位小伙子贴切地形容"看到它（村宝宝）就感觉 DNA 动了"。

---

① 黄亦君.黔东南苗族斗牛活动的文化人类学考察 [J]. 中华文化论坛，2015，(01):171-175.

山乡里至今活态传承的非遗事项是历经"夷汉杂处"的文化互嵌成果，无论是自小在此土生土长的各族居民，还是因"村BA""村超"等网红IP而前来共襄盛举的各地游客，都会因中华民族共有精神家园中的某一点文化元素而触动心弦。

图 1-2-2 "村BA"的吉祥物"村宝宝"形象融入了当地斗牛风俗元素

又如吹芦笙（又称"赛芦笙""芦笙踩堂"），芦笙节一般在农历9月初及次年农历1月初至2月末举行，自古是苗族聚居区世代流传的重要节日，而今是贵州节日期间必不可少的娱乐活动。举办芦笙节多为期一周，芦笙会少则几千人、多则出现过十几万人同庆的盛况：明代钱古训《百夷传》载"村甸间击大鼓，吹芦笙，舞干为宴"；明代倪辂《南诏野史》描述云南滇中苗族"每岁孟春跳月，男吹芦笙、女振铃唱和，并肩舞蹈，终日不倦"；清代徐家干《苗疆闻见录》细致介绍了苗人"好吹芦笙，其制以指大芦竹如笙式编成，因名之曰芦笙。凡唱歌以笙和之，高下急徐，各有其节，身在苗疆，亦觉可听。"芦笙文化源远流长，苗族芦笙制作技艺在2006年入选首批国家级非物质文化遗产名录，每逢节庆随悠扬乐声奏起，男女老少从四面八方涌到广场上、山坡上，或是自吹自跳，或是男吹女跳，除配以芦笙舞、踩鼓舞外，还会争相表演

图 1-2-3　民族节日中两个苗寨之间互赠礼品的联谊活动

板凳舞、竹竿舞、捞鱼舞、挑山舞等。因芦笙在我国民族文化中的代表性和重要地位，早在 20 世纪 50 年代，国家就曾派贵州的芦笙乐手出访苏联、波兰等国演出，参加世界青年联欢节等。随着时代进步和人民生活水平提高，斗牛、赛马、斗鸟等一系列民俗活动逐渐也成为黔东南芦笙节的标配项目，吹芦笙、跳芦笙舞也为当地青年男女联谊择偶提供了恰当场合。笙声如潮，人潮如海，芦笙节以其审美价值和高观赏性、高参与度，每年都为贵州文旅产业吸引到祖国大江南北的大批游客。

多彩的民族构成、独特的节庆风俗、丰富的非遗传统，是黔东南的"村BA""村超"文旅品牌取之不竭的创意灵感库。提出"人是悬挂在他自己织就的意义之网上的动物"著名观点的人类学家克利福德·格尔茨（Clifford Geertz）指出："文化是一种通过符号在人类历史上代代相传的意义模式，它将传承的观念表现于象征形式之中。通过文化的符号体系，人与人得以相互沟通、绵延传续，并发展出对人生的知识及生命的态度。"[1] 这一分析点出了民族文化遗存中的具象化符号与非可视脉络各有其功能与意义，无论"村 BA"赛场上如当地斗牛时来自苗语的"呜呜"加油口号声，还是"村超"宣传语中的"五彩榕江，热气腾腾"，均传达出具有民族文化底蕴的象征性符号，这是可以被解释的文化存在，也是文旅开发的核心竞争力。这些引发文化自信与民族自豪的"民族特色"，均来自当地聚居先民隔空的馈赠，是各民族"三交"的物证，也是中华民族共有精神家园的表征和建设中国式现代化的资源。

群众性文体活动的繁荣发展，不仅要有源远流长、丰富缤纷的文化元素资源，众人拾柴、通力合作的组织参与积极性也必不可少，这一点在黔东南"爱过节""会过节"的文化中亦体现得淋漓尽致。据笔者实地调研的所见所感，"村BA""村超"等联赛所辐射的文体活动半径内，村寨居民普遍具有维护公共事业的高度自觉性、参与集体活动的无私贡献度。凡遇节庆，一呼百应，男女老少都各司其职地出钱出力……基层动员能如此高效，在很大程度上是源于传统节庆组织经验。

---

① 克利福德·格尔兹．文化的解释 [M]．纳日碧力戈，等译．上海：上海人民出版社，1999:522.

如图1-2-4是一张村寨张榜的龙舟赛账单，上面清晰地记录了一支村寨队伍为参加独木龙舟节比赛而制作龙舟的费用花销，张榜接受群众监督：

图1-2-4　民族村寨中张榜公布的集体制作新龙舟的账目

公　布

中酒堂制作新龙舟费用公布如下：

1. 总收入：217人×500元＝108500元

注：爸贵又送200元，合计108700元。

2. 客人接龙舟木料：1200元，已用于打平伙[①]。

3. 新龙头进寨子，龙头接120元，

剩余木料处理800元，

共920元，已用于打平伙。

————————

①　一种传统民间交际风俗，表示聚餐之意，泛指大家伙把食物贡献出来一同享用或AA付账、同甘共苦。我国南北方均有打平伙的习俗，有时是为了增进友谊，有时是为了调解纠纷，更多是一起干事创业的人聚会交流感情的一种方式。

4. 买木料总 13960 元。

5. 龙舟制作人工费 29800 元。

6. 龙头制作人工费 12000 元。

7. 货船制作人工费 3500 元。

8. 木料改成板子 10760 元。

9. 请挖机 共 6500 元。

10. 请车运木料费 1800 元。

11. 船丁 29500 元。

12. 亮漆、桐油、竹棉 4560 元。

13. 饮树用油、铁钱、干粮、水、祭品、礼钱、钢丝钱和其他用配件，共 10791 元。

14. 收入 108700 元。

15. 总支出 96621 元。

16. 现余金额 12079 元整。

注：有细账可查。

2023 年 4 月 29 号

仅从独木龙舟节一例，就能看出群体竞技类体育运动文化中，蕴藏着少数民族的生产生活、节庆祭祀乃至军事战争历史印记，并且在现代社会生活中仍充当着各村寨强化基层组织、汇集认同力量、构建"有机团结"①的一种动员仪式。每个村寨都有一至几条龙舟，每条龙舟可用几辈人，在没有赛事的日子里就停在各村河沿的龙舟棚内（如图 1-2-5），无声地诉说着那些十里八乡竞渡共庆的节日场景。黔东南地区各民族交错杂居的分布格局，造就了"百节之乡"中每一次欢乐的体育赛事都是由十数个民族共享的模式。自明代以降，文人

① 法国社会学家埃米尔·涂尔干（Emile Durkheim）将社会团结分为"机械团结"和"有机团结"两种形式，前者通过个体之间的相似性促成社会凝聚，后者则强调依靠功能互补维系社会连带关系系统。参见：埃米尔·涂尔干.社会分工论[M].渠东，译.北京：生活·读书·新知三联书店，2000.

图 1-2-5　清水江边专供
停放村寨龙舟的舟棚

游历黔东南后对其文体活动的记述多与节俗相伴，如"吉日良辰乐不支，家家铜鼓闹青曦"（清·张澍《黔中曲》）、"四野西苗杂处多，丰年尤喜颂声和"（清·张国华《全黔风俗竹枝词》）等。一辈辈贵州人载歌载舞欢度节庆之中，兼收并蓄的共有精神家园构筑渐成，各民族"三交"的历史印痕也杂糅入了"多彩贵州"的文化中。

进入新时代以来，党中央高度重视在挖掘和阐发中华优秀传统文化的基础上与时俱进、推陈出新。习近平总书记指出，"要加强对中华优秀传统文化的挖掘和阐发，使中华民族最基本的文化基因与当代文化相适应、与现代社会相协调，把跨越时空、超越国界、富有永恒魅力、具有当代价值的文化精神弘扬起来"。[①] 尊古而不复古，为当代文旅开发的尺度和方向定调。对旅游产业而言，师法古人、复兴传统、"向老祖宗要文化遗产"等都是常规操作，应充分看到各族先民共创灿烂文化是经过众人拣选和时代考验的，不宜再简单粗暴地以文化进化论——"人类是从发展阶梯的底层开始迈步，通过经验知识的缓慢积累，才从蒙昧社会上升到文明社会的"[②]——的视角单向看待多元文化之轨迹。例如对黔东南州的"村BA""村超"而言，在一定程度上，中场秀的民族文化展演是其传播"利器"和灵魂所在，也是县域文旅品牌得以打造并延伸的核心竞争力所在。在审视民族文化的过程中，绝不可以传统或现代、中心或边缘、多数或少数、先进或落后来机械二元地区分，而是应当看到民族文化始终处于采借、互鉴和交相辉映、孕育新生之中。

---

①　习近平. 在哲学社会科学工作座谈会上的讲话 [N]. 人民日报，2016-05-19(002).

②　路易斯·亨利·摩尔根. 古代社会：上册 [M]. 杨东莼，马雍，马巨，译. 北京：中央编译出版社，2007:3.

第三节 "逢节必比赛，比赛先打球"传统的形成

台盘村最初的篮球场不过是晒谷场，榕江县最初的足球场不过是稍平坦些的河滩，近两年中动辄涌入三五万观众并在互联网上被全国观众关注和赞叹的球场，曾几何时还只是世人眼中凋敝的乡村和寂静的县城。事实上，"一山不同族，十里不同风，百里不同俗"的黔东南，一直在各民族互动、交流、共创中持续孕育着灿烂文化，其中也包括对外来体育项目的接纳与融合。

2022年7月，贵州省黔东南苗族侗族自治州台江县台盘村一年一度的"吃新节"篮球赛以激烈的赛况、热情的观众和热烈的现场氛围火爆出圈，半个月赛期接待游客50余万人次，拉动乡里餐饮住宿等消费4000万元以上。2023年5月，距离台盘村100余公里的榕江县，全称为贵州榕江（三宝侗寨）和美乡村足球超级联赛打响，以与"村BA"相似的办赛风格后来居上，创造了单场最高上座人数超6万，全网浏览超480亿次，抖音视频播放超130亿次等诸多奇迹数据，"村超"词条跻身2023年度全国十大流行语。

一时间，网络上频频讨论"村BA""村超"的IP商业价值，也纷纷猜测其背后的营销推手是何方神圣？而事实上，火热的乡村生活与鲜活的文化符号一直存在于苗乡侗寨之中。2021年2月，习近平总书记赴贵州考察调研并看望慰问各族干部群众时曾提出"在新时代西部大开发上闯新路，在乡村振兴上开新局，在实施数字经济战略上抢新机，在生态文明建设上出新绩，努力开创百姓富、生态美的多彩贵州新未来"[①]的勉励要求。"村BA""村超"正是创造性抢占了数字经济先机，将贵州人"爱过节""凑热闹"的基层文化传统转化为文旅开发的禀赋资源。

---

① 向全国各族人民致以美好的新春祝福 祝各族人民幸福安康 祝伟大祖国繁荣富强[N]. 人民日报，2022-01-28(001).

文化如水，水利万物而不争。黔东南地区悠久"三交史"滋养了跳舞唱歌 /
斗牛比赛 / 乡村篮球到天亮的民俗文化，而党中央近年来对城乡公共文化服务
标准化、均等化的持续推动给予了村寨文体广场"走到"聚光灯下的机会。

台盘村第二代球员陆大江如今已82岁，他回忆起当年村里打"六月六"
吃新节篮球赛依然记忆清晰："从小跟父辈在泥地里打球，篮球是用棉花、麻
线绑成的，篮球架是用四根树干撑起两块简易篮板，配上竹编篮筐，场地是用
石灰在泥地里画出界线。"[①]笔者在台盘村调研遇到的老奶奶回忆当年还会笑着
说："他们都没有（篮）球，用棉花自己做的弹不起来，还要玩"。遥想当年，"村
BA"在20世纪三四十年代的艰苦条件下，竟然能做到一年一度的村赛都有数
十支球队参加。自古在斗牛、踩鼓等村寨集体活动中磨炼而成众人拾柴、全民
参与的基层动员合力机制，使篮球赛默契有序地组织起来。每逢庆祝"六月六"，
台盘村一般只需提前2周筹备报名和分工裁判、计分、安保等事宜，由村篮球
协会向政府报备后，村民自筹资金办赛。办赛传统自1936年保持至今，即使
在困难时期，老村长带群众上山砍柴去县城卖钱筹款，球赛也没中断过；而今
则多是由周边企业与参赛者、乡亲自愿捐资，账目公开透明，老弱妇孺10元、
20元地"凑份子"也都会被记录在册。以2022年吃新节村赛为例，总计18余
万元的办赛资金中，村民集资占13余万元。

图 1-3-1 "村超"球场上敲锣打鼓并携
地方美食入场的参赛球队

"村超"联赛也恰如这样，是依靠村寨各族群众对足球运动的简单热爱而形成规模，从最初的队伍组建、赛程排布、规则制定、奖品设置，都是依靠村民自发组织、各村自筹经费。各村各组不但组队竞技，还会带上热情洋溢的啦啦队队员，逢中场或比赛间隙，轮番登场演绎

① 邓国超，李坤，陈诗宗，等（贵州日报报刊社调研组）.群众创造历史创新引领发展——
从村BA村超看西部欠发达地区中国式现代化的生动实践 [N]. 贵州日报，2023-09-20(001).

苗侗银饰、侗族大歌、苗族飞歌、水族马尾绣、反排木鼓舞、苗族芦笙舞、盛装踩鼓舞，等等。异彩纷呈的民族非遗和传统文化符号搭载直播、短视频等形式，顺着球场观众席上的千百个自媒体镜头直达全国各地网友的屏幕前，赢得点赞、转发、评论和关注。"村超"赛场上最具特色的美食友谊邀请赛传递出浓浓的乡情，参赛村寨老幼不仅慷慨解囊，还会带上米酒、红蛋、卷粉、西瓜等在观赛时聚餐或交换，球场内和谐友爱的场面，集中展现了黔东南乡村基层群众追求美好生活的精神风貌和传承创新中华优秀传统文化的能力水平。

十八大以来，党中央高度重视加强精神文明建设，积极支持和推广为基层老百姓服务的文体设施与活动，因而，是否"接地气"、群众是否喜闻乐见成了评判这些设施与活动供给适当与否的衡量标准。"多彩贵州"在文旅开发策略上明智地选择了差异化竞争策略，充分动员基层群众力量，将活态传承的非遗事项与持续创新的文体活动纳入广义的旅游产品储备库。之所以能孕育"村BA""村超"这样的爆款农文旅IP，关键在于坚定贯彻了党中央文艺为人民服务、

图 1-3-2　姊妹广场上列队入场参加歌咏比赛的村寨队伍

为社会主义服务之要求。

乡球联赛赢得全国各族观众瞩目,缘于浓缩了乡间烟火、民族风情和互联网时代文明图景的群众基础。"村BA""村超"既是一场球员和球迷的大联欢,也是一次各民族同胞的大聚会,更是一台直观感受中华民族共有精神家园的"精神文明大餐"。篮球/足球赛场内外,所见皆是一张张朴实真诚、自信可爱的笑脸,到处有身着民族服饰的各族同胞。一方水土养一方人,篮球足球成为黔东南地区各族群众在新时代民俗节日庆祝活动的首选,亦即"逢节必赛"的新载体,也就承担起了在新发展格局中激励各族人民共同团结奋斗、共同繁荣发展的功能。打球踢球是民族歌舞在现代化进程中的变体,在黔东南乡间具有场地设施便利、男女老幼咸宜的群众基础;球场上"欢乐海洋"的形成,是物质文明和精神文明协调发展的社会主义新农村风貌的彰显,通过全媒体传播展现在全国人民面前,又进一步成为倡导好风尚、弘扬正能量的典范,在全社会激发起奋进新时代、共筑中国梦的价值传递。

鲜明区别于近年来走入大众视野的民族村寨大都经过了"遗产化"、文化产业"在地化"(localization)等过程,① "村BA""村超"未受经济利益驱动,也不以商业为目的,因而也不必迎合外界市场标准,反差感之下凸显群众性文化创新的内生动力,也恰恰因为"村"的纯粹、"村"出特色而迎来了火遍全网的欣欣向荣局面。返乡打球、回家看球,这一牵住乡愁的新模式,为乡村振兴夯实了拢人气的基础,又在网红经济助推下撬动了聚财气的杠杆。"两江两村"赛事有力地接棒斗牛、踩鼓等传统民俗庆典项目,成为新时代深化群众性精神文明创建活动、着力培养担当民族复兴大任之时代新人的典型经验。

---

① 杨洪林.文化产业视角下乡村振兴与民族地区城乡关系重构[J].云南师范大学学报(哲学社会科学版),2020,52(03):74-83.

第四节 "村BA""村超"火爆出圈的流量密码

一个仅千余人的苗族聚居村落能以"民族的才是世界的"之姿引领全国赞赏、模仿热潮，得益于全媒体日新月异的助推，但究其根本靠的是传统文化创新。2022年7月22日，外交部新闻发言人赵立坚在推特（Twitter）发布了一则台江乡村篮球赛视频并配文点赞："现场氛围真的太赞了！"自此，这场山乡篮球"最炫民族风"刮向外网并赢得全球网友点赞。

"现场氛围真的太赞了""你一定要来'村BA''村超'的现场感受一下氛围""与其说是来看球，不如说是感受氛围""大伙儿图的不是球打得多好，是

图 1-4-1　赵立坚 2022 年发布的称赞台江县"村 BA"活动的推文

这份快乐这个氛围"……"氛围"一词，在"村 BA""村超"相关的短视频和网络图文中出现频率非常高，自然而然地成了台江县和榕江县进行旅游宣传的关键词。笔者认为，对"氛围"感受的重视，恰是"两江两村"文旅产业的核心竞争力——有别于传统民族文旅主打的"文化"卖点多是浮于表面地体现在穿戴服饰、歌舞演艺、美食敬酒等静态符号，"村 BA""村超"所推广的文化才更触达民族村寨群众真实生活、更契合非遗及传统文化随时代脉动的轨迹、才真的是"依赖象征体系和个人记忆而维护着的社会共同经验"①。再从横向对比的角度视之，我国广东、浙江等省都组织过乡球联赛，为何是 2022 年、2023 年陆续在贵州省黔东南不起眼的小山乡、小县城一跃做出了爆款呢？笔者经田野调查后分析总结，"村 BA""村超"之所以能火遍全国、火到海外，主要源于以下三重反差感。

一、业余与职业的反差感

露天球场，村民参赛，奖品是当地农产品，中场表演是民族特色的拉歌、踩鼓、"蹦苗迪"，这样别开生面的乡土篮球赛、足球赛，契合了大众对全民健身、体育强国的美好生活向往。在台盘村"村 BA"和榕江县"村超"的赛场上，从球员到裁判员、解说员，大都是本地村民；观众席周围可以看到十里八村乃至从外地专程驱车来看比赛的男女老少，大家欢乐围坐，敲打着锅碗瓢盆为球员助威。在这些因体育运动而聚合的"民族风"欢乐场中，充满了"草根"的快乐氛围。

首先，"村 BA""村超"的参赛者是"草根"。早在这两个响当当的网名诞生之前，台江和榕江的村民早已自发开展篮球、足球联赛有几十年的历史，将其作为农忙后舒活筋骨、休闲娱乐的项目，与本土的斗牛、赛龙舟等民俗和谐交融。较之职业球员年薪千万、专业场馆设施豪华、转播费冠名费高昂，却屡屡爆出打假球、耍大牌等负面新闻，"村 BA""村超"这样破土而出的群众性业余体育活动正是因彰显新时代乡土中国生机勃勃的精神风貌，令全国观众耳

---

① 费孝通. 乡土中国：生育制度 [M]. 北京：北京大学出版社，1998:19.

图 1-4-2　首届全国全民健身大赛（西南区）足球比赛入场仪式上
昂首阔步走进"村超"球场的苗侗水瑶民族方阵

目一新。据统计，2023 年"村 BA"省赛决赛期间观众仅现场即达日均 2 万人次以上，线上更是火爆，3 月 26 日晚的浏览量、点赞量、评论量超过了同时开打的 CBA 决赛正赛，以至有媒体戏称："中国最强的 10 个篮球明星，被贵州的 10 个农民碾压了"①。

其次，"村 BA""村超"的组织者是"草根"。以 2023 年春"村 BA"省赛总决赛为例，三天两夜赛程观众超 10 万人次，如此大的后勤保障压力，组委会是靠台盘村民自组的篮球协会逐层分担化解的。后来在"村超""村马"等一系列贵州文旅新 IP 中沿用的"开放观赛不售票、开放场地不外租、开门办赛不冠名"以及坚持农民球员上场等原则，都是从台盘"院坝协商"②的一次

---

① 前瞻网 .3 年脱贫，3 天暴富，全球蹿红，村 BA 爆火背后的农村万亿级产业风口 [EB/OL].https://baijiahao.baidu.com/s?id=1762484908954002288&wfr=spider&for=pc.

② 台江县创新将苗族特色的"'董寨'来协商，有事好商量"传统与人民政协制度优势转化为基层治理效能，是基层实践全过程人民民主的一种协商形式。"村 BA"发源地台盘村的"院坝协商"中，参与议事的除了球员、村民，还有商户，大家伙坐在球场看台上集体听方案、讨论、提建议并投票。

图1-4-3　笔者与台盘村篮球协会会长岑江龙（右）
在"村BA"赛场旁的村民文化活动室合影

次议事中确定的。在实践全过程人民民主的议事程序的保驾护航下，共建共治共享的社会治理格局在苗乡侗寨之间得到广泛巩固。随着"村BA""村超"IP的孕育和成熟，一批在联赛组织、节目策划、后勤保障、产业开发、媒体宣传等方面经验丰富且极具责任感的中青年本地人才成长了起来，他们是保障"村BA""村超"发扬光大的同时始终姓"村"的中流砥柱，也是乡村人才振兴的代表。图1-4-3是台盘村篮球协会会长岑江龙，他凭在组织举办"村BA"中的突出表现被选为贵州省黔东南州台江县台盘村村委会主任。

再者，"村BA""村超"的传播者是"草根"。从传播渠道来看，"村BA"于2022年夏首次赢得全国关注，并非仰赖官媒自上而下地推介，而是经当地群众在抖音、快手等自媒体APP上引流后，被全国各省网友自发传播，进而逐步发酵成网络热点。例如，前外交部发言人赵立坚7月22日在其推特上转发点赞并引来第一波巨量关注及网友对"村BA"命名的视频，出自贵阳一位业余博主姚顺韦之手，他的拍摄和剪辑则缘于在邻村跑直播带货之余到场观赛的偶得。"村超"足球场上同样是各级媒体、各路博主各显其能的竞技场。在短视频、直播与电商带货联动的全媒体时代，"两江"居民尤其是年轻人看到家乡的群众性文体赛事赢得全网叫好、满屏点赞，无疑会感到与有荣焉，进而会在乡球联赛引来流量和游客的蓬勃增长中，强化"家门口就有奔头"的文化自信与奋斗信念。

图1-4-4 "村BA"赛场上进行一线报道的官方媒体（左）和自媒体（右）

　　最后，"村BA""村超"的观赛者是"草根"。在"村BA""村超"球场上，村民们自发组成啦啦队和表演队，穿上民族盛装服饰为本村队伍加油，也向游客展示当地民族特色节目，这极大地拉高了乡球联赛的观赏性和吸引力。游客在欣赏篮球、足球竞技的同时，不仅可以看到热火朝天的民族文化展演，还可在球赛结束后下场与各族群众一起"蹦苗迪""蹦村迪"，踏着民族音乐万人嗨唱、共舞同乐。激烈的业余球赛、热烈的现场氛围、多彩的民族文化、地道的特色美食、鲜活的传播体验……"两江两村"赛事之所以能成为文旅新IP，靠的绝不仅仅是群众性竞技体育，更是乡土气息及其背后的文化底蕴。

　　"村BA""村超"从自然"出圈"到受全国瞩目，秘诀就在于浓缩了民族风情、乡土烟火和新时代文明图景的群众基础。从其所反映的体育文化本土化创新、组织及传播的链条可看出，乡村网红经济并非刻意炮制可得，而是要建基于群众文化主体性基础并契合大众文化心理需求，在恰当的时空节点形成引爆点。

二、民族与世界的反差感

　　人民群众喜闻乐见的"网红名片"，是新时代乡村振兴及文旅开发的稀缺资源，在此领域"村 BA"的样本意义广受关注。客观而言，乡村篮球赛、足球赛自 20 世纪 90 年代起就在我国广东、浙江等省形成了一定程度的规模，为何火爆出圈却是在西南群山之间的黔东南呢？"村 BA""村超"超越东部和内陆省区的一重传播优势，就在于多了一层民族文化审美因素的加成。黔东南自古以来每逢大小节庆，各族人民吹起芦笙、芒筒、唢呐，唱起侗族大歌、苗族飞歌、酒歌、鼓歌、山歌、祭祀歌，跳起锦鸡舞、踩鼓舞、反排木鼓舞等，共同将喜庆气氛推向高潮，而今这些民族文艺节目随乡球联赛上演，呈现为了全国乃至世界网友眼前亮丽的风景线。

当国际通用体育"语言"在中国西南一隅被赋予浓郁的民族风味，碰撞交融而焕发出了夺目生命力和传播吸引力——卖鱼大哥快速跑动赤脚上篮，农家子弟一记"倒挂金钩"破门，身缚背孩带的大姐挥臂投出"三不沾"；开赛前各族村民代表队肩挑土产、在吹芦笙和伴舞的陪衬下阔步入场；比赛时场下穿戴苗绣银饰的"篮球宝贝""足球宝贝"敲着自家带来的铁盆加油助威；中场休息和两场球赛之间，苗族飞歌、侗族大歌、布依族望谟糠包舞、水族铜鼓芦笙舞等轮番登场亮相……这一系列鲜活生动的形象，通过图片和短视频传遍全国、传向海外，展现出中国式现代化中"人的自由全面发展"、物质文明和精神文明相协调发展以及"可信、可爱、可敬的中国形象"[①]。

要促进"多彩贵州"的民风民俗焕发时代新风貌并产生国际传播影响力，保护、传承、利用三者上都须久久为功，不可偏废。"村 BA""村超"彰显了文化的资源属性，可以称为"民族特色"并用于旅游产业开发的，绝不止有服饰歌舞，更包含我国各地传承了几千年的优秀历史文化和广大人民日用而不觉的价值观念。从传统节庆中的歌舞点缀到现代文旅中的华彩段落，文体活动形式翻新但民族特色长存。当代大众对民族体育喜闻乐见有其深层次的社会心理因素，体现出一种"借以拟想、创造和再造他的过去，以至把过去和他们身处

---

① 习近平.高举中国特色社会主义伟大旗帜 为全面建设社会主义现代化国家而团结奋斗：在中国共产党第二十次全国代表大会上的报告（2022 年 10 月 16 日）[N].人民日报，2022–10–26(001).

图 1-4-5　贵州榕江"村超"赛场上农民组织表演的文艺节目

的现在联接在一起的各种方法和文化理路"①。文旅开发中，深层次的"民族风"可以与外来现代体育运动相互嫁接，孕育传统文化创新创造的硕果，更广泛培育扎根中国大地弘扬民族文化的自信之基、力量之源。

　　进入新时代以来，民族文化产业化随着创意成分越来越高、与时代脉搏越来越合拍，受众市场不断拓展，越来越多人加入了与灿烂中华文明和缤纷民族文化的同频共振中。例如在"村BA""村超"直播和短视频传播中，类型各异的"中场秀"的点击量总是很高，懂球和不懂球的网友都会对精美的民族服饰、独特的节庆民俗、深具非遗底蕴的文化展演等环节叹为观止。从广大网友在线观赛时的评论、留言、弹幕来看，正因大众对民族地区的印象多停留在古色古香、能歌善舞，搞比赛也总是划龙舟、抢花炮等传统体育项目，所以"村BA"令人耳目一新，赞叹原来民族文化未必是传统的、静态的，民族文旅的主题也不一定是仿古怀旧，而是可以极具创意、朝气、时代感；当看到现场观众人数超过CBA、NBA时，大众集体感叹于祖国的广大、人民的活力及"民族的才是世界的"。

---

　　①　赵世瑜.小历史与大历史：区域社会史的理论、方法与实践[M].北京：生活·读书·新知三联书店，2006:118.

三、公益与市场的反差感

"村BA""村超"之所以广受欢迎、持续获赞,一个决定性条件是其在近两年农文体旅一体化的产业开发中守住了群众基础这一基本盘。尽管近两年中已取得巨大网络流量并被旅游业认可了"引流"方面的高商业价值,但无论是台盘乡还是榕江县,均坚持执行了"三不"原则(即不要商业赞助、不收门票、不收停车费)。据笔者在台盘"村BA"球场和榕江"村超"球场的实地所见,没有商业广告,所有宣传企业、推广产品的曝光机会都属于本地或外地来参赛的农民业余球队。也正是这种乡村文旅中"一股清流"的形象,使"两江两村"赛事得以持续扩大在全国的知名度和美誉度。

虽然都是从村镇居民自娱自乐的乡球联赛起步,但"村BA""村超"主办方同样高度重视外地游客的观赛体验,用一位淳朴村民的话说"我们贵州人最重视客人,最好的座位要给专门开车过来看球赛的朋友"。在台盘村,每逢省赛、国赛或有知名表演嘉宾前来时,主办方考虑到外来观众客流增大,为了把"村BA"球场内的观赛席位省出来,专门在村内重要街道设置了几块实时转播的大屏幕,号召本地村民场外观赛。在榕江县,"村超"球场能容纳5万人同时观赛,但主办方贴心地将最好的观赛席位——内场阶梯座椅挂上了"外地游客宠粉区"的牌子,热门的足球联赛中,榕江本地居民自觉地席地而坐从大屏

图1-4-6 "村BA"为把场内座位留给外地游客而为本村人设置了场外大屏幕

图1-4-7 "村超"赛场上把黄金观赛位置留给外地游客

幕上看比赛，也从不与外地游客争抢座椅。

"村 BA"早在被网友关注和命名之前，其实一直在贵州诸多民族村寨自发地、公益化地进行；2022 年半决赛引来全国瞩目后，县乡两级政府更是高度重视、积极引导，定下了既保持"村"的纯粹也守住乡球比赛的公益性和群众基础等一系列原则。如台盘村驻村第一书记张德所对笔者说："'村 BA'原本就是村民自娱自乐的文体活动，现在火了，组织、策划、保障我们还是依靠村民"。透过现象看本质，全国网友爱"村 BA"，并不是因为乡球的竞技水平有多高，而是缘于被乡村活力、文化自信刷新刻板印象后共情而生的民族自豪感。从这个意义上看，"村 BA"个案反映的文化交融创新，不再是经济利益驱动下对外部市场的被动迎合，而是凭借主体性创新扭转大众关于农村青壮年外流、凋敝、"空心化"等印象，以现代性、娱乐性、群众性拉近城乡间、东西部间、内地边疆间、各民族间的心理距离。"村 BA"在苗乡的公益性组织和常态化运转，一定程度上得益于黔东南"百节之乡"的文化氛围，各族群众对节庆活动的分工记账等程序熟稔且积极，保障了篮球虽是外来体育项目却仍能有机融入当地文化生活并形成传承的内生动力。如有学者指出的，"广场能够吸引居民的一个内在动力是基于居民群体自身的文化"①。从只有泥巴场地、竹藤篮筐，甚至篮球都只能用棉花做的假球代替时，当地村民就凑在一起进行这项运动；不通公路的年代，常要步行两三个小时去邻村打比赛，而今"村村通沥青路，组组通硬化路"，村村组比赛的规模逐年扩大。

图 1-4-8 "村超"赛场上参赛球队向现场观众赠送家乡美食（来自 @ 榕江发布的直播画面）

综上可见，文旅融合发展中，反差感是文化传播的动能、旅游产业的看点。上述业余与职业、

---

① 高丙中，宋红娟. 文化生态保护区建设与城镇化进程中的非遗保护：机制梳理与政策思考 [J]. 西北民族研究，2016，(02):198-204+23.

民族与世界、公益与市场三重反差感背后，是多元文化的碰撞。"村BA""村超"以实践证明了现代化进程中，文化碰撞的结果未必是侵蚀、拓殖或此消彼长，也可以是互嵌、交融和多元一体。广场作为承载文化碰撞交融的空间场域，在实体广泛嵌入民族村寨基层的同时，发挥着促进各民族"三交"进而促成其在理想、信念、情感、文化上团结统一的功能；同时，这一民族地区小乡球在社交媒体广场上大"出圈"的个案，也以现代体育与民族节庆盘根错节、共生共荣的形象，展示了互联网时代文化互嵌的样板。

第五节　民族文旅的经济学卖点意义与
文化学纽带意义

　　古今中外，旅游的本质都是一种围绕求新、求乐、求知、求友等体验的社会活动。我国学界自20世纪末就形成了有关"文化是城市和建筑的灵魂"[①]的共识，然而对广大经济面貌落后的民族地区而言，开发文旅产业所倚靠的旅游吸引物——"民族特色"，却往往是站在城市文化求新求现代化的反面，要求其保持老面貌、守住旧时序，才具有文旅观赏价值的所谓"特色"。长此以往，文旅开发给民族村寨带来的影响将不再是保护而是孤立、僵化乃至异化。因此笔者认为，新时代的民族文旅不应再只是将一个民族、一个区域社会的文化象征符号和价值观念体系单向地展演给游客，而是需要将"民族特色"的主客位体验差异上升为多样化的互动形式，双方共同驱动对传统文化的传承、保护和利用，从而协同推动文旅融合发展。

　　新时代民族地区的旅游产业开发应向内求，向那些历史文化底蕴之上最持久、最深厚、最具恒久魅力的资源禀赋求索。例如对于黔地，晚清和民国文人描绘奇风异俗的同时也讲述落后面貌，指其直到新中国成立前仍有多地保留着

---

①　单霁翔.文化遗产保护与城市文化建设[M].北京：中国建筑工业出版社，2009:5.

"生产方面的刀耕火种"①。然而生产力的落后并不代表文化凋敝，相反，以保护非遗的眼光审思，民族村寨世代传承的文体娱乐同人文景观、文化传统、民俗风情一样，都是未被现代性冲击而走向同质化的"家底"。

在全球化语境下，反差感是文化传播的动能、文旅产业的看点。社会学认为现代性进程中"变化的自我作为联结个人和社会变迁反思过程的一部分，被探索和建构"②。民俗学认为技术复制时代的文化生产，常表现为在民族地区挖掘与现代都市形成反差的文化元素，以刺激人们的消费欲望③。民族学关注文化主体适应新时代、新环境的"位育"之道，指出乡村振兴离不开文化主体性，其核心意义是强调自主意识、凸显实现本土文化个性与多元包容性④。"村BA""村超"土洋结合、传统与现代性交织的走红过程，可视为全球化时代多元文化碰撞下的一种本土文化创新实践。之所以能有机融合具有时空反差感的多种文化元素，既体现出黔东南通路通网、健身设施普及和村民生活丰富等现代化建设成就赋予中华文明新生发展以物质条件，也体现出多彩贵州多民族混居格局下共同书写的悠久历史和共同创造的灿烂文化赋予中国式现代化以深厚底蕴。文化符号的多样性、反差感，在中国式现代化与中华文明的互构中交织互嵌，中华传统文化的创造性转化与创新性发展由此生成。

我国作为一个统一的多民族国家，在广袤的西部和边疆地区，各民族至今传承着丰富绚丽的非物质文化遗产，这些民族特色元素是亟待开发的文旅"富矿"。从"村BA""村超"到"村马"⑤，贵州省通过创造性转化传统文化塑造文旅IP进而实现经济赶超"弯道超车"的经验，对于广大西部欠发达地区如何

① 严奇岩.竹枝词中的清代贵州民族社会[M].成都：四川出版集团巴蜀书社，2009:210.

② 安东尼·吉登斯.现代性与自我认同：现代晚期的自我与社会[M].赵旭东，方文，译.北京：生活·读书·新知三联书店，1998:35.

③ 刘晓春.谁的原生态？为何本真性——非物质文化遗产语境下的原生态现象分析[J].学术研究，2008，(02):153–158.

④ 麻国庆.乡村振兴中文化主体性的多重面向[J].求索，2019，(02):4–12.

⑤ 由贵州省黔南布依族苗族自治州三都县水族端节传统赛马体育活动发展而来的群众性文体赛事。2024年7月27日，三都县"美丽乡村速度赛马联赛"开赛，共有87个村参与角逐，每场比赛吸引上万人现场观战，由此被网友称为"村马"。

图 1-5-1 传统民族村寨的江边赶集（上）
与"村 BA"赛场外特设的非遗产品集市（下）

巩固脱贫攻坚成果、如何向乡村产业振兴实现有效衔接、如何基于本地物产文化资源禀赋创造经济增长点，以及如何赋予所有改革发展以彰显中华民族共同体意识的意义，均具有示范参考价值。从表 1-5-1 可以看出"村 BA"发源地台江县与"村超"发源地榕江县在创造性开发文化 IP 后旅游产业综合收入的显著提升。

表 1-5-1　"村 BA"发源地台江县与"村超"发源地榕江县近年经济指标发展情况对比[①]

	台江县 2014 年	台江县 2023 年	榕江县 2011 年	榕江县 2023 年
总人口（万人）	16.3570 万人	17.3782 万人	35.47 万人	38.6023 万人
全年全县生产总值（亿元）	22.20 亿元	47.94 亿元	22.84 亿元	95.87 亿元
农村居民人均可支配收入（元）	5580 元	13046 元	3704 元	13671 元
全县共接待游客（万人次）	80.12 万人次	289.14 万人次	62.55 万人次	760.85 万人次
旅游综合收入（亿元）	4.87 亿元	33.33 亿元	2.84 亿元	83.98 亿元

　　火热的竞技、多彩的文化、繁荣的市场、满屏的喝彩……简单快乐的"村 BA"和"村超"让全国观众透过互联网看到了快乐体育的本真魅力，也显示出新时代文旅融合新模式对以名胜古迹为核心卖点的传统观光游的推陈出新之力。习近平同志早在 21 世纪之初就曾指出，人民群众随着生活水平不断提高

---

① 笔者根据当地统计局公布的公报数据整理而成，参见：台江县人民政府 .2014 年台江县国民经济和社会发展统计公报 [EB/OL]. (2015-05-13)[2024-09-23]. https://www.gztaijiang. gov.cn/zwgk/zfsj/sjtj/tjsj/201707/t20170718_82739202.html；台江县统计局 .2023 年台江县国民经济和社会发展统计公报 [EB/OL]. (2024-05-07)[2024-09-23]. https://www.gztaijiang.gov. cn/zwgk/zfsj/sjtj/tjgb/202405/t20240507_84588711.html；榕江县统计局 . 榕江县 2011 年国民经济和社会发展统计公报 [EB/OL]. (2012-03-28)[2024-09-23]. https://www.rongjiang.gov.cn/ zwgk_5903530/zdlyxxgk/tjsj_5903737/202205/t20220513_74050842.html；榕江县统计局 . 榕江县 2023 年国民经济和社会发展统计公报 [EB/OL]. (2024-04-24)[2024-09-23]. https://www. rongjiang.gov.cn/zwgk_5903530/zdlyxxgk/tjsj_5903737/202407/t20240708_85077703.html.

而产生了"求新、求奇、求知、求乐"①的旅游愿望，这要求我们不断推出体现地方文化内涵、人文精神特色的更多更好的旅游产品。"村BA""村超"恰恰彰显了助推产业增效、消费扩大、群众文化生活提质乃至赋予旅游业高质量发展"新引擎"等积极作用。贵州日报报刊社调研组基于对"村BA""村超"展开的深入调研得出结论：

"村BA"、"村超"向外界展示了黔东南人民的好客、热情、诚信、质朴、上进等精神品质和多元民族文化，这片"用歌声传唱一切、用舞蹈展示一切、用美丽回答一切"的地方，用创新引领品牌升级、靠求变构建品牌新优势、以发展赋予品牌新内涵，有效塑造了县域品牌、文旅品牌、营商环境品牌和少数民族自治州品牌，从而实现了流量转化和经济增长②。

在"村BA""村超"横空出世前，社会大众对民族地区旅游资源的印象一般是古迹、景观、博物馆、工坊、地标建筑等，而以当代文旅融合新思路看待，旅游吸引物是可以通过文化主体"两创"孕育孵化的，既不必仿古怀古，也不必媚俗媚洋——如"村BA""村超"就属于村民文化主体自成体系创造的文旅产品新类型，有别于博物馆展陈历史文化、旅游景区贩卖"异文化"，其优势在于不仅设计吸引游客前来的"卖点"或"噱头"，更致力于变"流量"为"留量"，以文化交流拉进东道主与游客之间的互信关系，从而产生文化学意义上的社会关系建构与交流，亦即"趣缘"纽带。"村BA""村超"为民族特色的传统文化开辟了非传统、非典型性的展示空间，使得球赛观众、慕名游客乃至海外网友，都有了于微观处体味中华民族共有之历史记忆、文化符号、时代风貌的机会，有力地推动了各族人民关于中华民族和国家社会共识的凝聚，也在全社会铸牢了中华民族共同体意识。

2021年中央民族工作会议上要求民族地区"立足资源禀赋、发展条件、比较优势等实际，找准把握新发展阶段、贯彻新发展理念、融入新发展格局、实

---

① 习近平.重视打造旅游精品[M]//之江新语.杭州：浙江人民出版社，2007:75.
② 邓国超,李坤,陈诗宗,等(贵州日报报刊社调研组).群众创造历史创新引领发展——从村BA村超看西部欠发达地区中国式现代化的生动实践[N].贵州日报，2023-09-20(001).

图 1-5-2　2024 年"村超"第一届全国全民健身大赛（西南区）
足球比赛开幕式上高举哈达入场的西藏代表队

现高质量发展、促进共同富裕的切入点和发力点"①。仅就贵州省而言，堪称全国现代化建设任务最重、挑战最大、困难最多的省份之一，尽管在脱贫攻坚战中摆脱了绝对贫困、迈上了与全国同步奔小康的征程，但是起点低、家底薄、短板较多的现实要求贵州必须精准高效地利用自然资源与文化禀赋，"村BA""村超"正是瞄准新发展格局和高质量发展目标的一场文旅"两创"实践。

　　文旅融合高质量发展是后旅游开发时代的必然选择。现实情况是，民族村寨向游客提供展演等旅游消费产品时，舞台化倾向越重，就越是居于被观看、被欣赏的被动地位；反之，越是强调互动性、主体参与性，就越是有利于呈现有机、鲜活的文化形态，这也就相应地要求展演活动更真实地呈现各方力量"再社会化"并共同建构出来的文化新貌。根据美国社会学家欧文·戈夫

---

　　① 习近平在中央民族工作会议上强调 以铸牢中华民族共同体意识为主线 推动新时代党的民族工作高质量发展 [N]. 人民日报，2021-08-29(001).

图 1-5-3　2023 年台江县节庆文旅
活动中的"村 BA"巡游花车

曼（Erving Goffman）的分析，"给予"（gives）代表个体明确地使用特定的言语符号及其替代物，以传达附着于这些符号的信息，而"流露"（gives off）则是被他人视为行动者之征兆表现的各种行动，并假设行动的真正动机不同于以这种方式传达出来的信息①。"民族特色"之所以具备旅游吸引物的属性，是因为当前现代性进程中的人民普遍存在记忆感知与过去现实割裂的情况，游客随着步入民族村寨，也就将具象化的记忆置于了有历史延续感的特定场所——如博物馆等"记忆立场"②——这种沉浸式的文化体验不再局限于观看展演，而更接近于在对"他者"文化的观察品味中重新界定自身身份认同，由此完成一场新式的文旅互动。

2023 年 5 月 2 日，"中国·台江 2023 年苗族姊妹节"万人盛装巡游活动中的"村 BA"方阵，花车上站着的是吉祥物"村宝宝"和"球王"欧明辉。这位苗族小伙子是台江县的明星，在首届"村 BA"省赛上一人获得"得分王""抢断王"和"最有价值球员"三大称号。赛场上每每轮到欧明辉突破盯防和上篮得分时，队友以及现场观众往往会高呼他的绰号"欧牛王"，人气爆棚。如今他已在台江县城开起了少年篮球培训班，就将爱好转化成了养家的手艺。"村 BA""村超"火爆出圈后，许多来台江、榕江的游客都争睹草根明星的风采。"土法造星"，这些凭互联网传播人气骤增的庄稼汉们，同样是传统文化"两创"的表征之一。

新时代的网络红人、网红地标、网红经济，从催生到运行模式均呈现新规

---

① 欧文·戈夫曼. 日常生活中的自我呈现 [M].2 版. 冯钢，译. 北京：北京大学出版社，2022:5.

② Pierre Nora. The Realms of Memory: The Construction of the French Past[M].New York: Columbia University Press, 1989:4-7.

律：不再依赖传统意义上的景观或商品价值，吸引消费的重点转向文化创意、人气氛围、情绪价值和配套服务。上述反差感正是文化传播的动能、旅游产业的看点。从文化角度审思，现代化与文化创新在"村 BA"个案中呈现出具有示范性意义的互构实践——篮球运动在苗乡的普及离不开西部大开发、村村通公路、5G 信号全覆盖等"赋予现代力量"，村民自发融篮球运动于村寨文化离不开节庆传统"赋予深厚底蕴"。

"村 BA""村超"的成功是依靠当地民俗节庆底蕴，也得益于村民主体对优秀传统文化的"两创"实践，其文化互嵌的面貌与进路值得广大具备开发非遗游潜力的民族村寨借鉴。西部和边疆广袤民族地区的文化互嵌，兼具传统与现代、多元与一体的纵横面向，以文化互嵌思路推动非遗保护与"两创"，是乡村振兴防返贫的有力抓手，是增进各民族"三交"的文化纽带，也是旅游强国建设中不可或缺的主体实践。

第二章

"村BA"：苗乡球赛通过网络出圈迎八方各族游客

图 2-0-1 2023 年全国"村 BA"总决赛颁奖后球手们手持奖杯和
辣椒等农产品、文创公仔等纪念品合影

"村 BA"是贵州省组织的"美丽乡村"篮球联赛,以村寨群众为参赛主体,由黔东南州台江县台盘村"六月六"吃新节篮球赛发展而来,网友们参照"NBA""CBA"的称呼,将"村 BA"的头衔送给了苗寨这项极具烟火气的基层群众性体育赛事。2022 年夏和 2023 年春,该赛事两次"火爆出圈",通过短视频直播等形式在全网分别累积了 15 亿人次和 31 亿人次传播量。随着大众喜闻乐见的篮球运动融入当地村寨"六月六"吃新节民俗庆典,网红 IP 盘活了台江县的非遗资源和文旅线路——走红一年后"五一"假期旅游综合收入同比增长 348.83%[①]。

这一民族村寨受到全国瞩目的现象级传播个案,折射出全民健身、乡村振兴、文化强国、民族团结进步创建等诸多亮点,被央视称为"观察中国式现代化的一个窗口"。2023 年 6 月,农业农村部办公厅、体育总局办公厅发布《关

---

① 周灿璧,杨晓波."非遗+"激发台江旅游新活力 [N]. 贵州日报,2023-08-08(005).

于举办全国和美乡村篮球大赛（村BA）的通知》（农办社〔2023〕7号），揭幕赛及总决赛举办地仍在台江，可见中央以其为样板推广全国农民体育健身工程和乡村文化振兴赋能产业的经验。"村BA"堪称是"激发全民族文化创新创造活力"[①]新个案中的典范，对其进行剖析、解读与推广，有益于在建设中华民族现代文明使命指引下引领各民族共同走向现代化，亦关乎在民族地区基层促进物的全面丰富和人的全面发展这一重大命题。

第一节　台盘乡"村BA"的历史沿革与诞生契机

"村BA"的发源地台盘乡，自清雍正年间设屯，历称永安、南瓦等，至1997年由台盘、南瓦两公社合并改成台盘乡。现辖小香湾一个社区和台盘村、阳芳村、平水村、棉花村、南瓦村、龙潭村、红光村7个行政村，总户籍人口不过2万人。因山势陡峭、土多田少，所以台盘乡的小麦、玉米等粮食作物种植经济效益一般，蔬菜种植和畜禽养殖业发展条件有限，20余个乡有工业企业涉及砂石、木器等领域，效益和附加值均不高。在这样的基础条件下，"村BA"的诞生为台盘乡注入的发展动能可谓澎湃且新鲜——一方面，为原本缺乏名胜古迹等"景点"元素资源的台盘乡开辟出一条乡村文旅新赛道，通过流量转化为游客量带动村寨面貌焕然一新；另一方面，以"村BA"这一大热IP为台盘乡农特产品带来了电商营销商机，并打通了农产品精加工、非遗手工坊等产业链，使乡村文化振兴成为现实，使台盘乡成为全国学习的典范。

"村BA"球场所在的台盘村，是一个270余户人家、总人口不过1200人的山乡苗寨（苗族人口占92%），却在2022年夏天迎来了198支农民篮球队，举办了单场观众达2万之众的乡村篮球赛。这样热火朝天、别开生面又风情独

---

① 习近平对宣传思想文化工作作出重要指示强调 坚定文化自信秉持开放包容坚持守正创新 为全面建设社会主义现代化国家 全面推进中华民族伟大复兴提供坚强思想保证强大精神力量有利文化条件 [N]. 人民日报，2023–10–09(001).

具的群众性体育赛事，通过互联网迅速形成了传播爆点，短视频直播创造了亿万流量并得到全国乃至海外网友的点赞，村寨的乡球联赛自此被网友们亲切地取名"村BA"。

"村BA"的历史沿革与诞生契机，可以从黔东南深厚的文化底蕴和社会发展需求中找到注脚。台江县被誉为"中国苗族第一县"，苗族人口高度集中[①]，苗族文化底蕴深厚，有许多自古流传的文体项目，祖祖辈辈在"打花棍""跳狮子""舞龙嘘花""独木龙舟赛"以及斗牛、赛马会等或竞技类或娱乐类的文体活动中，形成了聚则同乐的氛围，磨炼了不屈拼搏的品格。文化体育竞技项目不仅是台江人节日庆典中助兴的点缀，更是蕴藏民族文化基因的感召力、凝聚力之源。

因黔东南的民族体育本就具有深厚群众基础，百姓喜爱文化交流也热衷比赛展演，所以对各类外来的运动门类也持乐于尝试的开放态度。早在"村BA"

图 2-1-1　台盘乡优美的自然田园风光

---

①　台江县的苗族人口占全县总人口的 98% 以上。

得名前，篮球的种子就落到了黔东南。这一项由美国人在 1891 年发明的现代体育运动，相传 1908 年即已首次传入了贵州地区。民国二十五年（1936 年），台拱县①一群在贵阳、镇远等地读过书的青少年学生，利用假期在城关街门修起了台江第一块篮球场地。同年 10 月 10 日，台拱县第一届体育运动会举办，篮球运动自此正式融入当地社会，不仅在此后 80 多年中历经数代人传承而从未间断，还从县城逐步向山乡村寨广泛辐射，作为国际三大球之一的这项"洋运动"落地生根，汇流入苗乡文化成了一种新民俗。

在地方政府广泛修建体育场、安装篮球架的硬件设施配套支持下，篮球这项西来运动以其对场地要求相对较低、设施配套相对简单以及鲜明的对抗性、竞技性等特点，迅速得到各族村寨居民的接受和喜爱，乃至巧妙地融入了当地苗族聚落的"六月六"吃新节②习俗。例如对"村 BA"的发源地——台盘村而言，举办篮球比赛并联络十里八村组队竞技是一种通行的、重要的、喜闻乐见的群众性文体活动。据村里老人回忆，最初的乡球联赛都是因陋就简，标准篮筐、篮球架是慢慢置办齐，冠军奖品也只有大伙凑的红薯、大米等，但乡亲们就是对这项运动热情高涨，20 世纪 50 年代就出现过上百支篮球队报名、上万人同场观赛的盛况。正因外来体育赛事民族与节庆文化底蕴经年交融发酵，乡球联赛一直充当着各村寨之间以及家乡与游子之间聚拢人气、保持交流的共同体纽带，如村民小潘所说："吃新节对我们就像过年一样，打工那里不给请假，我辞职也要回家打球"。篮球赛这项群众性体育活动在台盘一辈辈村民的"接力"之中，也一步步与苗乡民俗文化水乳交融、血脉相通。

"村 BA"并非横空出世，村民们对篮球运动与节庆欢聚的热爱支撑着这一乡球联赛在几十年不曾间断且日益壮大，当然，这个过程也离不开多年中县、

---

① 旧称，位于贵州省东部。自清代置"台拱厅"，1913 年改为台拱县，1941 年改名台江县。

② 吃新节又称"尝新节"，即品尝新粮，是我国黔、湘、桂等省的苗族、仡佬族、侗族、布依族、白族、壮族等群众的传统农事节日，一般在每年夏历的六七月间谷收成时择日举行，摘新谷、舂香米、与陈米同蒸，还多伴有祭祖和歌舞仪式等，目的是庆贺丰收并祈福来年继续丰登。吃新节并不固定在某一天，尤其苗族村寨往往会错开时间，以便亲朋好友之间相互走动，共同祭祀和庆祝。

图 2-1-2　给台盘乡带来巨大流量与可贵商机的"村 BA"球场

图 2-1-3　座无虚席、人头攒动的"村 BA"赛场

州、省等各级政府的鼓励支持。从最基础的硬件配套角度看，村赛得以渐成规模，是因为群众运动基础好，而培养起基层运动习惯的前提，是场地设施普及[①]——各级政府也对篮球运动在村寨基层普及并助力健康中国、体育强国给予了大力支持，台江县 71 个行政村（居、社区）配有标准篮球场 200 多个。

[①]　至"十三五"末，贵州已建立乡镇、行政村（社区）农民体育健身工程 16437 个。（参见：贵州省体育局 . 贵州省"十四五"体育发展规划 [EB/OL].(2022–08–19)[2023–06–05].
http://fgw.guizhou.gov.cn/ztzl/sswgh_5643328/202208/t20220819_76127568.html. ）另据省体育局调研发现，各族群众场地需求最大的就是篮球场。参见：彭芳蓉 . 贵州"村 BA"为什么会火出圈 [N]. 贵州日报，2022–08–12(008).

图 2-1-4 是笔者在黔东南进行田野调查期间拍摄的诸多篮球场中的一部分，这些球场遍布村镇社区和易地扶贫搬迁安置点，建设方既有省体育局也有的系中国体育彩票捐赠。这些以篮球为主题的多功能体育场，像是一个个乡间"窗口"，总是率先迎来体育强国、乡村振兴、非遗"两创"、旅游强国等新风，同时也以中西合璧、土洋结合、传统与现代辉映的村民球赛以及非遗展演、节庆文化等一系列活动，反映着社会主义新农村的风貌。

图 2-1-4　遍布黔东南各类村镇社区和易地扶贫搬迁安置点的篮球场

乡村现代化的新风貌，不仅体现在基建与设施的进步，更体现在人的全面发展。"村 BA"从内生孕育到广受关注的过程，是构筑在多彩贵州、魅力黔东南的民族文化根基之上的，一辈又一辈苗乡儿女在对于精神文明与物质文明的协调追求中演绎着篮球梦，诠释着中国式现代化。例如早在 20 世纪七八十年代，台江篮球就曾在全国人民面前有过一次惊艳"亮相"——台江县东风区东风公社东风大队苗家女子篮球队（简称"东风女篮队"）① 由村民自发组建，由十几位"50 后"的苗家姑娘组成。她们在偶然的机缘下接触篮球运动并被台江县体委篮球教练发掘，参训后一路打到全国第一届农民"丰收杯"篮球赛（1984·江苏丹阳），作为贵州第一支打出省的农村女子篮球队被载入史册。"东风女篮"的一代队员也是中锋顶梁柱的刘顶英，原本只是贫苦农家的女儿，出人意料地因打篮球而走出大山，1973 年加入台江县女篮代表队，1978 年参加全国体育工作者代表大会并得到国家领导人接见，从此改写了人生轨迹。与她并肩战斗的，还有张先玉、邰昌芝、邰昌英、邰昌美、邰昌珍、邰昌兰、邰光珍、邰梅略、邰阿九、张德珍、邰步发等，这些昔日的女娃、而今的嬢嬢，用精彩人生向社会展示了苗乡妇女绣花割草的巧手同样可以打篮球，她们也能抛头露面地跳到赛场上挥洒汗水、争夺荣誉、反哺家乡乃至为国争光。1974 年，新华社刊发一张名为"东风女篮新一代"的照片，后入选《中国摄影》杂志，还曾被用于对许多驻华大使馆的宣传中，向世人介绍在中国西南大山深处少数民族女性的鲜活形象和时代风貌。

在东风女篮队的引领、协助和影响下，台江县体委从 1975 年到 1983 年培养了 148 名农村体育骨干力量，截至 1984 年已在全县组建 68 支"苗寨女篮"球队。1986 年，第三代东风"苗寨女篮"队在贵州省第二届"丰收杯"农民运动会上勇夺女子组冠军，同年在全国第二届"丰收杯"农民运动会上被组委会授予"精神文明运动队"奖。1989 年，东风"苗寨女篮"被评选为全国体育先进基层单位②。东风女篮队在上个世纪敲下的一声强音久久回响，为台江县乃至黔东南的乡村篮球事业几十年的长足发展奠定了坚实基础，激励着不论男女也无关城乡差异的后来者们传承快乐体育、顽强拼搏、充实生活的精神。而这些文化基因，今天都能在"村 BA"的比赛现场与网络直播上感受到。

无论在"村 BA"赛场上还是其短视频网络传播中，吸引观众的绝不仅仅是篮球竞技，更有载歌载舞的苗族群众朝气的笑脸和自信的身姿。"拥有现代化元素与传统文化深度融合的农村体育赛事最容易产生集体记忆，从而加深

---

① 革东镇革东寨辖，此地于 2003 年划归同属黔东南州的剑河县。

② 姚瑶 . 贵州"村 BA"火爆出圈的前世今生 [J]. 文史天地，2023，(12):4-8.

图 2-1-5　台江县"东风女篮"的今夕合影①

村落文化认同，并成为村落文化的某种象征，进一步凝聚村落社区的精神"②。随着"村 BA"的规模渐大、人气愈旺，中场秀的形式也越来越丰富多彩，场上场下尽是亮丽的风景线。篮球场是当地文化传统与现代社会发展需求相结合的典型场域，以群众性体育竞技活动带动乡村人气，经过一季又一度的年节、一轮又一轮的球赛，每逢"六月六"吃新节办篮球联赛不仅成了台盘村的惯例，还成为当地最受广大群众欢迎的项目，成为嵌入基层、融入生活并有机衔接传统与现代的一个文化符号。

综上所述，"村 BA"是台盘乡结合自身文化传统和社会发展需求，通过体育活动推动乡村振兴的典型案例。"村 BA"对苗乡名气的提升并非"一夜之间"促成，而是建基于民族村寨群众几十年如一日地丰富自身精神文化生活、开放接纳外来文化并与传统节庆相结合，因而才有新时代搭载互联网传播，成功地

① 右图为"东风女篮"队员在"村 BA"球场合影（贵州日报天眼新闻记者杨晓波摄），左图为受访者供图。参见：贵州日报天眼新闻."我是农村新生代"：苗家妹子的篮球梦 [EB、OL].(2024-04-17)[2024-08-27].https://baijiahao.baidu.com/s?id=1796555390261081685&wfr=spider&for=pc.

② 李娟.农村体育赛事的时代价值审视以及优化路径——以贵州省"村 BA"为例 [J].体育科学进展，2023，11(04):996-1000.

将文化资源转化为经济效益，实现了文化与经济的双赢的"村BA"案例，不仅丰富了当地居民的文化生活，还促进了当地经济的发展，提升了乡村形象，成为了我国乡村文化振兴中的一个亮点。

图 2-1-6　节日中穿上盛装在篮球场集合的
苗族嬢嬢们和前来观光的外地游客

第二节 "村BA"现象级传播的制胜密码
在于民族特色

新时代的网红地标、网红经济，从催生到运行模式均呈现新规律：不再依赖传统意义上的景观或商品价值，吸引消费的重点转向文化创意、人气氛围、情绪价值和配套服务。对比2023年的另一爆款，"一把串带火一座城"的山东淄博烧烤可发现——真正吸引大批游客组团坐高铁"进淄赶烤"的，并不是美味有多么独特抑或价格有多么实惠，而是缘于"打卡"、追热点、共襄盛举的体验式消费心理；更深一层，缘于媒体高流量曝光中讲述的2022年抗疫期间市领导请在淄隔离大学生吃烧烤送行的动人故事……美食"大V"①们为该话题制作的短视频在抖音等平台阅读量高达30亿次，于2023年五一假期前促成了淄博烧烤火爆全网。

与之相似的，"村BA"势如破竹地走红网络，显然也并非因比赛竞技水平有多高，而是缘于三年新冠肺炎疫情最令国民心理焦灼甚至影响信心斗志的关键阶段，却在云端看到祖国一隅的少数民族同胞们以全民健身的方式热火朝天地欢庆民俗节日，这激发了广大网友热爱运动与生活的共鸣。可见，网红经济的孕育多经由基于文化创新且引起广泛共鸣的传播事件，完成从人头攒动的视觉冲击力到世间人情的情绪感染力传递，进而满足当代大众为平淡生活增添仪式感的普遍社会心理。

2023年初，农业农村部一号文件提倡"探索推广'村BA'篮球赛等赛事"；贵州省2023年政府工作报告称其为"群众文化新亮点"；入选第二届全国乡村

---

① 微博用户经过身份认证（verified）之后，其昵称后都会附有类似于大写的英语字母"V"的图标，因而网民对此类经过个人认证并拥有众多粉丝的自媒体用户泛称为"大V"。

图 2-2-1 冒雨观看"村 BA"球赛的热情观众

文化产业创新典型、第一批全国"一县一品"特色文化艺术典型案例；又经华春莹、汪文斌等外交部发言人推介，"村 BA"成了新时代西部民族地区基层文化创新与产业开发相结合的经验典型。近两年中，各省区诸多县域文旅相关部门前来台盘村，或组队参赛，或考察学习，积极参考"村 BA"发源地是如何在现代化进程中传承传统文化并转化资源赋能乡建的，其中不乏同样具有历史积淀和文旅开发潜质者，有望在中央号召对乡球联赛的借鉴和推广中探索到自己的农文旅 IP 引爆点。

　　质朴、纯粹、"接地气"，是笔者在台盘村实地调研"村 BA"最突出的感受。这里没有城市快节奏生活的压力和无奈，村民们人人都像在自己的主场、人人都有当人生主角的精气神，就连来观赛打卡的游客们，进入球场后似乎也变得"轻盈"了起来——从发起赛事、组织队伍、安排赛程、设置晋级规则和奖品、组织后勤安保以及歌舞"中场秀"等，乃至借力"村 BA"热度进行的电商助农直播等，均由村民一手包办。球场上身姿矫健的投手，是养殖麻鸭的农户、开小卖部的个体商贩、开挖掘机的师傅等，解说员是退伍的军人，后勤保障人员是刚从广东返乡的打工仔。颁发给获胜球队的"大奖"是本地养殖的黄牛、香羊、大鹅、稻香鱼①等；为中场休息时踊跃入场参加趣味投篮比赛观众设置的优胜奖品，是一窝10只下司犬幼崽；看台上加油卖力、互动积极的观众，无论本村还是游客，均有机会获赠猪蹄一只……"村BA"球场上每个人都洋溢着笑脸，都能满载而归，全民健身的社会氛围就在这样一次次既是比赛又像聚会的文体活动中被推向高潮。

图2-2-2 "村BA"吉祥物"村宝宝"的立牌

"村BA"势如破竹的网络曝光，源于主办方从酝酿阶段就始终坚持"村"味宣传，并且以互联网思维和品牌意识设计了一套完整的民族风VI——以"村BA"的吉祥物"村宝宝"为例，其形象是一只黑壮健硕的小牛，身穿"66篮球服"、头戴蜡染头巾、手拿篮球，身姿矫健而富于朝气。

图2-2-3和图2-2-4是台江县请专业团队为"村BA"设计的注册商标，其中糅合了绿水青山（主体配色）、多彩贵州（彩色的篮球作为点睛之笔）、民族风情（顶部以苗族的银冠"加冕"）等多种元素，同时汉字"村"所占面积是英文大写字母"BA"的10倍左右，体现其群众性体育运动的基本属性。

---

① 又称"稻花鱼""禾花鱼"，即养殖在水稻田里的鱼，因以落水稻花、水草及昆虫为食而得名，生长期较长，肉质细腻肥美且没有土腥味。台江县探索这种一水两用、一地多收的"稻＋鱼"生态种养殖模式，在距"村BA"球场2公里的阳芳村建有稻花鱼养殖示范基地。

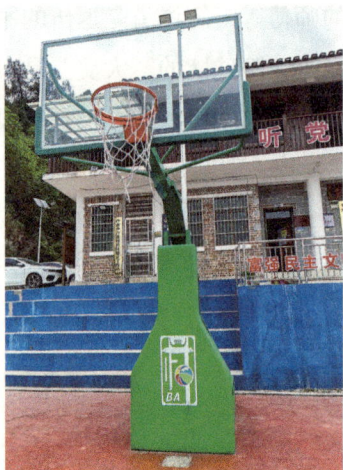

图 2-2-3 "村 BA"赛场上印有
注册商标（彩色版）的篮球架

图 2-2-4 "村 BA"注册商标
（单色版）立牌的篮球架

图 2-2-5 "村 BA"官方体验店内
售卖的纪念版篮球

首批开发的文创产品"村 BA"篮球，同样使用了红蓝配色，街头涂鸦风格的花纹，细看之下是蝴蝶与吉玉鸟（苗族文化中寓意人丁兴旺的吉祥纹样）的图案，巧妙地糅合了当地民族传统文化与时代气息流行审美。这款颇具街头篮球风格的纪念品是"村 BA"球场边官方体验店销量最好的纪念品之一。

浓郁的乡情和最炫的民族风，是"村 BA"最具辨识度的标志。走红两年来的各级各类篮球联赛，"村 BA"仍会依托当地丰富节庆文化资源，频频与"吃新节"以及"苗年"、牯藏节、芦笙节、斗牛节等联动。在邀请观众席游客上场参与的罚篮比赛中，中一球者获得一个西瓜，罚中两球者获得一只鸭子，对拾金不昧的现场观众还会送上一个猪蹄，等等。配合"村 BA"赛事延伸衍生链，台盘村每逢节庆日还会设计主题为游客开设篮球体验区、特色美食区、非遗展

图 2-2-6　从"村 BA"中场秀发展出的"深山音乐会"场面（来自 @ 今日台江　的直播画面）

示区、乡土文化区、农品销售区、文创推广区、网红直播区、游戏互动区等。其中最受欢迎的是深山音乐会，两年来孙楠、谭晶、周深、萧敬腾、刘畊宏、吴克群、沙宝亮等具有国民度的歌星都曾来到台盘球场上高歌。图 2-2-6 是一组 2024 年国庆期间的演出直播截图，当晚最受欢迎的是蒙古族歌手乌兰图雅，演唱起《套马杆的汉子》时全场万人大合唱将气氛掀至高潮，北方草原的马头琴与南方苗岭的乡音和鸣一处，汇成中华民族一家亲的和谐乐章，生动体现了各民族像石榴籽一样紧紧拥抱在一起的生动场面。

　　"村 BA"之所以能够在短时间内席卷全网赢得广大群众由衷的共鸣与喜爱，质言之，因其从文化积淀到创意破圈再到赋能乡建的历程，反映出"中国式现代化赋予中华文明以现代力量，中华文明赋予中国式现代化以深厚底蕴"①的新时代实践。浅层看，其"火出圈"缘于民族文化伴随现代化进程的融合创新，引发全民共鸣并刺激了二次传播；深层看，世界三大球之一的体育项目在贵州

---

　　① 习近平在文化传承发展座谈会上强调 担负起新的文化使命 努力建设中华民族现代文明 [N]. 人民日报，2023-06-03(001).

山乡落地扎根并且因糅合民族风情而焕发出以赛促旅的新动能，建基于村寨文化的历史渊源、节庆传统及各族群众对全球化时代传播规律的借力。"民俗是在群体中自行传承或流传的程式化的不成文的规定，因此，民俗的独特性表现在它不仅仅是文化意识，而且兼有文化意识和社会生活的双重特征。"[1]"村 BA"作为新时代"体育＋民族特色"的新民俗，将 21 世纪以来台江县几辈人或传统或现代的文化意识与社会生活品位，均打包整合起来，带入了根深蒂固的苗族节庆和枝繁叶茂的乡村文化振兴中。

第三节 "村 BA"为观察中国式现代化的窗口

2022 年 10 月 17 日，中央电视台《二十大时光》节目中，主持人和嘉宾指出："'村 BA'的火爆，是十年来经济社会大变化的小缩影。中国式现代化离不开农业农村的现代化……新鲜的不是拿奖杯，是为了一起开心一起飞……篮球场的改扩建工程都是村民集体决定的，众人的事由众人商量，这可以看作是全过程人民民主在基层得到实现……我们通过这个小小的'窗口'看到了中国式现代化，也看到了中国式现代化带给人民群众的幸福感和获得感"[2]。

党的二十大报告对"中国式现代化"[3]五大特征的阐述中，至少有三方面可以直接从"村 BA"个案观察到具体体现：如"物质文明和精神文明相协调的现代化"这一至臻追求，体现于健身设施场地等物质条件提升基础之上的村民体质增强和精神生活充实，以及文体活动创新转化为文旅资源后又惠及生活条

---

① 陈勤建.文艺民俗学导论[M].上海：上海文艺出版社，1991:5.

② 央视网.[二十大时光]"村 BA"：观察中国式现代化的一个窗口[EB/OL]. (2022-10-17)[2024-05-17].https://tv.cctv.com/2022/10/17/VIDE51cQbd8fRYe2SqUpA0hS221017.shtml.

③ 习近平.高举中国特色社会主义伟大旗帜 为全面建设社会主义现代化国家而团结奋斗：在中国共产党第二十次全国代表大会上的报告（2022 年 10 月 16 日）[N].人民日报，2022-10-26(001).

图 2-3-1　央视《二十大时光》节目对"村 BA"进行报道的节目截图

件的良性循环；又如"人与自然和谐共生的现代化"这一鲜明特点，体现于传统民俗中天人合一的精神在新时代民族体育新生系统中得以保留并发扬，未陷入商业化侵蚀原生态的发展陷阱；再如"全体人民共同富裕的现代化"这一本质特征，体现于乡球赛事组织保障过程中赓续西南少数民族议榔[1]传统

图 2-3-2　"村 BA"赛场附近富于时代气息和民族特色的墙体彩绘

的共建共治切实为以赛兴农、助旅、扶产的共富共享铺平了道路。

---

①　议榔是苗族历史悠久的一种社会组织，村寨居民在共同商议社区规约时，通过杀鸡、杀牛、喝血酒盟誓等方式保障规约具有很强的约束力。议榔内容包括对山林、田园、水产、房屋财产的保护，对沟渠、河流、山坡、婚姻纠纷的处理等，村寨与村寨之间还有涉及联防联建的榔规。这种介于习惯法和道德规范之间的议事风俗，在一定历史时期内对于促进社会文明、维持苗族聚居地区生产生活和社会交往秩序发挥过积极的作用。

一、文体活动表征物质文明和精神文明相协调的现代化

"村BA"让大众看到新时代振兴中的新农村，台盘村刷新了观众印象中西部民族村寨依靠"脱贫攻坚兜底一批"的形象，展现物质文明条件与精神文明风貌相协调的中国式现代化样板。

一方面，"村BA"的诞生首先建基于硬件设施普及、提质。乡村文体休闲场地的普及、运动器材的齐备、县域公路的畅通、手机自媒体的流行等，各方面物质文明现代化的条件赋予了乡球"出圈"的可能。其中尤以村寨广场公共文化空间为典型，作为折射农耕聚落向城镇化转型的场域，广场是村民社交中心、健身运动场所、文化展演舞台，也即孕育多元文化交融创新的容器。进而言之，村寨广场在新时代从传统的踩鼓场衍生出篮球场等新功能，不仅仅是被动地承载更多体育项目，而是主动地参与社会实践的空间生产（production of space）[①]，其在民族文化传承创新并孕育旅游景观中扮演重要角色，与博物馆、文化传习馆、非遗工坊等一样，都处在大众旅游体验的核心层。

台盘村的"网红篮球场"坐落于村党群综合服务中心门前，有2块标准篮球场大的塑胶地面，三面看台、一面临街，北、东向看台的阶梯各21级，配有照明大灯、

图2-3-3 "村BA"赛场上双方队员
入场后相互握手致意

---

① 法国社会学家亨利·列斐伏尔（Henri Lefebvre）认为空间不是静态的"容器"，而是社会关系的产物，会有目的性地参与社会实践，亦可被视为具有增值性的商品。参见：Henri Lefebvre.The Production of Space[M].London: Blackwell Publisher Ltd., 1991:21-25.

高看台及停车场，看台顶端"中国'村 BA'圣地"的字样分外醒目。对一个只有 270 多户、1100 多人的小村庄而言，现代化程度如此高的球场，彰显了篮球运动对村民的重要性。高丙中等认为，"广场能够吸引居民的一个内在动力是基于居民群体自身的文化"①。台盘村以"村 BA"球场为辐射中心，已形成由宽阔整洁的硬化路面连接的、现代化乡村面貌的村寨"生活广场"——既有常设的"村 BA"官方线下体验店、"村 BA"主题餐厅、"村 BA"主题茶饮店，也有随赛期客流潮汐设置的临时特色美食街区、非遗产品街区、土特产品街区等，"村 BA"周边乃至村寨整体服务居民的餐馆、超市、快递站、理发店、饮品店等都在近两年内有不同程度的翻新，呈现朝气蓬勃的新农村面貌。"村 BA"赛场扩建为标准化球场，加之四角配齐的体育场专业照明设备，使"打球到天亮"的村民文化得到硬件保障，更能代表"观察中国式现代化的窗口"。从作为一个学理概念的"广场"角度管窥，随时代进步而提升的符合当地社会需求的种种物质条件，有利于更好发挥包括孕育文化创新在内的空间生产功能，进而全面满足村寨群众在物质和精神双方面对美好生活的需求。

纵观台盘村今夕面貌，从只有泥巴场地、竹藤篮筐，甚至篮球都只能用棉花做的假球代替时起，当地村民就凑在一起进行这项运动了；随着现代化建设中物质条件改善，乡球比赛越办越好，成为村民集体记忆②中对现代文明

图 2-3-4　位于台盘村党群综合服务中心门前的"村 BA"赛场

---

①　高丙中，宋红娟.文化生态保护区建设与城镇化进程中的非遗保护：机制梳理与政策思考 [J].西北民族研究，2016(02):198–204+23.

②　集体记忆（collective memory）是法国社会学家莫里斯·哈布瓦赫提出的学术概念，指向一个特定社会群体之成员共享往事的过程和结果，保证集体记忆传承的条件是社会交往及群体意识需要提取该记忆的延续性。参见：莫里斯·哈布瓦赫.论集体记忆 [M].毕然，郭金华，译.上海：上海人民出版社，2002:235.

感触最深的部分之一。台盘村村委会主任、台盘村篮球协会会长岑江龙回忆:"以前不通公路时,步行两三个小时去邻村打比赛是常事"。而今"村村通沥青路,组组通硬化路",为黔东南各民族村寨间以球赛趣缘纽带交往交流交融提供了便利、拓展了版图,是中国式现代化在乡土中国注入力量的生动体现。2023 年,台江县地区生产总值完成 48.62 亿元,同比增长 8.1%,增速排名全州第一,其中,规上工业增加值增长 34%,城乡居民人均可支配收入分别增长 4.5%、8.5%[①]。从建设成就的基础孕育群众文化的蓬勃,到乡球联赛的亮点引来发展商机的兴旺,"村 BA"的故事将中国式现代化中物质文明与精神文明相协调的一面充分诠释了出来。

另一方面,村民体质的增强、生活的丰富、精神的充实均彰显"人的自由全面发展"。个人现代化(individual modernization)是中国式现代化不容忽视的维度,"村 BA"个案正是从民族村寨群众精神风貌层面集中体现出物质精神文明一起抓、各族同步实现现代化的意义。苑利等认为传统节日"在传承一个民族物质文明与精神文明的过程中,发挥着相当特殊的作用"[②]。台盘村民吸纳"村 BA"联赛为一年一度传统民俗"六月六"吃新节的保留节目,是现代化文体活动嵌入村寨物质文明和精神文明协调发展的表征。黔东南原生态文化中自古就有与赛龙夺锦、舞龙嘘花等文体活动伴生的锻炼意识和拼搏精神,其在新时代通过篮球

图 2-3-5 "村 BA"赛场外的乡村街道日渐热闹兴旺

① 史红云,沈安永,石含开.盘活招商引资"全盘棋"[N].贵州日报,2024-02-12(001).
② 苑利,顾军.传统节日遗产保护的价值和原则[J].中国人民大学学报,2007(01):34-40.

这一世界通用的体育语言呈现，属于激发全民族文化创新活力的中国经验。

同时，"村 BA"作为民族文化创新与现代化互洽、互构的一个案例，其新颖不仅体现在基于文体活动交往的群众性，也体现在线上线下联动"中国梦"同频共振的时代感。笔者调研中看到，"抖音""快手"及微信视频号等在台盘这样的西部基层村寨百姓中已形成了相当大的用户基础和黏性，简单易上手的自媒体成为扭转民族地区主流现代文化传播远多于少数民族文化对外传播之"不对称性"的重要杠杆①。台江县委宣传部的乐燕超告诉笔者："'村 BA'的热度从 2022 年开始酝酿，事实上初期是黔东南一些自媒体博主'无心插柳'地引流，形成一定社会关注度之后，报台网端等各级各类媒体才跟进，最终引起了央视等主流媒体的重视。"可想而知，"村 BA"省赛累计近 50 亿人次的网络传播量绝不是凭推手营销可实现的，依靠的是全民自发点赞、转发。社交媒体是互联网时代反映个体精神生活的另一种"广场"，在全球范围内皆是如此，如马克思早已预见的："随着资本主义生产的扩展，科学因素第一次被有意识地和广泛地加以发展、应用并体现在生活中，其规模是以往时代根本想象不到的"②。"村 BA"这一小乡球大出圈的个案折射出现代体育与民族文化盘根错节、共生共荣的形象，堪称物质文明与精神文明相协调的基层样板。

二、节庆风俗涵养人与自然和谐共生的现代化发展理念

"生活需要仪式感"是近年来流行的一句网络语，这句话在"百节之乡"黔东南，有丰富而立体的呈现。这也是高速现代化进程中，快节奏生活压力下的人们向往"去有风的地方"、到民族村寨感受简单快乐、淳朴民风和多彩文化的原因。追根溯源，藏在苗岭山乡的台盘村之所以堪称"窗口"，是因为其在融入现代化的进程中兼顾了人与自然的和谐共生，不仅保护自然生态，也尊

---

① 李达.新媒体时代少数民族文化传播的困境与策略 [J].湖北民族学院学报 (哲学社会科学版)，2015，33(02):113–117.

② 马克思，恩格斯.马克思恩格斯全集 : 第 47 卷 [M].中共中央马克思恩格斯列宁斯大林著作编译局，编译 .北京 : 人民出版社，1979.572.

重文化生态的发展规律——道法自然、天人合一，"文化艺术的生命力就在于它与特定的地理环境、气候、生产生活方式习俗和信仰相关"①，"村BA"的创造性转化因牢牢扎根基于中华民族共有精神家园的共有生存理念实践而成功。

农耕文明的节庆活动中蕴含人与自然和谐共生的智慧，是能对中国式现代化产生滋养作用的中华文明之有机组成部分。少数民族聚落的节庆文化中有独特的生态智慧和审美情趣，这些历经春耕夏耘秋收冬藏和各民族世代交往交流交融后积淀下的"地方性知识"（local knowledge）②，在现代化进程中依托新载体实现文化创造性转化，"村BA"嵌入"六月六"吃新节即为生动一例。该节是黔、桂、湘等省苗、侗、布依、壮、仡佬等民族共享的农事节庆，在我国西南稻作文化中属于"半年节"，有鲜明的庆丰、祈丰意味，主要为庆祝收割早稻后品尝新粮，传统上配以跳芦笙、赛歌、斗牛、游方等活动。随着时代的发展、农事生计的转型和城镇化的下沉，庆祝吃新节在斗牛赛歌等传统节目之外增补了与世界接轨、与时代偕行的新形式——篮球这一外来运动，以拼搏争先和团队协作等精神契合了乡土节庆的文化内核。

一方面，民族节日中的赛事，最重要的不是输赢，而是于集体欢腾中凝聚起团结、奋斗、乐观以及天人合一的精神。

图 2-3-6　涵养黔东南竞技体育精神的
独木龙舟赛

---

① 丹纳.艺术哲学[M].傅雷，译.北京：人民文学出版社，1997:1–80.

② 美国人类学家克利福德·吉尔兹（Clifford Geertz）于20世纪80年代建议重视"地方性知识"，意在从当地人观点出发并"矫枉现代化及全球化进程中的弊端"。参见：吉尔兹.地方性知识——阐释人类学论文集[M].王海龙，张家瑄，译.北京：中央编译出版社，2000:19.马歇尔·萨林斯（Marshall Sahlins）也提出过类似观点，"不同的民族要求在世界文化秩序中得到自己的空间"。参见：萨林斯.什么是人类学的启蒙？——20世纪的一些教训[A].马戎，周星.21世纪：文化自觉与跨文化对话（一）[C].北京：北京大学出版社，2001:102.

世代相传的节日节庆总是紧密、贴切而全面地反映着中国人的精神世界，"传统节日之所以能被接受、认同，就看它是否具有认知的价值与生活的意义，传统节日是在数千年的文明传承中形成的时间生活传统，它不仅是一个时间段落标志，在节日之上，人们赋予了丰富的文化意义，节日表达着中国人的情感与信仰"[①]。笔者调研发现，较之农家书屋、电影放映等相对静态的"送文化下乡"活动，体育运动设施下乡在黔东南普遍更受欢迎，因为动态的"赛"更适合为节日助兴，也更契合当地民族文化。如苗族独木龙舟节，是竞渡娱神以祈风调雨顺；又如斗牛、斗狗、斗鸡等，将家畜视作力量象征以博一个日子红火兴旺的彩头。

因混用汉语、苗话、贵州方言解说球赛而走红的台盘村现场解说员王再贵告诉笔者："一场球两三万观众，最带动气氛的是什么？就是我带头喊'123'，男女老少都呼应齐声喊'呜—'。""村BA"赛场上这种"呜—呜—"助威声，来源于当地传统斗牛比赛的喝彩声。对抗性竞技活动中，此口号像一脉相承的通用密码，内蕴各民族共同培育并认同的人与自然和谐共生的文化理念。图 2-3-7 是笔者在台盘村一家不起眼的小餐馆内拍摄的，朴实的农民个体商户将斗牛比赛获得的锦旗挂在最醒目的墙上。这次牛王争霸赛的主办单位为贵州省凯里市交

图 2-3-7　台盘村一家小餐馆内
悬挂着斗牛比赛的获奖锦旗

---

① 萧放.传统节日与非物质文化遗产[M].北京:学苑出版社,2011:167.

通旅游投资集团有限责任公司，承办单位为贵州省新凯文化旅游投资发展有限责任公司和凯里市斗牛协会（由市民族宗教事务局主管的社会团体），指导单位为凯里市文体广电旅游局、凯里市民宗局以及白午街道。可以看出，竞技体育项目在当代民族村寨中发挥着礼俗互动、凝聚社会组织的作用，斗牛比赛和篮球联赛都是如此。从一定意义上说，"村BA"有效解决了"农村精神文化活动的长期缺失或偏移无法重塑村民对集体的认同感和凝聚力"[①]这一当代中国社会的普遍性问题——在强化村寨公共性的基础上，通过网络传播激发了全国网友热爱运动与生活的共鸣，提振了拼搏信念与奋斗热情，也践行了构筑各民族共有精神家园、铸牢中华民族共同体意识。

另一方面，"村BA"之所以堪称观察中国式现代化的乡村文化样板，内核在于现代化发展特点与传统文化传承规律因需而嵌、得当交融。篮球本是农村劳动力在农忙后舒活筋骨、休闲娱乐的体育项目，具有场地设施便利、男女老幼咸宜等群众基础；同时，在青壮年普遍外出务工、乡村渐趋"空心化"的当下，将乡球联赛选在"六月六"吃新节举办，契合春节之外又一个在外打工者集体回村务农的时间节点，也通过形成村村组队联赛传统，构成一条新时代基层增进民族交往和村落共同体凝聚力的新纽带。打球的发小、看球的乡亲、富于民族文化氛围的节庆活动，成为除农活等现实考量之外，"请假也要回家过节打球"的返乡动力，民族村镇劳动力的城乡间双向流动因文化纽带而更富韧性，乡村振兴也因乡球聚人气而更具基础。

图 2-3-8 "村BA"赛场外
的非遗产品展示区

就其本质而言，正因民族

---

① 叶敬忠，胡琴．共同富裕目标下的乡村振兴：主要挑战与重点回应 [J].农村经济，2022(02):1-8.

村寨群众持续将"村 BA"等具有现代化属性的符号编织入当地文化生态的"意义之网"，才能与其原有自然生境和谐共存，越过商业化侵蚀原生态的发展陷阱，躲过大转型中的"文化真空"（cultural vacuum）与"文化贬值"（cultural debasement）①。"爱过节"并热衷通过各种文体活动庆祝，是刻在黔东南各民族文化基因中的集体欢腾符号，也是中华文明多彩的一部分。"村 BA"个案中，此理念是通过更全球化的文体语言（篮球）创新呈现，反映出外来文化融合于本土生态理念并落地生根的过程。其值得全国推广，缘于该民族村的文化生态并未在现代化进程的冲击下趋向凋敝式微的"淡化"或舞台真实式的"异化"，而是在依托文化主体性的前提下形成了饱含进取精神与文化自信的新生态。

三、村民议榔传统推动实现共治共享共同富裕的现代化

图 2-3-9 系新华社记者拍摄的无人机照片，俯瞰台盘乡，灯火通明的篮球场之上是日益兴旺的村庄，之下大片整齐排列的红色顶棚则是赛期迎接游客的临时美食摊位、非遗和旅游纪念品展位等。"村 BA"是台盘乡精准立足自身资源禀赋、充分借力于新质生产力、着力打造高附加值新模式的品牌化文旅开发个案，其通过文化领域的"创新"综合带动"协调""绿色""开放""共享"等新发展理念贯彻的新做法，堪为民族村寨解决发展不平衡不充分问题、缩小城乡区域发展差距、实现人的全面发展和全体人民共同富裕的样板经验。

村民主体的创造性不仅体现在文化创新，还体现在"以赛促治"的基层治理创新。苗乡侗寨自古有议榔、合款、张榜公开活动账目等传统，而今新的节庆项目（篮球联赛）搭载新的议事制度（"院坝协商"），在保障球赛顺利开展并借其实现兴农、助旅、扶产等现实利好方面，树立了全过程人民民主保障共同富裕的中国式现代化样板。村民主体性的充分发挥，是国家多年来在民族地区"扶贫先扶智 / 志"的成果体现，也是费孝通先生 20 世纪末即提倡"一个民族的发展主要靠善于发挥自己的传统优势，利用一切可以利用的外在条件，提

---

① 波兰尼 . 大转型：我们时代的政治与经济起源 [M]. 冯钢，刘阳，译 . 杭州：浙江人民出版社，2007:135.

高自身社会生产力和发挥自身的精神文化"①的生动实践。台盘围绕"村BA"的村务议事，体现出如今议榔已超越了"村"的边界，议事主体也从作为知识精英的"榔头"②"鬼师"③扩大到参与生产经营的每个劳动者。

图 2-3-9   各大媒体对"村BA"赋能台盘乡村振兴进行了报道
（新华社记者   欧东衢 2023 年 3 月 26 日摄）

---

① 费孝通，鹤见和子．农村振兴和小城镇问题——中日学者共同研究 [M]．南京：江苏人民出版社，1991:33.

② 议榔的执行者，需要从各寨六方（或理老、长老、寨老、该歪）推举产生，一般择德高望重、办事公正、精明强干的年长者担任"榔头"。这种传统社会基层自治的自然领袖不是世袭制，而是由村民公开选贤任能，在订立和执行规约、调解纠纷、维护村寨秩序、组织筹办宗教和文化活动以及处理村寨的对外关系等方面带领全寨人一起议事。

③ 苗族风俗中的重要宗教仪式主持者。《黔书》载："病不服药，惟祷于鬼，谓其巫曰鬼师"，这些神职人员除了通过与神灵沟通来达到祛病驱邪、祈福消灾的目的，还负责在节日和祭祀中执行关键仪式，使用祭品和象征物等传承苗族文化与信仰。

一方面，村民议事对乡球联赛的全程参与保障是共建共治共享典型经验。"村 BA"的健身是全民性的，传统村赛中不仅有男子组、女子组，还有少年组（16 岁以下）、中年组（37 岁以上）以及人气最高的"村村组"（各村组队）等。"村 BA"的组织也是全民全过程参与的——以 2023 年总决赛为例，三天两夜赛程有超 10 万人次现场观众，如此大的后勤保障压力，组委会完全依靠村民自组的篮球协会逐层分担化解。在"网红篮球场"外南街经营小卖店的大姐告诉笔者，春夏比赛期间尤其是总决赛那两天，生意非常好，卖饮料零食以及铁盆等加油助威工具供不应求，每天收入能到三四千元。但即使店里最忙时，她也放了丈夫去组委会帮忙，当笔者询问为何不先顾自家买卖，她说：

> 叫了小孩从中学回来帮忙，最忙就那几天，再说也是见世面嘛……我自己平时也爱打球，现在多人打球多人看，店就能越来越好。去年（2022 年）篮球赛办得大，离得球场近的店交一些卫生管理费，我们都乐意。生意（赚）够了（我）不用再去深圳打工，还是在家好一点。要是能一直有这么多人就好了。

"村 BA"打出了文化自信、"村"出了时代特色。"要是能一直有这么多人就好了"，不单是村寨个体工商户对生意兴隆的愿景，也契合乡村从文化振兴到产业振兴、组织振兴、人才振兴的新时代破除"空心化"之路。

"村 BA"的"网红"得益于村干部的提前谋划和有效动员，"长红"更是充分依靠群众的集

图 2-3-10　苗寨长廊围起的广场中一个少年正在练习投篮

体决策与保驾护航。2022 年夏半决赛结束后的一周之内，村委会就连开两场村民大会，议定开放观赛不售票、开放场地不外租、开门办赛不冠名及坚持农民球员上场等原则，有效预防了后续赛事跑偏变味。"村 BA"走红后的延伸助农产业链和文旅资源开发的桩桩件件，举旗定向之间都有村民参与和监督，都贯彻了以人民为中心的思想。据台盘村相关负责人介绍，台盘村通过入股"村 BA"官方线下体验店，非遗集市摊位和固定资产出租等方式，已给村集体经济带来了超过 116 万元的收入①。每逢"院坝议事"，村民都各负其责，参与议事的除了球员、村民，还有商户、经营者，一群人就坐在球场看台上集体听方案、讨论并投票，充分交换意见的协商中落实了"村 BA"相关的各方面事宜，大到增设临时停车点、餐饮摊位等规划，小到约定不准抢占观众席、商贩不许哄抬物价，甚至具体到约定"村民不准上屋顶（观赛）""游客吃一碗粉后可免费添"等细节。赛事期间，村民普遍自觉维护"村 BA"形象，遇有游客量大，县乡交通、住宿难以解决时，有村民主动开私家车免费搭载摆渡球员或游客，还会邀请游客、球迷到自家吃住。

另一方面，以乡村文化振兴实现共同富裕是各民族共同迈向现代化的体现。正如共同富裕路上一个民族也不能少，缺少民族村寨现代化的中国式现代化也是不全面的。2023 年初，李强总理谈及乡村振兴时强调的三个关键词——"全面"（全面彰显农村的经济价值、生态价值、美学价值），"特色"（打造各具特色的乡村风貌），"改革"（调动广大农民的主体积极性以更好分享改革发展成

图 2-3-11 "村 BA"赛场入场口
旁的官方线下体验店

---

① 彭芳蓉．"村 BA"流量密码不止在球上 [N]．贵州日报，2024-05-08(005)．

果）①——均能在"村 BA"个案中看到对位体现。

现代化建设中民族村寨越来越重视文化资源，看似寻常但活态传承着的文体活动也不失为一种资源，善加利用可助乡村实现更多元、更进阶的经济功能，而善用的先决条件是依靠乡贤主体并调动村民主体能动性。如有学者建议，地方性的乡贤与合作组织应探索以监督或入股的方式，行使本地人群与文化圈的相应占取权②。如今已是村委会干部、在"村 BA"各类大赛上经常被求合影的岑江龙，也曾是为了打吃新节比赛而从广东厂里请假返乡的打工者之一。

从他身上可看到球赛赋能乡村文化振兴后村民主体对共同富裕的愿景和信心，当笔者问及是否担心"村 BA"火了各地都要办、今后省赛国赛不落在台盘时，他笑答："那个不担心，吃新节打乡球，到我这一辈已经三代人了，别处都没像我们这样几十年不中断。贵州（省级）的比赛（如果）不在台盘打，我们每年吃新节还是一样玩啊"。这种从容来自亲身参与传承创新民族文化和共建共治共享发展成果的自信，突破了"等靠要"刻板印象，反映出现代化建设中扶贫扶产之外"扶智、扶志"的成果。

第四节　"村 BA"是讲好中国故事的典型

马克思主义认为"社会结构和国家总是从一定的个人的生活过程中产生的"③，从个体参与的民俗活动反映群体生产生活切面，再到整个社会的精神面

---

① 李强总理出席记者会并回答中外记者提问 [N]. 人民日报，2023–03–14(002).

② 李耕. 乡贤回乡与资本下乡：双重逻辑下的乡村遗产实践 [J]. 文化纵横，2022(4):148–154.

③ 马克思,恩格斯.德意志意识形态[M]// 马克思恩格斯选集:第1卷.北京:人民出版社,1995:71.

貌与家国情怀,是一个完整的链条。自"村BA"从苗乡台盘村火遍全国以来,这个黔东南高山深岭中的苗族村寨除了继续办好传统的"六月六"吃新节篮球赛事,还相继举(承)办了贵州省"美丽乡村"篮球联赛总决赛、全国和美乡村篮球大赛(村BA)揭幕式及西南大区赛等10余项赛事。两三年之间,1000余场球赛,累计收获全网超800亿的关注度和流量。

自2022年底起,就有海内外网友纷纷在"村BA"发弹幕感叹:"他们好开心""这就是热爱的力量"。2023年3月,台盘村主场举办省篮球联赛时,"村BA"短视频开始在互联网广泛传播,彼时正是全国人民因新冠疫情延宕了三年发展和生活之际。国民心理焦灼甚至影响信心斗志的关键阶段,却在云端看到祖国一隅的苗族同胞以全民健身的方式热火朝天地欢庆民俗节日,朝气蓬勃的快乐篮球和缤纷多彩的民族文化就像是一针强心剂,从而激荡起无数中华儿女热爱运动与生活的共鸣,也凝聚起了时代性的民族精神认同。

习近平总书记2023年6月在文化传承发展座谈会上谈及"第二个结合"时曾深刻阐述:"'结合'的结果是互相成就。'结合'不是'拼盘',不是简单

图2-4-1 2023年全国和美乡村篮球大赛(村BA)总决赛开幕仪式

的'物理反应'，而是深刻的'化学反应'，造就了一个有机统一的新的文化生命体。"① 可想而知，如果只是在政令要求或资本驱动下，将某一国际体育运动"空降"到中国某省区的某个民族村寨，群众被动接受下其生成的文化面貌只能是"四不像"，只能是缺乏"结合"，更难以达至"有机"的物理拼盘状态，观众将很难欣赏到如"村BA"

图 2-4-2　台盘"村BA"球场边的
村民活动室中陈列着许多荣誉

赛场上的全情投入、纯粹热爱，更不用说延伸出聚人气、兴乡村的文旅产业链了。当今时代，"乡村体育振兴的新内生发展转向，就是一种立足于乡村本土，同时联结外部，将内外资源相整合，以达成乡村体育和乡村建设、乡村治理全方位可持续发展的方式"。② 在一场场人气爆棚的乡球联赛之后，台盘乡推动着"村BA"热度持续转化为带动"农文旅体商"融合发展、助力乡村文化振兴和产业振兴以及传递中国好声音、讲述中国好故事的动力。

近两年中，台盘乡先后获批国家农村产业融合发展示范园、国家现代农业产业园、国家乡村振兴示范县等一批"国字号"政策试点。"村BA"的网红流量转化为客流量，辐射带动了周边社区的农文旅产业。如2023年全国和美乡村篮球大赛（村BA）总决赛，设计将台江鲟鱼、关岭黄牛、习水黔北麻羊、凯里酸汤等最能代表本地农产品特色的标志物，作为总决赛奖品，以"村BA"的巨大曝光率推动乡村"黔货出山"。随着2023年农业农村部一号文件在全国提倡"探索推广'村BA'篮球赛等赛事"，"村BA"从西南苗岭的乡村球赛成长为全国性赛事，其意义上升为"观察中国式现代化的窗口"，也是文化创

---

① 习近平在文化传承发展座谈会上强调 担负起新的文化使命 努力建设中华民族现代文明 [N]. 人民日报，2023-06-03(001).

② 郭庆. 乡村体育振兴的新内生发展逻辑与实践探索——来自台盘"村BA"的案例分析 [J]. 武汉体育学院学报，2023，57(06):12-18.

新赋能乡村振兴的一块试验田，在让观众感受到乡村篮球赛的激情和民族文化魅力的基础上，也为全国经济基础薄弱但文化底蕴丰富的同类村寨做出了生动示范。

如台盘乡的阳芳村，紧邻"村BA"网红篮球场和黔东南旅游北线与中线的交叉点，却是闹中取静的青翠田园。这个巴拉河畔不足300户的小村庄，多年来自然传承着在田坝上、古树下唱苗族飞歌，跳铜鼓舞、板凳舞、芦笙舞的民族节庆传统。而随着"村BA"使台盘乡于2022年一鸣惊人、2023年走红全国，阳芳这个原本默默无闻的小村庄陡然成为区域协同发展的受益者。在县乡两级政府的规划推动下，阳芳村动员了10户村民改造房屋经营民宿，还新建了4栋农庄旅馆；除了为"村BA"的观赛游客提供"微度假"食宿一体解决方案，还结合自然风光条件开发了河滩露营为主题的亲子游乐、农耕体验、河野乡厨等旅游项目，实现了从"网红"IP到产业落地的乡村振兴。

图2-4-3 "村BA"带动下邻村的阳芳景区（左）及其文旅项目规划（右）

又如距"村BA"球场约40分钟车程的红阳苗寨，是苗寨吊脚楼和传统农耕生活方式都保存得十分完好的传统村落，尤其是二月二"祭桥节"、六月卯日"游方节"、八月卯日"吃新米节"、十月五日"苗年节"等传统节日都会上演颇具观赏性、趣味性和互动性的庆典节目。为了联动"村BA"热度进行传统村落融合保护和休闲文旅项目开发，红阳苗寨2023年春首批选定了16户民居改造为村级接待中心、精品民宿、茶楼、农家乐等食宿旅游配套设施，并由村委会带队到台盘村"村BA"球场派发宣传红阳苗寨自然风光和民俗风情的宣传册，引客流助力乡村振兴取得了突破性效果。

阳芳村、红阳苗寨等，只是"村 BA"品牌带动下农文体旅协调开发的代表之一，据统计，仅 2023 年，台江县新增旅游床位数 2983 张、餐饮饭店 235 家；旅游总人数 640 万人次，旅游综合收入 84.64 亿元，同比分别增长 74.87%、94.66%[①]。"村 BA"为台盘村、台盘乡、台江县乃至黔东南州和贵州省，都带来了旅游客流和产业收入，切实发挥了缩小城乡、东西部区域发展差距的作用。给西南少数民族村寨群众带来的不仅是文旅产业的拓岗、增收机会，更是有在现代化进程中不掉队、赶上来的信心——让各族劳动者看到了凭借复兴社区文体活动传统能"在家门口吃上旅游饭"，看到了文化"两创"赋能乡建的巨大动能，看到国家对于让低收入人口和欠发达地区共享发展成果的全方位支持。

从这个意义上看，"村 BA"发挥了民族村寨文化主体的能动性，实践了"第二个结合"，造就了一个有机统一的新的文化生命体。如贵州籍诗人姚瑶在关于"村 BA"的报告文学作品中深情抒写的：

> 他说："哪怕是'棉花篮球'也不影响，只要快乐就好。"
>
> 他说："总要留下一些不变的东西。"
>
> 他说："像组织篮球赛一样治理乡村。"
>
> 他说："用打篮球的精神去振兴乡村，没有做不好的。"
>
> 他说："重要的是全力拼搏的过程。"
>
> 9 岁的他说："像詹姆斯一样扣篮，成为台盘村的球星。"
>
> 他们说："野得有味，土得掉渣，但我们喜欢。"[②]

2023 年 10 月 28 日晚，全国首届和美乡村篮球大赛（村 BA）的总决赛在"村

---

① 张恒，陈诗宗，熊诚."村 BA"点燃台江发展星星之火 [N]. 贵州日报，2024–05–15(001).

② 姚瑶. 村 BA：观察中国式现代化的一个窗口：台盘村乡村振兴故事 [M]. 贵阳：贵州民族出版社，2023:2–3.

图 2-4-4 当两支广东篮球队会师"村 BA"全
国总决赛时贵州观众热情丝毫不减

BA"发源地台盘村鸣锣开战。尽管冠亚军争夺战是在同为来自广东省的两支球队——广东中山的沙溪队和广东东莞的大朗队——之间打响，但以黔东南观众为主的现场观赛席却不见热情稍减。男女老少座无虚席，都毫无地域、民族之见，以响亮的喝彩和当地特有的"嗯—嗯—"加油声为广东乡球选手们助威，区域—国家—民族的文化整合在这一刻具象化。"村 BA"赛场内洋溢的民族文化自豪感，对于全球化时代边疆、次边疆地区的少数民族群众抵御城镇化、商业化、现代化进程的冲击具有深刻的现实意义。"村 BA"从深山孕育到一鸣惊人的发展历程，鲜明地向世人昭示了中国式现代化是赓续古老文明的现代化，是从中华大地长出来的现代化。

体育作为一种世界性的身体语言，为国际交流搭建了桥梁。"村 BA"受到全球网友关注和点赞后，积极参与国际文化交流，以乡球联赛及其配套的非遗市集、深山音乐会等形式，持续向更大范围讲好中国故事、传播中国声音、展示中国形象。好比传统斗牛比赛中传递的精神不只是好勇斗狠，更有自强不息、顽强拼搏和集体荣誉感，这种象征民族村寨精神传递的文体赛事在新时代转化为篮球，是中华民族的旧邦新命在民族村寨文化主体的自主创新中得以展开的鲜活例证，是不断发展向前的中国好故事的生动注脚。

第五节　"民族的就是世界的"
彰显共同体凝聚力与影响力

2021 年 2 月 3 日，习近平总书记在贵州考察调研途中，来到毕节市黔西县新仁苗族乡化屋村生产手工苗绣服饰的扶贫车间，肯定了民族文化特色产业在文化传承与乡村振兴方面的双重价值——"民族的就是世界的。特色苗绣既传统又时尚，既是文化又是产业，不仅能够弘扬传统文化，而且能够推动乡村振兴，要把包括苗绣在内的民族传统文化传承好、发展好。"[①]民族文化产业既是拉动地区劳动就业、增收提效的有力引擎，也是加强保护传承利用文化遗产、构筑中华民族共有精神家园的重要渠道。以"村 BA"为例，其赢得全球网友点赞的一个重要意义在于，使社会大众意识到现代化不等于城镇化，现代文明不等于西方文明，世界上并不存在定于一尊的现代化模式，古老文明、民族特色也并非一成不变，而是始终处于焕发新生的酝酿中，在恰当的时机可以一跃成为引领全国乃至世界风尚的"顶流"。

"体育＋非遗"释放发展动能，"村 BA"这样一场民族村寨群众性文体活动，为乡村文化振兴拓出一条新赛道。为何篮球村赛此前在浙江、广东等东南沿海发达地区也早已成规模、成气候，但唯独是在贵州山乡被广泛关注到呢？除了有自媒体短视频迅速下沉普及的时代"东风"之外，更是基于黔东南文化遗产的深厚底蕴和民俗风情的有力托举。"他者"，是文化观看中必要的参照物。文化遗产既是历史遗留，也是旅游产品中集中的文化展示，因而文化交融互鉴必然在彼此交流、相互观看中发生。如费孝通先生所说："民族是一个具有

[①]　向全国各族人民致以美好的新春祝福 祝各族人民幸福安康 祝伟大祖国繁荣富强[N]. 人民日报，2022-01-28(001).

图 2-5-1　2023 年 10 月"村 BA"国赛期间台盘村的"美食＋非遗"广场

共同生活方式的人们共同体，必须和'非我族类'的外人接触才发生民族的认同，也就是所谓民族意识。"[①] 当其他州县、其他省区的球队前来"村 BA"赛场，各民族相互竞技、交流、同乐时，当天南地北的游客来到西南山区苗寨体验农文体旅休闲游时，自然而然地会在展示各地文化风貌的过程中共襄盛举、共同增进民族自豪感和中华文化自信；站在世界文明的高度审视，"村 BA"又是彰显中华民族多元一体文明格局的一个生动切片，令世人看到从一个民族村寨折射出的中国式现代化和中华文明连续性、包容性、创新性的张力，这对于在国际传播中对内增强中华文化的凝聚力、对外增强中华文化的影响力均具有深远意义。

节庆民俗象征着区域社会中被不断再创造着的传统，重构、创新或复兴传统的一整套行为，为当地社群提供了认同感和持续感，也是中华文明几千年来吐故纳新、绵延生发的基础。黔东南州各民族群众"爱过节"的集体欢腾文化

---

① 费孝通.中华民族多元一体格局 [M].北京：中央民族学院出版社，1989:7.

基因，也是中华文明多彩的一部分。

例如，"村 BA"在台盘村，是由一年一度的"六月六"吃新节篮球联赛发展而来。这个吃新节，乃是黔、桂、湘等省苗、侗、布依、壮、仡佬等各民族共享的农事节庆，在西南稻作文化中属于"半年节"，有鲜明的庆丰、祈丰意味。吃新节之"吃新"，意为品尝新粮，人们在收割早稻后以吃新的劳动果实来庆新的劳动周期，进而也共同眺望来年的好年景、生活的新盼头。对吃新节的庆贺方式，传统上多配以跳芦笙、赛歌、斗牛、游方等活动；随时代的发展、农事生计的转型和城镇化的下沉，篮球这一外来运动也被纳入保留节目。"村 BA"赛场上观众集体呼喊的"呜—呜—"声助威口号，与传统斗牛比赛中的喝彩声一脉相承，因为这种与时代接轨的体育活动，是契合乡土节庆文化内核和时代发展需要的。"村 BA"走红后，当地的龙舟节、姊妹节等也都借势发扬光大，不仅被纳入推动乡村振兴的旅游吸引物，也充分发挥了其对于各民族共有精神家园的构筑意义。

从全国网友在线观赛的评论、留言、弹幕来看，正因大众对民族地区的印象多停留在古色古香、能歌善舞，搞比赛也总是划龙舟、抢花炮等传统体育项目，所以"村 BA"令人眼前一亮，赞叹原来民族村寨未必是传统的、静态的，民族文旅的主题也不一定是仿古怀旧，而可以极具创意、朝气、时代感。"人们自己创造了自己的历史，但是他们并不是随心所欲地创造，并不是在他们自己选定的条件下创造，而是在直接碰到的、既定的、从过去继承下来的条件创造"①。新时代

图 2-5-2 "牛王争霸赛"上村民们看到
两牛相抵的精彩处爆发出"呜—呜—"加油声

---

① 马克思.路易·波拿巴的雾月十八日 [M]// 马克思恩格斯选集：第 1 卷.北京：人民出版社，1995:79.

民族村寨居民对引以为豪的优秀传统文化进行创造性转化，切实将多彩节庆民俗的历史底蕴积淀转化为农文体旅商产业链上的营收；与此同时，当看到现场观众人数超过 CBA、NBA 时，全国网友不约而同地感叹于祖国的广大、人民的活力，并由衷地赞美"民族的才是世界的"。

2024 年国庆长假中，以"活力四射·迎'篮'而上"为主题的"村 BA"球王争霸赛全国总决赛打响，台盘村迎来了广西、四川、湖南、甘肃、贵州等地的 10 支队伍，台江县接待游客 19.79 万人次，实现旅游综合收入 2.24 亿元[①]。"村 BA"赛场入口旁的官方体验店内，明亮炫丽的注册商标灯箱前，是红蓝两色印有"TaiPan66"字样的纪念球服。笔者与一位试穿购买的游客攀谈，询问他为什么想买这样的球服，得到的回答是："我从毕节开车过来玩，来台江不光想看球赛，我也买套运动服回去，在小区打球也能穿啊……你看他们这店、这衣服搞的，一点儿不土气，是不是？'村 BA'是我们贵州的骄傲！"的确，笔者调研过程中也频频有惊喜新奇的"穿越感"，乡村振兴的新面貌，民族村寨的文化自信，基层干部群众的创新意识，全国观众游客的参与热情……如此澎湃、交织、激荡，令人常常难以相信只是身处在一个原本平凡的苗岭山乡中。

中国特色社会主义新时代的文旅融合高质量发展，必然建基于深度挖掘各地遗迹文物与文化遗产的中华文化内涵之上，必须以铸牢中华民族共同体意识为"纲"规划设计体现各民族"三交"历史来处和中华民族共有精神家园前进方向的路线产品，从而引导那些内蕴共同历史记忆、凝结共同文化认同的各族群众日用而不觉的文化符号为文旅融合发展所用。

2023 年以来，"村 BA"已作为由贵州省体育局倾力打造的业余体育赛事 IP 向全国进行示范经验推广，以"美丽乡村"为名的省级篮球联赛已成为贵州省第一个以乡村群众为参赛主体，全省级别最高、参赛人数最多、周期最长的大型体育赛事。2023 年、2024 年连续两年在台盘村的成功举办，不仅使乡

---

① 各地推进文体旅融合发展：促进体育消费共享美好生活 [N]. 人民日报，2024–10–10(014).

图 2-5-3 "村 BA" 官方体验店中售卖的纪念款 "66 篮球服"

球联赛的品牌影响力深入贵州，乃至西南民族地区的人心，其以赛扶产、以赛促文、以赛助旅的农文体旅全产业链营销模式更是成为全国乡村振兴学习的典范。这一套农文体旅联动振兴产业、激活乡村的经验之所以具有全国推广价值，有其深层社会实践基础，村民自发传承孕育的群众性文体活动生生不息，以国际通用体育语言讲出中国民族文化传承创新的好故事，必将成为新时代精神文明建设的主旋律。

第 三 章

"村超"：侗苗瑶水壮众多
西南少数民族以球会友

图 3-0-1　第一届全国全民健身大赛（西南区）足球比赛在"村超"赛场上列队

2023年5月13日，"村BA"走红全国3个月后的初夏，"村超"之战在与台盘村相隔170多公里外的榕江县城打响，后来居上成为黔东南州农文体旅产业的又一热门IP。"村超"全称为贵州省黔东南苗族侗族自治州榕江县"和美乡村足球超级联赛"，单场观赛可达5万人次，每逢周五、周六、周日举行比赛，而且都是从下午持续捉对厮杀到午夜，场上场下皆以村民为主力，老幼妇孺同担啦啦队助威，灯火通明的球场将小县城带动得欣欣向荣。"村超"开办一年多来吸引全网浏览量超780亿次，助力榕江全县接待游客1169.24万人次，旅游综合收入130.7亿元。

在文旅宣传中，榕江县使用"上一次错过了台江'村BA'，这次一定不能错过榕江'村超'足球"的口号。同样是基于世界三大球之一，"村超"较之"村BA"，赛场从一个仅千余人口的村寨搬到了人口约40万规模的县城，黔东南群众文体活动的基础优势愈加凸显了出来，中场休息时侗族、苗族、水族、布依族等文艺演出异彩纷呈，尽显文化的多样性与包容性，肩挑美食免费待客的草根啦啦队更是将现场氛围烘托得亲切热烈。民族文化多元这一资源优势，来源于榕江的悠长历史和民族交融混居结构。中华文化之所以精彩纷呈、博大精深，中华文明之所以绵延五千年而不中断，就在于始终保持海纳百川、兼收并蓄的包容特性，这一特性的优势在榕江县依托民族文化积淀创造性转化"村超"IP赋能乡建的个案中彰显无遗。

从笔者在榕江县城实地调研的所闻所见，当地人并不认为"村超"是应需而动、制造"网红"的一种所谓策划或营销，而是将其视为对本地群众性足球赛的一次全面升级。坐在观众看台上的叔叔伯伯表示，除了现在体育场大了、看球的人更多了、加上了开幕式和"像样"的文艺表演，"村超"跟他们年轻时几个村之间自发组织的球赛也没有很大不同，还是一样的乡土气和人情味。

第一节　榕江县"村超"的历史沿革与诞生契机

榕江县位于黔东南之南，自古有"黔省东南锁钥，苗疆第一要区"之称。在亚热带湿润性季风气候中，榕江境内生长着许多根系发达、苍翠常绿的古榕树，河堤旁、鼓楼边，一株株繁茂的榕树也象征着民族文化的旺盛生命力。因地处云贵高原向广西丘陵过渡的边缘地带，县境内有全长77.3公里、自然落差84.5米的都柳江哺育沿岸，榕江自古就形成了西南山地典型的多民族聚居区——于贵州省内而言，榕江县北接以雷公山为标志的苗族文化圈，向东南与从江、黎平连起侗族文化圈，南延是水族和布依族文化圈……一条都柳江，流域内恰是集中代表"多彩贵州"的多地貌、多民族、多文化等层叠缤纷生态。

榕江旧称古州，为江南八百州之一，地势自西北向东南倾斜，中间地势低落，山地特色明显。清置古州厅据《榕江县志》载："榕江，历为黔桂两省水上交通的枢纽"，都柳江是榕江境内的第一大河流、珠江流域水系西江第二大支流，作为连通广西的水上大动脉，曾上演"万排竞发下柳州"的壮景，自黔南州独山县流经榕江县的兴华水族乡、定威水族乡、八开乡、古州镇，进入从江县后再流往广西……今日站在榕江县古州镇老街

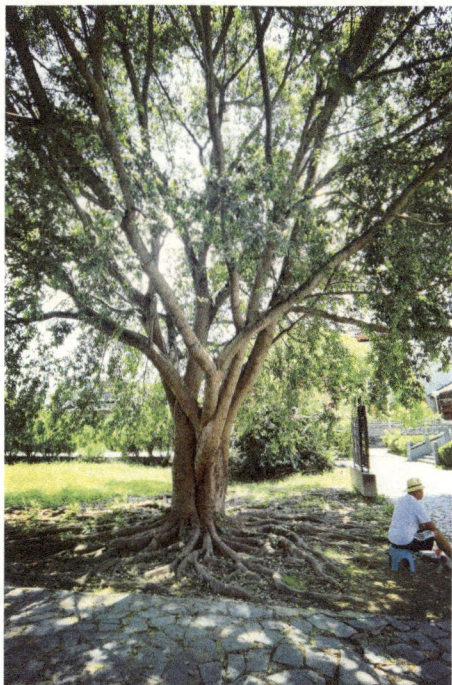

图 3-1-1　榕江县内多见根深干壮的古榕树

景区的大河口码头上，看三江汇流的大河气象，仍可想见榕江百年兴衰的沧桑巨变。

清雍正时期，清政府在西南边疆实施改土归流，云贵总督鄂尔泰疏通都柳江并修建驿道的过程中，奏报朝廷此地兼具林木资源与水运优势，"若设立郡县，商贾往来，人烟辐辏，较胜黔省内地"。由此，雍正八年（1730年）正式设古州厅，都柳江承担起了联通黔桂的"黄金水道"功能。随上游逐渐建成军事重镇、商贾通衢，古州木材被编扎成木排顺着都柳江浩荡而下，广销湘、鄂、桂、粤乃等地，甚至一度远及沿海。"卷粉"与"螺蛳粉"的命运共同体跨省缔结，也铸就了榕江开放热情的民族风情和缤纷交融的文化图景，连接起西南各民族交往交流交融的经济文化纽带。

图 3-1-2 榕江县城老街景区广东会馆内"记忆古州陈列展"中节选的《雍正皇帝朱批赞古州》

至中华人民共和国成立前夕，古州镇并入了五榕镇，其得名源于《古州厅志》载"城东南对河一里有五榕连卷缪结，望之若盖"。此地自古积淀的丰富民族文化传统，悠久历史中形成的16个世居民族交错杂居的区位县情，恰似五榕连卷的相依共存、互嵌共融，勃勃生机中开枝散叶，为孕育"村超"诞生提供了丰厚的文化土壤滋养。现榕江县下辖 6 镇 13 乡 268 个行政村，38.5 万常住人口（其中城市人口约 11.2 万）里，苗、侗、水、瑶等少数民族人口占比高达 83.9%。正因不同民族、不同文化、不同行业乃至不同宗教自古在此交融汇聚、彼此辉映，榕江形成了兼容并包、相得益彰的文化底色，而今在三省交界处以群众性体育赛事一呼百应，奏出了时代强音。

诞生于 2023 年的"村超"，看似是黔东南州之内联动"村 BA"热点而快速集结孵化的农文体旅项目，其实同样在黔东南州经历了漫长孕育和成熟期。在黔东南的连绵山间，榕江属于地势相对较为平坦的一带，这是聚起足球运动的最初人气的地利条件。与"村 BA"相似，榕江足球赛的历史也可以从 80 多年前讲起。

1944 年抗战胜利前夕，广西大学迁至榕江县并建起了附属小学，也将足球这项运动带到了黔东南[①]。在广西大学附小的体育课堂上，榕江第一代的足球小将苗壮成长了起来，同时围墙外，一群群本地的工农群众观赛兴致高昂、跃跃欲试。渐渐地在校园内外，足球运动扩展到各族群众中，不久就陆续可见江边的河沙坝上出现了汉族、侗族、苗族青少年踢球一试身手的场景，公休时聚集到一起进行足球比赛的传统渐趋在榕江形成。

随着足球日益成为榕江人生活中不可或缺的一部分，自然也与当地流行的斗牛、赛马一样引入了捉对厮杀、联队比赛的形式中。20 世纪 60 年代，隶属榕江县的车江三宝侗寨举办了第一次乡村足球联赛，其他村寨也纷纷效仿，尽管是因陋就简地办赛——寻略平的土地作为露天球场，用石灰粉就地画线，找来树枝搭简易球门——但村民参与足球竞技、共享体育快乐的热情大幅提升了乡村足球赛的观赏性，也为乡球联赛在一辈辈传承中形成传统并孕育"村超"打下了群众基础。时间推移至 20 世纪 90 年代，榕江县城河边平坦的沙地或草地上，已形成诸多约定由村民日常使用的露天足球场，每逢节假日，常有以村为单位的乡球联赛鸣锣开战，观众往往能达到数千人一场，每有获奖球队携农

---

① 《榕江县志》编纂委员会.榕江县志[M].贵阳：贵州人民出版社，1999:859.

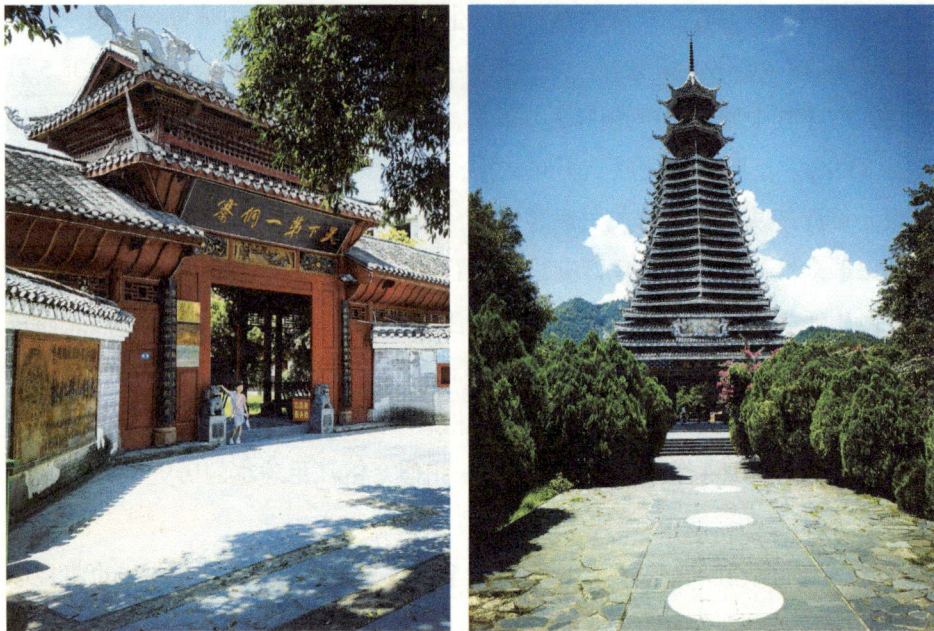

图3-1-3 "村超"联赛的发源地"天下第一侗寨"三宝侗寨

特产品回村，都受到鞭炮锣鼓的热情迎接。

进入新世纪，足球运动在榕江一代又一代足球小将的成长中日益蓬勃，难能可贵的是，众多榕江球员都倾力在传帮带中为这项群众体育运动默默做出贡献。榕江一中的体育教师赖洪静是"村超"早期组织者之一，多年来带领校队出征各项足球赛事，如今已成为贵州榕江县足协副主席。2019年他发起了覆盖全县中小学的校园足球联赛，还在全州率先建成了比较完整的青训梯队，榕江球队在坚实的群众基础下屡次夺得全省冠军。"村超"的另一位发起人、车民小学校长杨亚江也在榕江教育界喊出了"无体育，不教育，无足球，不榕江"的口号。青少抓起、赛训结合，榕江县逐步建成标准足球场25块（其中校园球场22块、社会球场3块），全部对外免费开放。目前全县不仅有注册球员1200多人，更建有足球特色学校41所、全国青少年校园特色学校14所。这些足球人才储备为榕江的乡球联赛能够在近两年搭载新媒体传播的条件下迅速创造700亿互联网流量并延伸生成农文旅产业链坚实的基础。

党的十八大以来，各级政府高度重视健康中国和体育强国战略，贵州省政府、黔东南州政府对足球运动氛围浓厚的榕江县给予了大力支持。一方面，为满足参赛者和观众的热情而持续提升场地、设施等硬件条件，例如为了"村超"在每周末举办夜场球赛的现实需要，榕江县政府出资 70 多万元，新建 6 个场地照明用灯柱，提升了村赛的设施档次，也极大地助推了乡球联赛的观赏性提高和传播条件改善；另一方面，为适应新媒体传播、打造县域文旅 IP、提升文化软实力之需，榕江县政府组建了"村超办"并设置了新媒体服务站，负责赛程协调、赛事安保及配套的文化宣传、产业开发等一系列工作，从而将榕江人引以为豪的地方体育文化推向全国知名群众性足球赛事的高度。

图 3-1-4　榕江街道上的"村超"宣传

今天在榕江县城的主干道上随处可见关于"村超"的宣传栏，其中除了介绍乡球联赛的历史是怎样孕育的、走红全国的爆点是如何生成的、哪些文体明星曾光临过"村超"赛场等，还有一版对实践经验总结到位的"村超"理念——

1. 群众的"乐子"就是我们发展的"路子"，发展的"路子"就要增强群众的"乐子"，通过"乐子"探"路子"，发展"路子"强"乐子"。

2. "村超"就是在乡村体育的乐子中，找到了乡村振兴的路子。

3. 自古营销留不住，唯有"真"字动人心。

4. 人民主体、人民主创、人民主推、人民主接。

5. 群众体育、人人热爱，快乐村超、全民主场，民间交往，人人共享。

6. "村超"背后确实有高人，高人就是我们的人民群众。

7. 发展靠群众，群众靠发动，发动靠活动，活动靠带动。

8. 以赛促文、以赛促产、以赛促旅、以赛促销。

9. 让手机变成新农具，让数据变成新农资，让直播变成新农活。

10. "无体育、不教育""无感恩、不教育""无足球、不榕江"。

11. "村超"的核心是双向奔赴的现场氛围和情绪价值。

12. 贵州"村超"——中国式现代化实践的生动诠释。

13. 贵州"村超"——全过程人民民主的生动实践。

14. 贵州"村超"——人民当家作主的幸福表达。

15. "村超"既是富脑袋的文体活动，更是富口袋的流量经济

这短短15条不足400字的"村超"理念，是榕江人对自身创造农文旅"出圈奇迹"的秘诀总结，也是值得全国推广的群众性体育赛事的组织经验。"村超"能够在榕江横空出世、火遍全国，得益于其地处湘黔桂三省（区）接合部的区位优势，也建基于当地政府支撑群众持续热爱和传承足球运动、组织和操办村际联赛，更离不开的，是民族村寨球员和啦啦队们几十年来不断将足球运动导入本地文化体系中。准确地说，今天全国网友喜闻乐见的"村超"盛况，不是以民族文化为点缀的文旅"展演"，而是传统与现代辉映、洋运动与乡土情交织的一场各族村民自主打造的文体盛宴。

第二节　从各族群众共享"超级周末"
看民族文旅"流量变现"

图 3-2-1 "村超"赛场旁的主题
吉祥物——"村超娃"

从火爆出圈到"花式宠客"，经过一年多的经验积累，榕江县的"村超"如今已形成成熟运转模式：每周五、周六和周日安排比赛，一般周五和周日是下午6点开始，连赛3场；周六则是下午3点半就开始，连赛4场。在每个"超级周末"之夜，榕江百姓与来自全国的长短途游客一同看球赛、品美食、赏民俗，球场内现场观众常常达到三五万之众，同时还有几千万忠实粉丝通过观看线上直播远程共享周末足球之夜。

与台盘对"村BA"品牌的引导培育情况相似，"村超"的横空出世也离不开当地政府历来对文化体育事业的高度重视，并且，榕江县"青出于蓝"之处在于凭借县城人口基数、交通区位、基础设施等方面优势，在聚人气方面有更多突破。例如2024年国庆期间，榕江创意策划了第一届贵州"村超""一带一路"国际友谊赛暨贵州——粤港澳大湾区"村超"足球友谊赛，7天长假中接待游客49.9万人次，同比增长 22.6%，实现旅游综合收入 6.02 亿元，同比增长 19.7%①。在诸如此类主题赛事中，当地各族群众对于文体运动的热情和积极性不但持续提升，也切实分享到了流量经济的发展成果，更不断增强对家乡的热爱和对民族文化的自信。

一、以"乐子"经济为表：生活要有仪式感和腾腾热气

当前经济形势下，亟待拓展消费新模式、释放消费新需求，具体到文旅行业，还需开掘文化新资源。本书的"村BA""村超"个案中，作为文化新资源的表面是群众性体育赛事，事实上其深层离不开当地民风民俗的承托支撑。一出榕江高铁站，看到最多的标语除了"村超"就是"甜甜榕江"，这个极具标志性和感染力的地方文化标签，代表榕江"村超"通过"乐子探路子，路子强乐子、牌子富日子"的新兴文旅市场培育模式，也是其堪称新时代民族村寨文旅创新性探索成功案例的秘诀。

图 3-2-2　榕江高铁站外的"甜甜榕江"的标语及最新"村超"赛事宣传

① 韦俊文，华姝.组织带动作风转变流量引才——榕江乘"村超"之势谋发展新路[N].贵州日报，2024-10-17(005).

在"打卡"式旅游大行其道的当今，游客普遍对其出游见闻中的体验感和仪式感提高了期待。人类学认为所谓仪式，是一个包含丰富的社会观念和社会实践的象征体系，是一种文化建构起来的象征交流的系统①。为满足这种社会心理层面的互动体验需求，多地在传统民俗风情游的基础上推动了"沉浸式"体验以助力文旅消费升级，让观光者近距离了解当地历史民俗文化②。一进榕江县，游客感受的不再是"民族风情园"式的展演服务，而是沉浸在当地百姓都自主乐在其中的体育文化氛围中。就以"甜甜榕江"口号的典型标志物——榕江西瓜为例，原本自 20 世纪 80 年代就引进了良种并广泛种植，奈何因产量品质以及运输交通等原因，销路一直未充分打开。近年来，广东省佛山市南海区不仅在东西部协作对口帮扶中给榕江农民指导了利用山地、大棚、梯田、林带等土壤种瓜的技术，更是在西瓜销售市场拓展以及相关文化旅游开发上给予了帮助。2023 年借"村超"体育搭台，榕江西瓜的外销上了一个新台阶。人称"西瓜妹"的熊竹青，是古州镇丰乐社区的"村超"啦啦队气氛组组长。这位到广州电子厂打过工后又返乡创业的榕江妹子，2020 年就开始接触电商，当县里启用大体育场组织"村超"时，她敏锐地意识到营销本地农特产品的大"风口"来了。2023 年 4 月底去佛山参加乡村振兴新媒体运营培训班，5 月归来，熊竹青就在社区动员乡亲们组织起 60 多人的啦啦队，肩挑西瓜、杨梅等水果以及糯米饭、豆面粑等地方美食来到"村超"球场，在中场时无偿赠送给观众席上的游客③，一举成为"村超"红人，被网友们亲切地称为"西瓜妹"。

熊竹青成为小有名气的"村超气氛组组长"后，开始以"榕江西瓜妹"的账号在"抖音"等平台发布"村超"日常并进行农产品带货直播，目前已有9200 多名粉丝。图 3-2-3 是一组熊竹青在"抖音"平台发布短视频的截图——左图是 2024 年 5 月 27 日她亲手将榕江西瓜送给现身"村超"赛场的世界足球先生卡卡；中图是榕江县委宣传部授予的"苗山侗水·甜甜榕江"网络代言人

① 菲奥纳·鲍伊.宗教人类学导论 [M].金泽，何其敏，译.北京：中国人民大学出版社，2004:17.

② 邹驾云."沉浸式"体验助力文旅消费提质升级 [J].人民论坛，2020，(15):84-85.

③ 汪志球，苏滨.乡村足球赛为啥引来众人夸 [N].人民日报，2023-07-24(014).

图3-2-3 "西瓜妹"熊竹青在自媒体发布的"村超"与助农内容
（来自"抖音"平台 @榕江西瓜妹的短视频和直播截图）

聘书；右图是熊竹青在抖音直播间推销当地刚刚丰收的百香果和罗汉果。

熊竹青的抖音个人简介是这样内容丰富的长长一串："农村女青年三农人2023年获得新乡贤 榕江向导 / 农村初级农产品 当季果蔬 黔货出山 村寨代言人 / 2023村超总决赛颁奖嘉宾 / 最美村超人 贵州村超推荐官 榕江网络代言人 / 村超与卡卡先生开球嘉宾 村超啦啦队气氛组西瓜妹 用微薄之力助力村超 / 广交天下好友 欢迎世界各地的朋友！来村超胜地 享足球快乐 看非遗传承民族舞蹈品榕江美食 艾特村超服务员 西瓜妹 吃榕江水果"。互联网时代，农村电商通过路径"交易效率→创新赋能效应"和"生产组织效率→经济增长效应"两条中介路径发挥缩小城乡收入差距的效能[①]。经营助农电商的自媒体博主必须拥有跳入跳出的能力，既了解本地农特产品的优势卖点以及滞销品的"痛点"，又能够站在全国一体化市场的高度审视并调整"注意力经济"的运用策略。"西瓜妹"熊竹青正是这样一位能"把直播干成新农活"的"新农人"，她2023年

---

① 王瑞峰.相对贫困视阈下农村电商助农增收的中介效应研究[J].湖南师范大学社会科学学报，2022，51(02):55-66.

的"抖音"销售额超过了 100 万元，今年除原生态农产品外，还正在积极带领乡亲开拓蜡染、刺绣等产品的销路。熊竹青背靠"村超"的创业创收经历，展现了新一辈少数民族青年朝气蓬勃追求火热甜蜜生活的精神面貌，也折射出西部欠发达地区民族村寨利用农文旅支点撬动高质量发展杠杆的巨大可能性。

在以"西瓜妹"为代表的当地群众对"村超"IP 的众人拾柴之下，缤纷文化、甜蜜生活、热气腾腾的"超级周末"使农文体旅融合发展的策略越来越具象、越来越落地。有些人来榕江是为看球，有些人来榕江是为踢球，还有更多的游客是专门来品美食、赏非遗、寻开心。表 3-2-1 是 2024 年一个平凡的周六中"村超"球场上的赛程——既有农民球队挥洒汗水，又有非遗表演展示魅力；既有北大光华 EMBA 下场竞技，又有北京少年研学团组队观摩；既有跨州（市）乃至跨省前来参赛球队入场巡游的仪式感，又有榕江村民与游客同声高唱时代金曲的娱乐性……这样一个"欢度周末"将"群众体育、人人热爱，快乐村超、全民主场，民间交往，人人共享"的"村超"理念体现得淋漓尽致。

图 3-2-5 "村超"赛场入口处小黑板上的当日赛程和节目单

图 3-2-4 "村超"赛场上随处可见"快乐""活力""美食""畅游"等标语

表 3-2-1　贵州"村超"全国美食非遗友谊赛"超级星期六"

活动流程（2024 年 8 月 10 日）

时间	赛事（活动）名称	参赛球队或农演队伍
13:40	贵州波波糖队入场	贵州波波糖队入场（巡游）
13:50	贵人刺梨队入场	贵人刺梨队入场（巡游）
14:00	北京少年研学团	北京少年研学团入场（巡游）
14:20	第一场足球赛球员入场	贵州波波糖队、贵人刺梨队、裁判员
14:30	第一场上半场足球赛	贵州波波糖队 vs. 贵人刺梨队
15:15 （第一场球赛中场表演）	合唱《向光黔行·与爱同行》	表演：贵州广播电视台少儿艺术团
	朗诵《谈村超》	表演：北京少年研学团
	花灯歌舞《扇帕结下不了情，携手共建新农村》《踩到妹小脚》	表演：贵州波波糖队
15:30	第一场下半场足球赛	贵州波波糖队 vs. 贵人刺梨队
15:40	深圳中兴努比亚荔枝队入场	深圳中兴努比亚荔枝队入场（巡游）
15:50	仁怀小米鲊队入场	仁怀小米鲊队入场（巡游）
16:20	第二场足球赛球员入场	仁怀小米鲊队、深圳中兴努比亚荔枝队、裁判员
16:30	第二场上半场足球赛	仁怀小米鲊队 vs. 深圳中兴努比亚荔枝队
17:15 （第二场球赛中场表演）	健身龙表演《盛世中华龙》	表演：仁怀小米鲊队
	《广东舞狮》 黄梅戏《夫妻双双把家还》	表演：深圳中兴努比亚荔枝队
17:30	第二场下半场足球赛	仁怀小米鲊队 vs. 深圳中兴努比亚荔枝队
17:40	积善贵州·梦肢队入场	积善贵州·梦肢队入场（巡游）
17:50	大湾区金信凯龙眼队入场	大湾区金信凯龙眼队（巡游）
18:20	第三场足球赛球员入场	积善贵州·梦肢队、大湾区金信凯龙眼队、裁判员

续表

时间	赛事（活动）名称	参赛球队或农演队伍
18:30	第三场上半场足球赛	积善贵州·梦肢队 vs. 大湾区金信凯龙眼队
19:15 （第三场球赛中场表演）	歌伴舞《不再犹豫 beyond》	表演：大湾区全信凯龙眼队
	街舞《大山的节奏》	表演：凯里新生代街舞团
	轮椅舞《点亮自己 相信未来》 合唱《真心英雄》	表演：积善贵州·梦肢队
19:30	第三场下半场足球赛	积善贵州·梦肢队 vs. 大湾区金信凯龙眼队
19:40	北大光华 EMBA 牛蛙队入场	北大光华 EMBA 牛蛙队入场（巡游）
19:50	佛山南海鱼生黄飞鸿队入场	佛山南海鱼生黄飞鸿队入场（巡游）
20:00	定威水族乡啦啦队入场	定威乡啦啦队入场（巡游）
20:15（第三场球赛结束）	时代金曲·全民 K 歌 《爱如潮水》《月亮代表我的心》《死了都要爱》	全场观众
20:30	第四场上半场足球赛	北大光华 EMBA 牛蛙队 vs. 佛山南海鱼生黄飞鸿队
20:40	贵州村超乡村主播方队	贵州村超乡村主播方队入场（巡游）
21:15 （第四场球赛中场表演）	《南海黄飞玛花式足球》 醒狮《飞跃莲峰峻岭展神威》	表演：佛山南海鱼生黄飞鸿队
	金钱棍舞蹈《土家乐》	表演：北大光华 EMBA 牛蛙队
	飞碟表演《飞碟炫舞》	表演：深圳中兴驾比亚荔枝队
21:30	第四场下半场足球赛	北大光华 EMBA 牛蛙队 vs. 佛山南海鱼生黄飞鸿队
22:25 （第四场球赛结束）	（互动环节）舞动村超，嗨翻全场 《有多少爱可以重来》《我曾用心爱着你》《侗家姑娘》	现场气氛小组

当天赛程中最引人瞩目的"积善贵州·梦肢队"，是"村超"球场上迎来

的首支残健组合球队①。这支特殊的球队不仅在全场球迷山呼海啸般的加油助威声中，以5：2的比分战胜了对手——由大湾区企业界人士组建的金信凯龙眼队，更在中场休息期间献上才艺，表演了合唱《真心英雄》和轮椅舞《点亮自己 相信未来》，向全场观众传递了顽强不息的体育拼搏精神和"每个人都可以是自己生活的主角"的理念。从社会传播的角度上看，这场在8月11日全国"肢残人活动日"前夜上演的群众性竞技体育赛事，还举重若轻地宣传了"残健共融，和谐共生"的主题。

二、以共同富裕为里：从"打平伙"到草根组团创业

向民俗要资源，向传统要增量，已成为当代社会民族村寨文旅开发的通行思路。进入21世纪以来，民族地区的文旅开发大多出现了从以"异域感""多元文化"博出位的眼球经济，向着"人间烟火""心灵休憩之地"的休闲体验转型。季羡林先生说"在世界上，只要有国家，就会有民间。"②费孝通先生视传统为社会所累积的经验，指出"在乡土社会中，传统的重要性比现代社会更甚，那是因为在乡土社会里传统的效力更大"③。热气腾腾的榕江"村超"，正是主打复兴传统、重视乡土、彰显民间之美的一种新时代群众性文体活动，并取之于民、用之于民地延伸出新式的休闲体验型文旅产业链。榕江以"'村超'是没有'看客'，人人都是主角"为口号，简单朴实地提供来县城度一个愉快周末的群众"充电"型旅游产品。"宠粉"但不媚俗，真诚地服务游客，同时也稳扎稳打地为本地百姓创造商机、实惠和快乐，全方位践行各民族共同富裕、共同迈向现代化。

"村超"赛场上每支球队都有自己的啦啦队，多姿多彩的民族文化烘托出

---

① 即由残疾人与健全人组合而成的足球队．"积善贵州·梦肢队"的21位队员中包括9名来自全国各地的上肢或下肢残疾的足球爱好者，加上12位贵州省残疾人工作者或助残志愿者，共同组成了一支看似残缺却全力以赴的足球队。其组队和参赛，旨在鼓励更多更多残障人士走出家门，参与体育运动并融入社会活动。

② 季羡林．比较文学与民间文学[M]．北京：北京大学出版社，1991:168．

③ 费孝通．乡土中国[M]．北京：生活·读书·新知三联书店，1985:51．

图 3-2-6　乡村足球队敲锣打鼓、耍龙舞狮地进入"村超"赛场

榕江足球浓厚而独特的氛围。他们身着民族服饰，捧着各自的美食和特产为球队加油，给各地各民族的观众和游客带来一场民族特色盛宴的同时，也都在享受着自己的"超级周末"。仅在 2023 年，98 场"村超"足球赛之间就穿插上演了 130 余场各类型、各种规模的民族文化表演，许多媒体和群众都认为中场秀是"村超"游的精华。笔者在比赛间隙向一位刚刚举着"** 侗寨村姑啦啦队"牌子卖力高喊加油的姑娘询问啦啦队的组织形式，她爽快答道：

> 我们村都是微信群里发通知，约好做饭啊服装啊还有横幅啊都是谁负责去做，就各自准备好。我们这几个是啦啦队，还有她们唱歌好的是表演队，排了节目报上去。我们村来参加过三次，现在已习惯了，到星期六星期天，就约好哪几个人坐一辆车，把东西提前都拉过来布置好。还有捐款，我们（村）也都有群，很快就能筹齐，门面房做生意的会自觉多出些钱。

榕江县作为贵州省最后一批脱贫"摘帽"的深度贫困县之一，短短几年就围绕"村超"IP 打出了"超好看"赛事、"超好吃"美食、"超好住"民宿、"超好玩"美景等一套农文体旅产业链组合拳，与"村 BA"同样被看成观察中国

图 3-2-7 通往"村超"赛场的
街道一侧是绿茵场一侧是小吃街

式现代化的窗口。来"村超"欢度周末的游客们不仅在此"找乐子",也看到各民族共同富裕的中国式现代化模样。乡村振兴中的现代化不一定是高楼大厦,也可以由赛场上人民群众物质生活富足、精神生活丰富的面貌来呈现,由球场辐射社区周边对自然人文环境的和谐融入来表征。

通往"村超"球场的道路入口立有"就业一条街"的牌子,榕江县政府在此规划了夜间经济聚集区,1970多个免费摊位、2000多个灵活摊位,加上"批零住餐"等聚起了景区人气。经营卷粉摊的大姐一天能卖出上千元,经营牛瘪店的大哥说生意好时每天收入能到3000元。烧烤区、小吃区、饮品区忙忙碌碌的个体商户们,通过日复一日的勤劳致富共同托起了榕江"超级星期六"足球之夜的文旅地标品牌。

他们中许多人是自幼站在沙坝上看父辈踢球的少年,有些也会在本村的参赛日走进"村超"赛场一展球技。据笔者观察,这些摊主在与食客、游客的接待交谈中普遍显露出更多的友善、自信和快乐,对本地食客常常用家乡话聊起之前外出打工的经历,对外地游客则会用普通话热情介绍"村超"历史并推荐大利侗寨、古州老街等周边景点……侃侃而谈间体现的,是费孝通先生强调的文化自觉——"生活在一定文化中的人对其文化有'自知之明',明白它的来历、形成的过程、所具有的特色和它的发展的趋向,自知之明是为了加强对文化转型的自主能力,取得决定适应新环境、新时代文化选择的自主地位"[①]。在与一位鲜榨果汁摊的老板聊天中,她告诉笔者这摊位是和3个闺蜜合伙申请到的,

---

① 费孝通.关于"文化自觉"的一些自白[J].学术研究,2003(07):5-9.

4 人同村长大，各有去广东、浙江等地打工的经历，又都在新冠肺炎疫情后陆续回到家乡：

> 我们四个从小玩得好，一起收了水果啊干完活经常'打平伙'① 吃一顿。前两年都在家带孩子，没怎么挣到钱。去年（2023 年）"村超"火了，我们就拿自家种的罗汉果到这边来想卖一卖试试。结果没想到就业服务点的人过来给我们发传单，说我们四个搭伙符合起个摊的条件。我们回家商量了一下，觉得在这条街卖鲜榨果汁最合适。星期六的生意是最好的，我们四个一起上都忙不过来。

图 3-2-8　就业创业服务咨询点就设在"村超"赛场的入口旁

　　前文已分析了"民族特色"在文旅开发中的经济学卖点意义与文化学纽带意义，而笔者经实地调研后感到，"打平伙""凑份子"这些民族村寨社区惯习

---

　　①　即大伙一起吃饭，是西南民族社区中共同凑集并烹调食物、平均分配、共同消费的一种传统饮食习俗，与现代社会 AA 制聚餐相似，是社群交流情感的重要方式。

与非遗民俗风情展演是相表里的关系——足球、歌舞、服饰、美食等作为旅游吸引物，起到标志当地特色并吸引游客前来的作用；而要驱动文旅产业顺利、有机地融入民族村寨，切实产生推动当地经济高质量发展尤其是惠及当地群众的效果，就必须依靠在社区建立人人参与、人人享有的创新发展环境和团结奋斗氛围。

图 3-2-9 榕江县球员合伙创业的"球迷之家"餐厅

在距"村超"球场 600 多米外、蜿蜒的寨蒿河之滨，有一家顾客盈门的"球迷之家"餐厅。餐厅门脸上挂着各村球队的队旗，室内墙上挂着足球队的大合照，还设有专门陈列"村超"奖杯奖牌以及签名足球、球衣的展示柜。餐厅的老板本就是榕江县平地村足球队的教练，与几名队员合伙出资开餐厅的初衷是训练之余有个聚会的场所，没想到随着"村超"球赛越来越多、规模越来越大，餐厅的生意也越来越火爆，在全国球迷涌入榕江的旅游季，餐厅高峰期月盈利达到了 10 万元以上。这一下不但解决了球队的经费，不用再靠村民捐助或是拉赞助，更打开了队友们开店的思路——从经销足球、球鞋、球衣乃至纪念卡等产品的体育用品店，到卷粉店、柴火鸡、咖啡厅、二手车交易公司……农民球员们在政府的指导策划下，纷纷加入创业大军享受到了"村超"红利。

这些第一批参与创业的"村超"球员像一颗颗种子，扎实带动了乡亲创业。他们大多正值青壮年，有在外打工形成的开阔视野和商业嗅觉，又凭借足球战绩在社区具有一定威信和号召力，身上折射出从脱贫攻坚到乡村振兴的时代印记，其行动选择也是国家增强人民发展能力的导向从"扶贫先扶志"延伸到激发创新创造活力的生动证明。共同富裕是社会主义的本质要求，是中国式现代化的重要特征，在民族村寨需要"撸起袖子加油干"的实干精神和"同心共筑中国梦"的凝聚力。对于初涉文旅开发的村寨和村民而言，必须对民族文化保持充分的自觉和自信，才能形成实现乡村文化振兴所需的内生动力生成机制。如塞缪尔·P.亨廷顿（Samuel P. Huntington）所言，"人类进入一个取得技艺的现代理性阶段，达到主宰自然的新水平，从而将自己的社会环境建立在富足和合理的基础之上"[①]。"村超"15条理念中以"既是富脑袋的文体活动，更是富口袋的流量经济"收尾，就是明确了文化惠民、依靠群众、共同富裕的发展方向。

图 3-2-10　"村超"球场旁的文创旗舰店内售卖多种周边商品

"村超"走红一年多来，不仅共享快乐，更共创价值，从"快乐足球"到"甜蜜生活"，从互动观赛到沉浸体验，同频共振出了人心红利和精神红利。难怪

---

①　塞缪尔·亨廷顿. 现代化：理论与历史经验的再探讨 [M]. 张景明，译. 上海：上海译文出版社，1993:26.

有学者将贵州"村超"现象级传播的生成逻辑总结为"从特色文化到多元融合，从小众话语到大众话语，从主体性到主体间性传播"①。集美食、娱乐、体验于一体的"体育+"文旅品牌，在榕江和"村BA"发源地台江已证实了带动县域经济融合互促的引擎之力，而其融合民族文化、大众文化、流行文化的"快乐共同体"之社会价值还具有更大的解读空间和推广价值。

第三节　县域文体联赛搭载"数商"引擎的系统性防返贫意义

榕江是全国最后一批脱贫"摘帽"的国家级贫困县，也是国家160个乡村振兴重点帮扶县之一。2021年，榕江县在顺利通过州级、省级贫困县退出第三方评估检查的同时，也被评为"全国第一批县域足球典型县"和贵州省民族团结进步示范县。这两项当年看只是具有社会教育层面意义的荣誉，在2年后为榕江孕育出了火热的"村超"文旅IP，带来了700亿网络流量和翻倍增长的文旅收入②。长足的发展为榕江迎来了一系列荣誉——2023年以来陆续入选贵州省生态文明建设示范区和全国乡村建设评价样本县名单、全国县域旅游发展潜力百佳县名单、首批文化产业赋能乡村振兴试点、全国第二批全民运动健身模范市县创建名单、全国村庄清洁行动先进县名单以及交通运输部、农业农村部、国家邮政局命名的第四批"四好农村路"全国示范县，等等。

这些荣誉的取得，建基于榕江县早在打造"村超"之前就已建立的文体旅IP赋能乡村振兴之初衷——成立贵州村超品牌管理公司，将"村超"收益的

---

① 刘海涛，周晓旭，王宜馨.贵州"村超"现象级传播的生成逻辑与传播效应——基于知识发酵理论的视角 [J].体育与科学，2023，44(05):15-21.

② 仅2023年，榕江县因"村超"火爆"出圈"共接待游客760.85万人次，实现旅游综合收入83.98亿元，同比增长73.94%。参见：孙蕙，华姝.将700亿"村超"流量转化为基层治理磁场 [N].贵州日报，2024-08-05(005).

51% 用于鼓励全县 250 个村发展集体
经济，其余 49% 用于乡村体育公益
事业、青少年足球发展等领域。榕江
"村超"的操盘手、县长徐勃是清华
大学毕业的法学硕士，曾在吉林和深
圳有丰富的基层工作经验。他高度重
视"村超"对乡村振兴的激发作用并
鼓励球队创业：

> 　　贴补了球队，带富了乡亲，
> 球队的带动作用也能让更多的当
> 地群众分享到"村超"红利……
> 村超，已经成了乡村振兴的催化
> 剂，让榕江人民既富了脑袋，又
> 富了口袋。通过乐子探路子，发

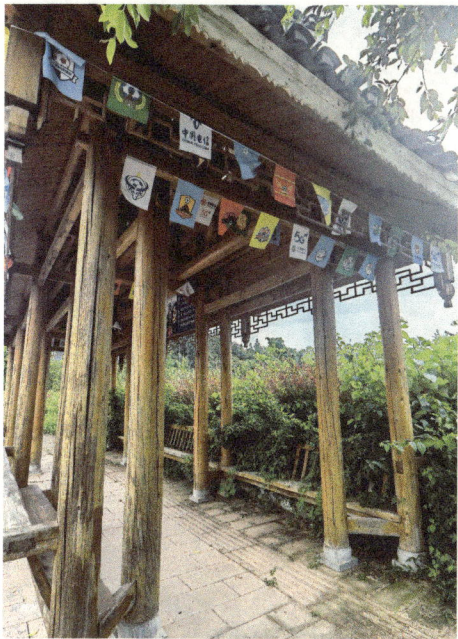

图 3-3-1　榕江县农田旁的凉亭
都悬挂有"村超"联赛的队旗

展路子强乐子，通过牌子逆袭战略，人民群众的乐子成了我们乡村振
兴的路子①。

　　改革开放以来，我国民族地区、少数民族和民族关系的面貌均已发生历史
巨变；新时代以来，各民族共同团结奋斗、共同繁荣发展的动力更是随乡风文
明程度而不断提升。据笔者实地调研的所见所感，榕江居民确实如县长所说"通
过乐子探路子，发展路子强乐子"——在为"村超"自豪的同时普遍亲切和
气，商户的服务热情有度，没有强买强卖或是随行情加价的行为，也绝少出现
醉酒闹事、抢地盘争斗等现象。这显然与多年来从中央到地方注重宣传移风易
俗以及精神文明建设分不开，"多一个球场，少一个赌场""多场球赛，少场酒

---

　　① 球员开店：贴补了球队 带富了乡亲——贵州村超"踢"出就业增收新天地 [EB/OL].
新华社客户端 (2024-07-16)[2024-07-17]. https://h.xinhuaxmt.com/vh512/share/12102926?d=134
d94c&channel=weixin.

图 3-3-2 "村超"赛场边携美食特产等
待列队入场巡游的大姐们

席;多看名角、少些口角"等口号已潜移默化地成了当地群众的共识,并形成了相互监督、争创文明乡风、共同维护"村超"口碑的良好社会氛围。不仅在赛场及周边社区,整体县城中小孩进网吧、大人进棋牌室都变少了,村民的注意力和积极性都被调动向"村超"IP号召力下的文旅产业创业,上千名在外务工人员返乡,仅 2023 年政府就接待返乡创业政策咨询 5000 余人次。"归巢"青年是防返贫的主力军,是向乡村振兴衔接的生力军,更是能拿起电商、自媒体等新质生产力建设家乡的精锐部队。经过几次"村超"球场盛大场面的"洗礼",他们普遍增强了自豪感与信心。笔者在"村超"球场与观众看台上一位抱着宝宝的年轻妈妈攀谈,她说:

> 我结婚之前去深圳打过工,我们这边的人到广东打工的也多。那边赚钱快,但没有家里好玩……现在我们有了"村超",周末经常在这个球场里看广东人来踢球(比赛),我就也蛮高兴,让他们看看我们贵州多好玩,哈哈哈。

与接待"赶烤"的淄博、吸引"南方小土豆"的哈尔滨相类似,榕江虽只是一个小县城,但有效动员并整合起了基层力量,亲善乡邻、诚实守信的农村新风尚、农民新风采同样成为当地农文体旅融合发展中的一道风景线。每逢大型赛事活动举办期间,榕江县会有上千名机关企事业单位的公职人员志愿参与"村超"服务工作,不是点卯式的报到,而是常态化的服务。球场及周边商圈乃至县域旅游的范围内,从交通管控、市场监督到健康义诊、旅游咨询、政策宣讲等，均有序开展。在县城西环的丰乐安置区，《社区村规民约》中有"为'村超'出点子被采用一次加 2 分，主动为游客提供服务一次加 2 分"等条款，各社区的榕江居民还会通过线上留言等方式参与"我为'村超'干点啥""如何守护'村超'""我为'村超'氛围营造做点啥"的讨论。可以说，在一个网红新地标、文旅新 IP 的带动下，县城管理能力与群众需求逐步实现了"攻守易形"。各族人民紧密地团结在农文体旅发展共同体中，追求美好生活的期待得到了全方位满足，参与以赛促旅、以旅彰文的积极性空前高涨。

图 3-3-3 "村超"赛场周边开设的"超嗨市集"

2023 年 6 月 3 日晚，曾现场解说过世界杯、奥运会、"中超"等大型足球赛的著名体育节目主持人韩乔生，来到"村超"现场解说乡球联赛。当晚的榕江球场涌入了 5 万余名现场观众，"贵州村超"冲上了抖音 APP 的热搜榜第一位。走南闯北的韩乔生老师赞叹榕江县把'村超'作为舞台拉动整个县域经济，是值得全国更多四五线城市学习的一步高棋、一步妙棋：

> 榕江的"村超"真的大不一样，太接地气了，它和文化紧密相接，给我们更多的是安全感，非常和谐，大家为了足球共同助力，不同村落带着土特产前来，现场成了一个文化大集市①。

---

① 贵州体育报.让贵州"村超"火得更加猛烈 [EB/OL].（2023-06-12）[2024-09-10].
http://www.guizhou.gov.cn/ztzl/gzcfa/mtpl/202306/t20230612_80172129.html.

韩乔生在此次榕江行中被聘为榕江县足球事业顾问，表示将尽己所能把文化界、体育界资源介绍到榕江，希望榕江经济通过文化体育能够在全国出圈、出彩。另一位受聘于榕江的创意顾问由守义（国家高级工艺美术师）同样认可"村超"的人民性，认为其已承担起连接群众与政府的关系纽带作用，在广泛带动全社会参与的过程中，群众的成就感和荣誉感必将转化成为乡村振兴、共同富裕奋斗的内生动力："乡村振兴需要一个突破口，足球是一根杠杆，在呈现文化大餐的同时，也可以成为乡村振兴的发动机"①。在名人效应的引领和营商环境的优化作用下，榕江县借力"村超"品牌效应与汇源集团、贵州青酒、广州中旭未来、青岛安美瑞、南山婆集团等知名企业签订了招商引资项目协议。据榕江县政府统计数据显示，"村超"开展一年多来，到榕江开展合作洽谈的企业 124 家，新增的市场主体累计达到 4019 家，与榕江"村超"品牌授权合作签约项目 27 个，通过"村超"公益合作、品牌授权合作、联名等方式进行深入合作的"村超"品牌企业 30 余个，累计带动 1.1 万余人就近就业②。

"村超 + 人才 + 新媒体"的组合裂变出创新能量，诸方面经验中，"村超"理念里的第 9 条"让手机变成新农具，让数据变成新农资，让直播变成新农活"格外引人瞩目。截至 2023 年底，以"村超"为发布主题的榕江短视频自媒体账号已达约 1.3 万个，从村寨干部、致富能人到返乡青年、留守妇女，都加入了"三新农"③推广大军。他们在互联网上编织起了讨论足球、分享生活、推介家乡和直播带货的传播矩阵。以榕江乃至黔东南近年发展势头迅猛的非遗工坊为例，其兼具助力社会经济发展的"物质—精神"双重性的生产力，21 世纪以来经试点和建设期，已在或行政或公司、个人主导下形成了本土性、传承

① 邓国超,李坤,陈诗宗,等（贵州日报报刊社调研组）.群众创造历史创新引领发展——从村 BA 村超看西部欠发达地区中国式现代化的生动实践 [N]. 贵州日报，2023-09-20(001).

② 品牌招商：壮大产业 扩大就业——贵州村超"踢"出就业增收新天地 [EB/OL]. 新华社客户端 (2024-07-17)[2024-07-17]. https://h.xinhuaxmt.com/vh512/share/12103725?d=134d94d&channel=weixinp&wxst=1721193249842.

③ "村超"理念之一——让手机变成新农具，让数据变成新农资，让直播变成新农活。

性、产业性与共同性四位一体的发展模式①。榕江有些苗族服饰工坊创业者，因在"村超"球场边拍摄剪辑民族服装展示视频，直播带货销量快速翻倍，接到了电商订单。又如有些本地田鱼养殖户，因搭载"村超"流量快车进驻电商市场，不但腌鱼制品供不应求，而且接到了全国各省的预收购订单，从而扩大了养殖基地投放鱼苗的规模。"村超"流量方兴未艾，就业创业生力军后继有人，近几年的返乡人才和文旅 IP 吸引来的"新村民"为乡村振兴注入源源不断的动力。上万个正能量的新媒体账号只是人民主创、人民主推、人民主接之首创精神的一个缩影，在"流量为王"的数字经济时代，助农带货、跨境电商、云端文旅等一系列"村超"新质生产力正在全方位赋能乡村振兴，全面助力县域经济发展驶上了新赛道、快车道。

第四节　新时代民族村寨文旅：
不止打卡、歌舞、旅拍和小吃街

"村超"球场旁，寨蒿河欢快地奔流向车江三宝侗寨——首届榕江和美乡村足球超级联赛举办的地方。在青山绿水环抱之中，几十年前默默无闻的县城，而今与球场遥遥相对的另一端河岸，数十层的商业住宅正在拔地而起；而与此同时，在中国式现代化建设进程中面貌日新月异的乡镇，仍保留着一缕乡愁，在河坝上"贵州村超胜地"的地标大字之下，至今还能看到耕耘河滩菜地的农人和扁舟垂钓的当地居民。正是这样一个衔接了传统与现代、兼顾了热闹与闲适、融合了民族特色与世界潮流的农文体旅景区，成就了 2023 年文化旅游市场的"爆款"。

---

① 刘智英，马知遥，刘垚瑶.非遗工坊的生成逻辑、基本意涵与实践分析 [J].民俗研究，2023，(05):131–145+160.

图 3-4-1 榕江县寨蒿河河边挂上了"贵州村超胜地"的地标字牌

一、"村超游":在真实的互动中收获真诚的友谊

有别于传统的民族风情游看歌舞、看服饰、看工艺品,文体旅一体化融合发展的旅游开发项目超越了单项、静态、以娱乐观众为导向的展示模式,转向提供文化展示综合性更强、旅游项目交互性更强、景区整体氛围感更足同时也更有利于对相关非遗事项进行生产性保护的旅游产品体验。"文化空间向社会提供的是一个正在生活着的社区的环境、经济、文化的整体,是一个正在生活着的社会的活标本"①。穿过满是物美价廉风味小吃的"就业一条街"来到"村超"足球场检票口,刷身份证即可免费进入,观看"快乐足球"的同时可体验妙趣横生的文体互动,对外地前来的游客,有志愿者引导免费停车并提供食宿咨询。"村超"不仅场内氛围感拉满,足球场周边乃至整个县城都洋溢着可爱、

① 鲁春晓.新形势下中国非物质文化遗产保护与传承关键性问题研究[M].北京:中国社会科学出版社,2017:210.

可亲、可靠的新农村风貌。

新时代的旅游展演已"不仅仅是一般意义上的艺术表演，也非仪式感很强的文化展演，而是指旅游目的地在特定空间中为游客提供的文化观赏、参与和体验的展演实践"①。"村超"在"超级星期六"的品牌美誉度之下，自 2023 年下半年起持续策划创新贵州榕江全国美食足球友谊赛，在

图 3-4-2　来自全国各地的游客正在有序排队进入"村超"赛场

球赛的前中后环节着力丰富入场巡游、中场演艺等宣传推介地方美食及旅游产品的"曝光位"，极大地吸引到全国各地业余球队纷纷报名参加，也用"各地美食＋民间足球友谊赛＋民族文化＋村超风口流量共享"的组合拳为榕江锤炼出一张农文体旅亮点纷呈的金名片。从地方小吃到美食预制菜，从歌舞演出到民族手工艺品，各地游客在"村超"文旅产业中受到微缩景观加轻松氛围的渐进式感染，从而规避了传统"民族风情游"中道道收费的情绪隔阂感、求新求异的文化割裂感觉等弊端。在旅游业良好的主客互动中，各民族"三交"也由无数生动图景而促成了有形有感有效地铸牢中华民族共同体意识。

所谓"人间烟火气，最抚凡人心"，旅游人类学认为，表演空间实际上是由表演者和参与者共同来赋予意义的，这些表演也是双方协商的结果，并受到旅游者、市场的可销售性、政治和社会制度等因素的影响②。隐藏在民俗生活中的非遗事象能够在唤起人们集体记忆的同时强化着自身在社会心理层面的影响力。"风俗习惯对人的经验和信仰起了决定性作用，而它的表现形式又是如此

---

① 光映炯.认识"旅游展演"：基于"行为—文化—场域"的阐释路径 [J].广西民族研究，2017，(05):114-121.

② 瓦伦·L.史密斯.东道主与游客：旅游人类学研究 [M].张晓萍，何昌邑，译.昆明：云南大学出版社，2007:11.

图 3-4-3 "村超"球场边换装后
等待入场巡游的外地参赛队伍

千差万别。没有人会用不受任何影响的眼光看待这个世界，人们总是借助于一套确定的风俗习惯、各种制度和思维方式来观察这个世界的。即使在哲学探索中，人也不可能超越这些俗套；他的真假观念仍然与特定的传统习惯有关。"① 每个地方、每个民族都有其自身一套文化模式，因而，诸多堪称"特色"的民俗文化适合发挥旅游吸引物的作用。与此同时，文化持有者通过调整展演结构、融合创新文化和"协商"展示元素，可以能动性地促成人与地、人与人、人与文化、人与社会、人与历史等多维关系互动，文旅融合发展由此实现创新。

从"快乐足球"到"快乐创业"，榕江"村超"人走出了一条以乐子博路子同时又持续转化分享的文旅 IP 铸造之路。从互联网传播入手打造旅游吸引物，是当今全媒体时代文旅产业开发的强势潮流，事实上，借力于传媒本身就与传承非遗、弘扬传统文化、培育社会凝聚力等社会目标并行不悖②。有"村 BA"开创在前，"村超"品牌的孕育孵化相对较快，但其绝不是"赚一票就走"的思路，而是制定好了赛场链接景区的观光路线规划，从筹备之初就以"将'村超'流量导入到更多苗乡侗寨"作为文旅产业开发的关键性破题思路。从祖国四面八方奔赴快乐而来的游客们也真诚地回应了"村超"的热情，就像 2024 年 7 月一条名为"半决赛现场粉丝大哥豪购冰激凌表白村超"的百万播放量短视频中所说："'村超'已经给我们一年的快乐了，我就想为'村超'花点钱！"③

---

① 鲁思·本尼迪克特. 文化模式 [M]. 张燕，傅铿，译. 杭州：浙江人民出版社，1987:2.

② 2018 年联合国教科文组织发布的《实施〈保护非物质文化遗产公约〉操作指南》的第 110~115 条中，对"媒体和传播"进行了详细说明。参见：UNESCO. Operational Directives for the Implementation of the Convention for the Safeguarding of the Intangible Cultural Heritage [EB/OL]. (2018-12-06)[2024-06-19]. https://ich.unesco.org/en/directives.

③ 贵州村超官方账号. 半决赛现场粉丝大哥豪购冰淇淋表白村超[EB/OL]. (2024-07-15)[2024-09-28].https://www.bilibili.com/video/BV1Kz421B718/.

二、"村超游"：在民族文化中收获原生态的体验

文旅融合的首要任务是对原生态文化要素进行挖掘提炼，农文旅融合发展的当务之急则是结合文化展示方与休闲游体验方的审美旨趣动态筛选哪些元素适合作为民族村寨的旅游吸引物，同时保障创新呈现一套原生态旅游产品时不违背"系统性保护"原则。英国社会学家安东尼·吉登斯（Anthony Giddens）曾做出"现代性在消解传统的同时又在不断重构传统"[1]的论断，当代民族风情生态游的规划中就时时处处面临着重构传统的考验，衣、食、住、行，各种文化要素拣选或转化不当，都可能造成原生态的淡化和异化。以下仅小吃与服饰两例，简介"村超游"在观赛之外延伸出的民族文旅体验。

"村超"自面向全国举办友谊赛起，即出于满足游客体验的思路与美食主题牢牢绑定，首批邀请"淄博烧烤队""柳州螺蛳粉队"等来与"榕江卷粉队"对阵，取得了宣介地方美食旅游产品的良好效果，引得全国各地业余球队纷纷报名参加。榕江一大批个体经营者在"村超"热度推动下实现了营收翻番，网红球场旁一个看起来平平无奇的"牛瘪"火锅[2]小餐馆，每周末能售出二三百斤牛肉……榕江卷粉、鸡稀饭等当地特色小吃摊位前的尝鲜游客也是络绎不绝。

2024年8月的一个傍晚，笔者在"村超"球场外与从成都来黔东南自驾游的一家三口攀谈，他们正坐在板凳上露天吃烙锅[3]，畅快地聊道：

---

[1] 安东尼·吉登斯.现代性与后传统[J].南京大学学报（哲学·人文科学·社会科学版），1999(03):30-36.

[2] 一道流行于贵州省黔东南和广西壮族自治区北部的苗族、侗族美食，系将牛在宰杀前用上等的青草加中草药材喂饱，烹饪时把牛胃及小肠里未完全消化的食物拿出来，挤出其中液体并配上药材佐料等文火慢熬，食用有健胃助消化的功效。

[3] 贵州的水城烙锅是一道有300多年历史的地方小吃，相传起源于吴三桂调兵攻打水西彝族时，军中因粮草不足而用屋顶瓦片和腌坛的瓷片架在火上烤肉而来。流传至当代，以铸铁平锅烙制各种食材，包括肉片、蔬菜和当碱豆腐、臭豆腐等，配以特制的蘸水和干碟。食客们团团围坐在烙锅四周，一边谈笑一边将食材烙至两面金黄酥脆，成为一种群众喜爱的社交饮食方式。

这次到"村超"除了看球，最大的感受就是小吃品种变多了。以前也来过贵州，但只知道花溪牛肉粉、酸汤鱼和丝娃娃。其实咱们国家地大物博，每个省都有好多小吃嘛。好比我们四川，担担面、钟水饺、夫妻肺片、棒棒鸡、糖油果子、兔头、豆花……你张口就能说出十几种吧？还有一提到云南，咱们也都知道过桥米线、鲜花饼、汽锅鸡、炸乳扇这些。相比之下对贵州的了解就少多了，比如小吃，我们昨天尝试了牛瘪火锅，她俩吃不惯，但榕江的卷粉、鸡稀饭这些都没问题。

我认为还是要多尝试，多走多看看。好比我女儿以前只知道贵州有苗族，说要来带那个银帽拍照。来到"村超"才知道，戴银饰的还有侗族，衣服刺绣水族、布依族的图案都不一样，应该让她多了解这些。这次开车过来，公路修得非常好，绿化也好，贵州变化很大。

民族文旅体验除了品尝地方美食外，购物消费中的服饰集中体现了近年来游客更加注重旅游纪念品与当地文化具有深度融合性、具有一定个性化和定制属性、能够体现热门IP以及文创审美价值等趋势。榕江县的民间手工艺传承深深扎根于黔东南苗族侗族历史文化的深厚土壤，蜡、染、织、绣、银、竹、编、木等品类的民族手工艺品制作，尽管曾在城镇化与商品经济大潮中式微，也一度于旅游市场千篇一律的"仿古风"中流失特色，但在国家非遗保护政策措施的庇护下始终保留着"千匠百艺之乡"的火种。因此在遇到"村BA""村超"这样的流量风口时，不但能适时输送文化底蕴、审美内核的支撑力量，还能借势拓展受众市场并焕发创作新生，成为民族地区"体育+"旅游产业中延续观赛客流体验的文化支柱。

例如，青于蓝蓝染艺术中心是黔东南一家致力于传承推广传统蓝染工艺的公司，业务涉及手工艺品销售、染娘绣娘培训、非遗传承保护、艺术策展、研学体验等，截至目前已自主及联名研发了涉及两大板块七大系列的共400余款产品，2020年至今带动群众增收达2724万元[①]。年轻的创业者们兼具本土情怀

---

① 徐梅，戴正国.榕江蓝染，走上多彩新路[N].贵州日报，2024-08-09(010).

和国际视野，兼顾文化属性与市场逻辑，因而成功地将传承国家级非遗——古法靛染工艺的事业发展成了向上下游延伸的三产融合链。在"村超"走红后，中心迅速跟进了周边产品开发，由绣娘亲自直播带货，组织村民穿上新式蓝染服装到"村超"赛场走秀，还通过与国内外优秀设计师的合作不断推高古老工艺的时尚度，通过接待游客体验蓝染和刺绣工艺提高民族文化的普及度。

榕江县城老街景区的两湖会馆旧址中开设有蓝靛染的展卖区，步入其间就像走进了一间微型的"中国蓝染之乡"博物馆。除了有"村超"T恤、"村超"蜡染足球、"村超"蜡染丝巾等被陈列在最醒目的位置，其余草木染蓝靛染传统工艺制作的家居软装、药妆配饰、文创摆件、植物洗护伴手礼等也非常吸引人，咖啡茶饮区还有"板蓝根精酿啤酒"等，令人耳目一新。其设计上的可贵之处在于，既能一眼认出苗乡侗寨的民族文化符号属性，又具有融合于现代生活场景不跳脱、不老气、不媚俗的时尚品位。难怪笔者去往榕江县开展田野调

图 3-4-4　榕江老街两湖会馆内以"蓝靛染"为主题的非遗文创展卖

查之前，就在小红书、大众点评网等平台发现当地旅游打卡的地标除"村超"球场和三宝侗寨景区外，最多的就是两湖会馆内这个闹中取静的文创展厅。尤其是中青年女性游客消费者群体，会来此拍照并以 # 蓝染仙境 # 等 tag 在自媒体发布，打卡后又有许多人选购了这种新中式民族服装。

三、"村超游"：在见证发展成就时激发共筑中国梦的激情

乡村旅游是一项涉及旅游、农业、林业、扶贫、交通、国土、金融等诸多部门和行业的综合性产业，做强这一产业需要全面提升乡村旅游开发能力，优化完善乡村旅游管理能力，营造良好的乡村旅游环境氛围[①]。"村超"孕育走过了 80 余年，而诞生一年多来一鸣惊人，不仅带动了榕江县的夜间消费、农产品线上线下销售，更全面推动着所辖民族村寨的精神文明建设。当地群众的健身意识、非遗保护意识以及投身乡村振兴干劲的提振，从榕江"村超"的主题歌《我们一起了不起》中可见一斑：

喊巴拉吼又巴拉吼 嗯巴拉吼吼吼
喊巴拉吼又巴拉吼 嗯巴拉吼吼吼
赢得起哟 输得起哟 踢出快乐 了不起哟
唱得起哟 跳得起哟 民族风情 了不起哟
喊巴拉喊巴拉吼吼 喊巴拉喊巴拉吼吼
喊巴拉喊巴拉吼吼 喊巴拉喊巴拉吼吼
吃得起哟 喝得起哟 特色美食 了不起哟
观得起哟 游得起哟 自然风光 了不起哟
拼得起哟 搏得起哟 我们一起 了不起哟
飞得起哟 跑得起哟 我们贵州 了不起哟

歌词中，"我们贵州""民族风情""特色美食""自然风光"等关键词，传

---

① 刘栋子. 乡村振兴战略的全域旅游：一个分析框架 [J]. 改革，2017，(12):80–92.

达出依托快乐足球延伸农文体旅一条龙产业链的设想；而"赢得起／输得起""唱得起／跳得起""吃得起／喝得起""拼得起／搏得起""飞得起／跑得起"是对"村超"精神通俗易懂又提纲挈领的总结归纳……歌词中朗朗的方言吆喝声，喊出了榕江民族文化走向生命更新与现代转型之处的强音。

人类学的结构功能论者自 20 世纪就强调文化整体观（cultural holistic view）——"在（文化）这个统一体或系统中，每一个元素都有与整体相联系的特定功能"[1]。民族村寨的节日民俗以及群众文体活动不是可有可无的"点缀"，相反，它们不但濡化着、传承着独特的中华民族共有精神家园文化基因，更能够在搭载"体育＋""互联网＋"等新时代元素的情况下焕发出巨大的感染力和共情能量，从而被广大民众所辨识、所珍惜、所铭记。"村超"经验证明，在新时代建设中华民族共同体的征程上，植根于传统农业社会的节庆民俗经过现代社会的创造性转化和联姻式重构，能够发挥动员社会各界担负起团结各民

图 3-4-5 "村超"赛场上入场巡游仪式中舞龙进场的乡球代表队

---

① 拉德克利夫 – 布朗.社会人类学方法 [M].夏建中，译.北京：华夏出版社，2002:67.

族、重建复兴传统等时代使命。

从传播角度看，当前互联网时代之所谓"万物互联"，不再仅仅是"端"与"端"之间的互联，而是意味着场景与场景之间的互动、情境与情境之间的共情、氛围感与氛围感之间的遥相呼应……"村超"赛场上黔东南村民所展现出的文化自信与民族自豪感之所以具有如此之强的感染力，缘于近年来大众认知中的日益和美而振兴的乡村、日益迈向伟大复兴的国家形象，当这些文化符号与价值观念在体育场这样一个充满仪式感和欢庆意味的场域中集中呈现，"中华民族一家亲，同心共筑中国梦"的口号被有形有感有效地传达了出来。

自信才能自强，文化自信激发着民族村寨在文化上的创新创造活力与经济上的内生发展动力。榕江"村超"在吸取台江"村 BA"成功经验的基础上，更迅速、规模更大地崛起，也让我们更清晰地看到了多彩传统文化是如何融入各民族精神气质脉络进而支撑起地方特色产业的。相信当越来越多民族村寨基于文化自信而形成昂扬向上的风貌、理性务实的思路、不懈进取的动力，农文体旅融合产业积极的社会影响力必将随着先进文化的凝聚力感召力持续提升。

第五节　"村超"体现建设"体育强国 + 旅游强国"的双重目标

这一年的步伐，我们走得很见神采。成都大运会、杭州亚运会精彩纷呈，体育健儿勇创佳绩。假日旅游人潮涌动，电影市场红红火火，"村超""村晚"活力四射，低碳生活渐成风尚，温暖的生活气息、复苏的忙碌劲头，诠释了人们对美好幸福的追求，也展现了一个活力满满、热气腾腾的中国[①]。

---

① 国家主席习近平发表二〇二四年新年贺词 [N]. 人民日报，2024–01–01(001).

2024 年伊始，习近平主席在新年贺词中用"这一年的步伐，我们走得很坚实/很有力量/很见神采/很显底气"来回顾总结 2023 年，"村超"在其中作为"展现活力满满、热气腾腾的中国"的例证，与成都大运会、杭州亚运会一并被提及，足见党中央对这一群众性体育赛事意义的肯定。

一、就体育强国而言，逐梦新赛场带动了各民族奋进

在"村超"比赛直播的互动评论区，常能看到网友"喊中国足协来看看"的弹幕留言，尽管凭"村超"改变中国足球落后面貌只是个善意的玩笑，但若就从乡村开始一步一步改良中国足球的土壤的角度而言，办好"村超"的确具有体育强国的深远意义。

与"村 BA"相似，足球篮球等洋运动以其广泛群众基础在民族村寨扎根，又在与地方特色文体活动融合创出 IP 之后形成反哺带动民族体育事业发展的合力。首先，主办方从策划之初即树立文化品牌意识，伴随"村超"流量，斗牛、赛马、龙舟赛、侗族大歌等当地民俗文体活动的相关词条也频频登上地方热搜话题榜；其次，榕江县为办好民族体育赛事并延伸"体育+"文旅产业链，花大力气对"村超"与传统非遗进行有机嫁接，设计开发了一系列具有娱乐趣味性、便于参与互动体验的文体旅融合项目，受到游客欢迎；再者，以"村超"赛事为支点，推动青少年足球普及向村寨基层下渗，推动乡村足球竞技人才选拔、发掘以及区域竞赛；最重要的是，"村超"始终在满足人民日益增长的美好生活之主题下培育群众的体育意识，民族文化与群众体育"接地气"，意味着不是阳春白雪或"面子工程"，而是能够切实转化为中国式现代化建设进程中人民的幸福生活图景。也正是因为"村超"扎根乡土之深，才能够驱动洋运动融入民族节日庆典，进而与地方非遗、民俗文化水乳交融，从而能够在农文体旅产业链对"民生三感"的提升中引导各族群众不断增强对伟大祖国、中华民族、中华文化、中国共产党、中国特色社会主义的认同。

图 3-5-1　2024 年参赛"村超"的 62 支村队都有自己的队徽

　　榕江县不仅通过精心打造"体育 +"文旅产业传承并繁荣了民族文化，也通过以赛兴文、以赛助农浇灌着民族团结进步之花——2024 年入选了"全国民族团结进步模范集体"以及国家民委公布的"共同现代化试点县"。在"村超"赛场上，观众不仅会因看到苗族银饰、侗族服装、蜡染刺绣、非遗工艺品等而赞叹民族文化的多元多彩，更会被千人蹦苗迪、万人吟侗歌、全场高唱国歌的壮观场面和热烈气氛所感染。从一个创新旅游产品的角度审视"村超"，其主客互动本身就是各民族"三交"的场景内容与生动实践，蕴含着"社会交往、文化交流与情感交融"，也体现着中华民族共同体之"人与人、人与物及人与环境间联系的状态，尤其是其中因各种关系所形成的联结"[①]。图 3-5-2 是一组从"村超"直播中截取的群众文艺节目的画面，左上是贵阳市云岩区老年大学云鹰合唱团表演的民族服装和婚纱走秀；左下是青海省玉树藏族自治州民族歌舞艺术团带来的国家级非遗玉树伊舞（弦子舞）表演《山宗水源·三江玉

---

　　① 孙九霞，罗意林 . 以旅游"三交"铸牢中华民族共同体意识的理路 [J]. 北方民族大学学报，2024，(05):14—22.

图 3-5-2 "村超"比赛间隙各族群众表演的歌舞节目（来自 @ 榕江发布　的直播画面）

树》；右上是黔南布依族苗族自治州独山县的啦啦队表演的独山花灯戏《酸妹子》；右下是黔南州文化馆馆办青青舞团表演的新疆舞《中华儿女一家亲》。每当各族群众表演朴实无华却洋溢着文化自信与民族自豪感的文艺节目时，"村超"直播评论区中总能看到"这才是中华民族一家亲""这种节目应该上春晚""祖国万岁"等许多由衷的赞叹。

二、就旅游强国而言，民族风文旅培育了共同体意识

2024 年 10 月，"一带一路"村超友谊赛暨贵州—粤港澳大湾区足球友谊赛鸣锣开战，标志着"榕江人民自己玩、吸引全国人民一起玩、带动世界人民一起玩"的"'村超'行动三步走"战略落地，也体现主办方的长期愿景——"将贵州'村超'足球场建成世界上最活跃的足球赛场之一"又向前进了一步。

榕江县自策划"村超"IP 之初，就定下了提振县域市场活力的"以赛促旅"大方向，旨在探索一条有利于各族群众共享改革成果的"乐经济，暖发展"之

路。因此在足球赛推广中始终伴随着文旅一体推介的操作。例如，榕江县首批孵化的"三新农"账号中，随"村超"赛事的短视频中常会插入游客打卡"新标配"文案——"看一场球赛，吃一碗榕江卷粉，尝一顿地道牛瘪，吃一口榕江西瓜，喝一杯酸甜杨梅汁"，契合互联网时代文旅业态新风向，也体现着对农文旅产业惠及个体经济、夜间经济的关怀；又如，几乎每场"村超"球赛中，解说员们都会在讲解赛况之余大力推介榕江民族美食、黔东南非遗特产以及贵州文旅的"黄小西正吃晚饭"（即一句话谐音概括贵州时下最热门景点：安顺黄果树瀑布、荔波小七孔、西江千户苗寨、镇远古镇、赤水丹霞、兴义万峰林、铜仁梵净山）。

"村超"制造流量引来游客流，再以"吃、住、行、游、购、娱"的一体化服务让旅行者体验2.0版本的民族风情游，进而在民族村寨个体经营者创收拓岗的基础上深化已有业态、衍生增量经济，融合体育、旅游、乡村振兴实现一二三产联动发展。前几年不温不火的榕江县古街商铺，2023年在"村超"流量助推下，短短3个月之间销售总额即突破千万元。截至2024年9月，"村超"火爆出圈后已累计吸引游客1225.96万人次，实现旅游综合收入135.34亿元[1]。在突飞猛进的经济增长数据中，有无数返乡创业青年、异地搬迁扶贫群众、非遗传承人、乡村留守妇女等群体找到了适合自身的致富路以及嵌入农文旅发展新格局的位置。

以地方特色为引领、以真正意义为表征，是当代农文旅产业融合发展的方向[2]。榕江作为"贵州省民族特色餐饮文化之都""中国民族生态餐饮文化名城"，在"村超"品牌酝酿阶段就首选了民族美食主题为旅游吸引物。2023年暑期发起"村超"美食邀请赛，全国279支以美食为名的足球队到榕江开展交流，一方面在赛场一站式打卡黔东南特色的牛羊瘪、濑粉卷粉、酸汤、烤香猪、芋头糕等美食，体验拦门酒等民俗、欣赏侗族大歌、苗族飞歌，再打包西瓜、罗汉果等土特产和银饰刺绣等民族工艺品回家；另一方面也向榕江百姓展示随队携

---

① 韦俊文，华姝.组织带动作风转变流量引才[N].贵州日报，2024–10–17(005).

② 杨玉欢，贺建雄，张新红，等.中国农文旅耦合协调发展空间分异特征及影响肌理[J].干旱区地理，2023，46(03):448–459.

带的本地美食，并借"村超"直播镜头达到向全国观众推介的最大"带货"效果。这样一场场以足球为主题的各地区各民族文化交流大联欢中，仿佛在不断构筑并强化着一个"同心共筑中国梦"的正能量磁场，共赏火热赛场，共品各地美食，共叙民族情谊，共同体验并分享社会主义新农村的热情活力、中国式现代化的万千气象。

当前，"村超"已与"村BA"组成了黔东南州弘扬民族传统文化、开发特色文旅产业的一对"王炸"组合。二者除了同样建基于深挖非遗底蕴，还有一个突出的共同点是善于向互联网流量借势——随着社会的发展和数字技术的进步，非遗与现代科技呈现融合的态势，为非遗的活化、传承与创新带来了全新的形式。技术不仅创造了新的物的世界，而且带来了新的社会现实和精神现实，并在空间场域、时间场域和社会场域中扩展①。旅游强国的建设离不开对生态环

图 3-5-3　赛后燃放着烟花的"村超"球场与榕江县城夜景
（来自 @ 榕江发布　直播中的航拍画面）

---

① 赫尔曼·鲍辛格.技术世界中的民间文化[M].户晓辉,译.桂林:广西师范大学出版社,
2014:79.

境的凭借、对民族文化的依托、对非遗事项的恰当运用。非遗与广大民众生产生活密切相关，跨地域、跨民族地积淀着历史文化精神的结晶，搭载互联网社群传播，可高效地触达个体记忆、群体记忆乃至民族记忆中的锚点。"百节之乡""多彩贵州"还有诸多民族文化、历史文化、红色文化、农耕文化等深具文旅开发潜力的文化事项，有望在"两江两村"乡球赛事的引流带动下，整合荟萃成集山地体育、美食餐饮、民俗体验、度假养生、户外探险等于一体的农文体旅项目产业链。

第四章

"村BA""村超"有机衔接
传统与现代的"两创"经验

　　旅游强国建设中，无论繁华都市、烟火小镇、山河田园还是美丽乡村，都可凭自身资源禀赋和人文内涵积极推进文化和旅游深度融合发展。"村BA""村超"是民族村寨在新时代实践非遗"两创"并呈现文化互嵌二重面向的典型个案——为何恰是这样看似"吃旅游饭"无望、经济基础薄弱、文物古迹资源也不突出的小山乡、小县城，单凭社区主体对传统文化的创造性转化、创新性发展就开发出了网红IP，从而推动银饰刺绣、民族歌舞、节日庆典等一系列非遗文化符号有机融入现代生活并进入全国视野、成为"农文体旅"融合发展的顶流？笔者经实地调研发现，认为"村BA""村超"从孕育到走红的过程，体现了习近平总书记关于"两创"的要求——"古为今用、洋为中用、辩证取舍、推陈出新，实现传统与现代的有机衔接"①。在第二章、第三章陈述田野所获的基础之上，本章分四节分别对位分析"两江两村"赛事的"两创"经验。

第一节　古为今用：
传统文体与节庆民俗为村赛展演提供底蕴

图4-1-1　台江县依托苗族姊妹节传统举办
的花车巡游活动吸引游客争相拍照

　　"村BA""村超"一夜之间"出圈"，显然并非因竞技水平有多高，全国网友点赞的是村味和民族风。民族村寨球场上的热烈场面，与当地苗年、侗年、龙舟节等一脉相承；赛至酣处观众集体爆发的"呜呜"加油声，与传统斗牛赛的别无二致；逢节约赛时村村自发组织、

---

　　① 习近平在文化传承发展座谈会上强调 担负起新的文化使命 努力建设中华民族现代文明 [N]. 人民日报，2023–06–03(001).

人人乐于捐助的高效动员，是从当地一辈辈办赛龙舟、舞龙嘘花等岁时节令活动的习惯承袭而来的。"节日随着人民的能力、智力等的发达和经历时间的长久，这种传统文化，越来越显得丰富多彩。它不仅满足了人民的一定生活要求，也推进和巩固了社会秩序。它独特地尽着一种文化功能。"[①] 斗转星移，乡球联赛作为今时今日一种传统民俗节庆经文化主体创造性转化的现代表达，其成功仍是建基于历史文化渊源与民间传统底蕴之上的。

一、地方非遗之上厚积薄发的网红 IP 与旅游环线

与古建、文物等物质文化遗产的静止态不同，民俗、技艺等非物质文化遗产是人们生活样式的动态延续，能够适应新的文化生态环境条件并获得人们的文化认同是它能够生存下去的必要条件[②]。因而对地方非遗开展传承利用首先要摸清家底，其次再对位现时代环境机遇细化活态保护策略举措。而对于"古为今用"之最关键的文旅开发，学界普遍认为亟待"以中国治理体系建设中最基础、最关键、统筹整合发展权力最强的县域作为发力点"，从而真正把旅游业的高质量发展和其他产业高质量发展、与地方经济社会全面高质量发展、与地方治理体系与治理能力建设结合起来[③]。由此角度看，"村 BA""村超"无疑是我国近两年来盘活地方非遗资源并充分用于县域文旅最成功的个案。

曾几何时，"天无三日晴，地无三尺平"是外界对贵州的普遍印象。传统农耕社会中自然形成了各民族分散杂居、各自耕耘贫瘠土地的相对隔绝形态；而发展到现代社会，贵州省不但在中央扶持、各省援建下实现了生产力跨越式发展，还一举破解了"黔道难"困境，并且近年来持续建设横贯东西、纵贯南北的陆路运输通道联络线。随着"夜郎万里道，西上令人老""江连恶溪路，山绕夜郎城"的交通局限成为历史，制约贵州文旅的便利度和吸引力的瓶颈也得以疏通。

---

① 钟敬文．话说民间文化 [M]．北京：人民日报出版社，1990:57.

② 胡惠林，王媛．非物质文化遗产保护：从"生产性保护"转向"生活性保护"[J]．艺术百家，2013，29(04):19–25.

③ 戴学锋，杨明月．全域旅游带动旅游业高质量发展 [J]．旅游学刊，2022，37(02):6–8.

表 4-1-1　黔东南州 2023 年主要旅游指标数据 ①

指标名称	单位	绝对数	比上年增长 (%)
接待海外旅游者人数	人次	40277	500.8
外国人	人次	16272	442.6
台湾同胞	人次	4371	502.1
澳门同胞	人次	3811	278.8
香港同胞	人次	15823	702.0
外汇收入	万美元	1239.70	580.4
国内旅游人数	万人次	7879.45	25.8
国内旅游收入	亿元	875.82	37.0
旅游总人数	万人次	7883.48	28.5
旅游总收入	亿元	876.71	37.1

　　2023 年文旅部印发《关于推动非物质文化遗产与旅游深度融合发展的通知》，同时强调了做好非遗系统性保护与促进旅游业高质量发展两件大事。从"村 BA""村超"的实践看，民族地区以民族风情为卖点开发文旅产业，并非必然走向商业化造成文化同化、异化的"死胡同"。若能做到在充分发挥村民文化主体性的前提下开展优秀传统文化创造性转化、创新性发展，不但能够为当地的非遗节庆等传统文化提供有序传承、发扬光大的契机，还有机会调动非遗之"古"真正能为文旅之"今"所用的。

　　以台江县为例，在黔东南州内，属于开发文旅起步晚、2020 年才摘帽"国家级贫困县"的高返贫风险地区，客流远不及久负盛名的西江苗寨、肇兴侗寨等；本县之内，"村 BA"主场所在的台盘乡，古迹资源和文旅投资也远不如富庶"水边苗"聚居的施洞镇，2021 年前只有木屋厂、磨石厂、水泥厂等低端产业，村民多外出打工。而随着"村 BA"作为新网红打卡地联通起古迹景点与

---

　　① 　截至 2023 年底的统计，黔东南苗族侗族自治州户籍人口数为 489.93 万人，其中少数民族 402.33 万人，含苗族人口 213.93 万人，侗族人口 149.88 万人。参见：黔东南州统计局.黔东南苗族侗族自治州 2023 年国民经济和社会发展统计公报 [EB/OL].(2024–05–07)[2024–09–20].https://tjgb.hongheiku.com/xjtjgb/xj2020/53492.html.

非遗体验的文旅大小环线，台盘村距州府凯里 26 公里、距县内唯一 4A 级景区施洞 37 公里以及北上 70 公里可达镇远古城、南下 50 公里可达西江千户苗寨的区位优势就发挥了出来。

图 4-1-2 "村 BA""村超"球场串联起黔东南文旅地图的枢纽

台江县下辖"中国苗绣之乡""银饰艺术之乡""剪纸艺术之乡"等，是全国休闲农业和乡村旅游示范县、民俗风情旅游大县等，然而还是受限于贵州省各景点之间相距远、公路连接线长造成游客体验不佳，以及同质化文旅资源闲置、缺乏全域旅游产品的整合宣传等困境。台盘村尽管从非遗节庆、手工艺到歌舞民俗的传承都不弱，但作为经济落后、缺乏古迹的山乡，难进入黔东南的文旅版图。这些发展瓶颈随台盘村球场借力短视频传播成为"中国村 BA 圣地"而得以纾解。以"网红"球场为中心向外辐射，在台盘乡可与阳芳村烧烤露营地组合成一日游线路；在台江县可与唯一国家级 4A 级景区施洞镇及红阳苗寨国家森林公园等组合成周末游线路；在黔东南州还可联动榕江县"村超"，与雷山县千户苗寨、黎平县肇兴侗寨及北部镇远古城等知名景区组合成"非遗+"
文体旅特色游线路。与台江县相似，榕江县也在布局"村超"项目之初就规划
了以网红球场为圆点链接"俯瞰村超球场、飞越三宝侗寨、追寻大利侗寨和小
丹江苗寨之美"等旅游观光路线，还在传统公路观光游的基础上创新对接了贵
阳市的通用航空企业共同开发各景区之间的低空飞行文旅项目。

诸如此类，兼顾传统文化研习与现代休闲体验的线路代表新时代文旅融
合新趋势，而靠文化"两创"打造出热门打卡点的"村BA""村超"，堪称破
解景区冷热不均难题、盘活闲置低效旅游项目乃至实现构建"4A级景区成线、
3A景区级成面"的全域旅游的关键一块拼图。

表4-1-2　以"村BA"为亮点盘活的县域/州域旅游线路资源

范围	线路	用时
台江县内 精品旅游 线路	中国"村BA"发源地台盘景区：台盘村+阳芳村	约1天
	台盘"村BA"—施洞苗族文化旅游景区（4A）—锦绣长滩景区 （3A）—台江县城	约2天
	台江县城—反排村（非遗木鼓舞）—交宫村（中国传统村落）— 红阳村（万亩草场）—阳芳村（田园民宿）—台盘"村BA"	约2—3天
黔东南州 内精品旅 游线路	州府凯里—西江千户苗寨（4A）—台盘"村BA"—台江县城— 剑河温泉（4A）	约3天
	州府凯里—台盘"村BA"—五彩阳芳（田园民宿）—台江县城— 长滩景区（3A）—施洞景区（4A）—镇远古城（5A）	约4天
	州府凯里—丹寨万达小镇（4A）—榕江"村超"—台盘"村 BA"—台江县城—剑河温泉（4A）—施秉云台山（4A）	约4—5天

回首贵州发展的"黄金十年"，是在万桥飞架的路网建设中实现的[①]。大交
通引领大开放、大开发，923万建档立卡贫困人口"摘帽"、66个贫困县出列、
撕掉"绝对贫困"历史标签的过程中，是一座座风景桥、一条条幸福路，将原

---

① 贵州省2011年至2020年10年间累计完成的经济总量是前一个10年的4.67倍。参
见：赵子忠，曹红艳，王新伟，等．万桥越黔山[N]．经济日报，2023-05-05(001).

本养在深山无人知的黔山秀水展现在世人面前，使得如珍珠般散落在层峦叠嶂之间的民族风情有机会融入旅游产业链。十三五、十四五期间，贵州省游客接待量和旅游产业总收入均取得了长足进步。桥接的意义，除了体现在为物流、人流跨域提速，也为各种文化元素的碰撞融汇提供了平台。曾几何时入黔旅行所面临的景点与景点之间盘山道多、路途消耗时间长等造成旅游体验差问题，在村村通公路与新景点涌现的双管齐下中迎刃而解，"多彩民族大环线"旅游产品的开发为传统文化更充分地古为今用提供了必要条件。

二、"尊古不复古"的民族节庆文体展演新节目

2024 年 8 月 23 日傍晚，《村超是怎样炼成的》新书发布会在榕江县"村超"球场上火热举行（见图 4-1-3）。混知文化的"半小时漫画"系列丛书是近几年以知识分享走红的国民轻阅读品牌，全网粉丝有 3500 万之众。其专门编创一本全景揭秘"村超"从"出圈"到"长红"背后故事的图书，足见"村超"IP 的文化影响力，客观上也说明这一文旅开发个案具有经验推广、知识普及的价值。

在贵州村超品牌管理公司与上海混知文化传播有限公司合作的这部通俗读物中，榕江县被拟人化为角色"阿榕"，以图文漫画形式讲述了"村超"的破圈密码、运营趣事以及现象级传播背后的文化底蕴。书中有章节专门介绍了"榕江就 38.5 万人口，有 3.5 万参与了表演"的民族文化盛宴之举。事实的确如此，自 2023 年 8 月榕江首届美食足球友谊赛拉开大幕，民族歌舞表演就成为足球之外"村超"最吸引游客的项目。地方民族节日的庆祝形式随时代花样翻新，被浓缩成一个个集体歌舞的群众演艺节目呈现在到场或在线观看直播的全国观众面前，成为强势旅游吸引物。正如开创了集体记忆（collective memory）理论的法国社会学家莫里斯·哈布瓦赫（Maurice Halbwachs）所说："过去不是被保留下来的，而是在现在的基础上被重新建构的"[①]。随各村寨足球队出征的演出

---

① 莫里斯·哈布瓦赫.论集体记忆 [M]. 毕然，郭金华，译.上海：上海人民出版社，2002:44.

图 4-1-3 "村超"赛场旁正在举行《村超是怎样炼成的》的新书发布会

小分队并不将自己的献唱献跳定义为给"村超"打工，而是将其作为在更大舞台上自豪地展示家乡文化的一种主体性创作。从历史发展规律来看，越是包容、借鉴、吸收各民族优秀文化的变体，越是能代表"两创"的前进方向，越是能滋养出内涵丰富、充满自信的文化。"村超"成为西南少数民族欢度假日的新民俗，也在通过文旅产业吸引更多游客共襄盛举的过程中，持续扩大构筑中华民族共有精神家园的广度、深度、牢固度。"村超"主办方在距5月开幕后不足百日内就找准了民族文艺演出的附加值发展方向，并以"体育＋电商"、直播带货助农等新媒体手段持续调动村民积极性，堪称古为今用的高招妙招。

村民自导自演歌舞节目，在"村BA"的赛场上同样是不可或缺的风景线。据笔者所见，台江县基本上每个自然村寨都有公共广场，其传统功能是吹芦笙、吃鼓藏，随时代进步增添了打篮球、"蹦苗迪"、直播等。在村民看来，这一方广场世代为展示文化所用，在此"唱歌／跳舞／打球到天亮"皆为民族风情。乡球联赛获得巨大网络流量后，传统民俗非遗与现代文化展演的互嵌、互洽、互构被全国乃至世界网友注视；古今文化的交融辉映经过直播短视频的传播赢得全国网友点赞与转发的同时，民族地区更多村寨基层建立起了更广泛、更深厚的文化自信，这种自信又会在社会心理层面转化为文化主体自觉建设家乡与振兴中华的更深沉、更持久的力量。

随"村 BA""村超"升级为省赛、国赛，各地区、各民族越来越多的庄稼汉千里迢迢来到台盘乡和榕江县客

图 4-1-4　"村超"球场上进行中场秀
非遗表演后退场的村寨演出队

场作战。他们在享受快乐体育的同时，也肩负着宣传家乡农特产品和人文景区的重任——开球前双方队长相互赠送家乡特产已成为"两江两村"赛事默认的惯例，随队助威方阵除了加油，一般都还会打出宣传家乡物产或景区的横幅、灯牌等。

事实上，尽管未必都如台江、榕江酝酿出了"网红"IP，但恰如现代化进程始终在南北山乡延伸，新式体育运动早已在众多村寨播种生根、默默孕育——以获 2023 年全国"村 BA"西北赛区冠军、总决赛殿军的甘肃省吹麻滩镇篮球队为例，小伙子们来自临夏回族自治州积石山保安族东乡族撒拉族自治县，同样是从打"毛蛋"①起步而逐渐积淀起深厚地方篮球文化底蕴的。赛场上，台盘村的解说员活跃气氛时谈道："这个吹麻滩队厉害一看就厉害，我们台江县就一个苗族，他们一个县有三个族，保安族、东乡族、撒拉族……"当这些来自祖国南北民族地区的队伍汇聚到一起进行球赛，是新时代"趣缘"纽带下各民族交往交流交融的真实写照；当他们彼此之间增进了解、友好交流的过程通过全媒体传播至全国，又成为在全社会铸牢中华民族共同意识的有效增量，有形有感有效地宣传了各民族携其多彩文化共同迈向现代化的步伐。

---

①　据积石山村民回忆，当年因不具备置办篮球和相关设施的资金，村里都是以棉花为芯裹上厚厚的毛线，再用木板、木桩、铁圈自制篮球架，用白石灰在打麦场上撒线画场地，因陋就简地组织村民篮球赛，这种情况与贵州台盘"村 BA"的发源历程高度相似。参见：王登科，王宇晨.为什么是积石山？探寻一座西北小城解锁"村 BA"的密码[N].临夏民族日报，2023-09-12(002).

图 4-1-5　2023 年"村 BA"国赛上甘肃吹麻滩镇篮球队入场时的展示环节

伴随新时代脱贫攻坚战与"村村通高速""5G 全覆盖"等工程，贵州 192 万人口搬出大山，规模居全国第一的减贫人数期待着跨越式发展的机遇，而文旅产业是个体传统社会认知经验与新生活环境就业技能之间最快捷高效的链接渠道之一。尤其在多民族杂居聚居的地区，各族人民是在博采众长的文化交融中形成了看待世界、社会、人生的独特价值体系、文化内涵和精神品质，"旅游能带动各民族群众跨区域多维流动，有效推动各民族群众文化共享、经济互嵌、社会交往、心理交融，为各民族交往交流交融提供内在动力"[①]。伴随文旅产业开发的"两创"不是简单的"文化搭台，经济唱戏"，更不是单向的"送文化下乡"，而是扎实从源远流长的民族文化中汲取智慧和能量，在始终保持村民主体文化自信的基础上放手开展衔接四方古今文明的创造性转化，从而有效配合经济跨越式发展实现文化蝶变。

"村 BA""村超"一条共同的突出经验是尊古而不复古，不是将民族文化静态封存作为旅游吸引物，而是积极拥抱时代、接纳新事物与传统文化进行了

[①]　温士贤.旅游促进各民族交往交流交融：价值内涵、内在动力与践行路径 [J]. 贵州民族研究，2023，44(05):103-109.

图 4-1-6　少数民族群众观看龙舟比赛（左）与"村BA"球赛（右）的热情同样高涨

恰如其分的、新颖而不媚俗的融合。这种建立在文化自觉、自信基础上创造性转化出的新民俗，恰好契合了当代大众的审美情趣，共振了中华民族共有精神家园的底层心理，从而在中国特色文化相通、民心相通的社会脉络中形成了感召力和凝聚力。

第二节　洋为中用：
国际运动本土化与直播电商助力热点生成

越包容，就越是得到认同和维护，就越会绵延不断。中华文明的包容性，从根本上决定了中华民族交往交流交融的历史取向，决定了中国各宗教信仰多元并存的和谐格局，决定了中华文化对世界文明兼收并蓄的开放胸怀。

——习近平2023年6月2日在文化传承发展座谈会上的讲话

在全球化进程中，社会大众的世界观、价值观、文化认同等普遍趋于多

图4-2-1 "村BA"官方体验店内
陈列的冠军奖品套装

元。改革开放以来，我国乡村在城镇化进程中面临过文化凋敝的危机，精神文明建设也在全球化进程中应对过外来文化冲击的挑战。"村BA""村超"等之所以堪称洋为中用的文化创意IP，是因为其真正在中国各族人民的文化主体性自觉之下引导外来文化落地生根。篮球、足球本属于国际三大球之一，洋运动看似与中国传统文化无关，但台盘村和榕江县群众以兼容并包的开放视野，自20世纪30年代、40年代就形成了"打野球"传统，数十年间持续引其融入本地节庆，已成为与赛龙舟、斗牛、赛马、舞龙等民俗血脉相通的保留节目；而乡球联赛一朝成"网红"后，又以赛间非遗歌舞展演、场边非遗市集展卖、赛期"非遗+"农文体旅游客潮等形式，切实发挥出了为当地非遗引流、为民族文化代言的功能。

一、国际体育项目在民族村寨乡镇的落地生根

运动无国界，体育是一种能跨越族际和文化差异，增进感情、激发团结、振奋精神的"国际化语言"。尤其是篮球、足球这样具有竞技性、观赏性、战术对弈性，在全球范围内已形成老少咸宜的广泛群众基础，并且是一项能够通过团队配合、加油打气、组织联赛等形式而持续凝聚团体并传承精神的国际大众体育项目。

自2022年底外交部发言人赵立坚、华春莹等相继转发"村BA"相关图文并点赞乡球赛事，台盘这个1100多人口的小村庄就开始以其蓄力多年的民族体育底蕴一鸣惊人，向全国乃至全世界展现了中国乡村的现代化程度之高、民族村寨的文化创新活力之强。2023年7月，NBA迈阿密热火队球星吉米·巴特勒到访"村BA"，当他佩戴苗族银项圈走进台盘村球场，用苗语向苗乡观众

问好的一刻, 现场观众和线上网友都沸腾了——"村 BA"与 NBA 实现了联动, 这在观看直播的众多中国人心中激起了文化共鸣和民族自豪感。与此同时在海外, 国际知名体育网站 Clutch Points(@Clutch Points) 推特上传的巴特勒到访中国"村 BA"视频, 在 48 小时内播放量超过 49.5 万次, 法语账号 @50Nuances De NBA 上的播放量也达到了 12.3 万次。此外, 曾在"村 BA"球场上与中国村民互动的还有阿伦·艾弗森、丹尼·格林等美职篮球星, 以及中外均有知名度的林书豪和斯蒂芬·马布里等。

从"村 BA"这项中国的新生基层文体活动被拉入国际关注视野, 到随着大批名人观赛站台推广了乡村体育赛事及其农文旅产业链, 一两年间, 新媒体平台以其图文感染力、碎片化阅读、视频直播互动性等传播优势, 在国际范围内发挥出了讲好中国故事的重要作用。2023 年, 农业农村部一号文件提倡"探索推广'村 BA'篮球赛等赛事", 贵州省政府工作报告将其作为"群众文化新亮点", 入选第二届全国乡村文化产业创新典型、第一批全国"一县一品"特色文化艺术典型案例……"村 BA"从破圈到赋能乡建、非遗传承以及旅游强国的历程, 证明民族村寨文旅开发可以不落西化、异化窠臼, 凭自主"两创"呈现独特风貌并走出引领全国潮流的新路。

在"村 BA"的现象级走红之后, 贵州省依托各州县的体育传统积淀, 迅速跟进开发了多个文旅融合、以赛促旅的项目, 如具有鲜明地方民族特色的镇远龙舟文化节、三都县水族端节"村马"赛事, 又如具有开放国际视野的贵州环雷公山超 100 公里国际马拉松、中国黎平百里侗寨国际划骑跑铁人三项公开赛等。当然, 其中最引人瞩目的, 还是以 700 亿流量火遍全国、火出国门的榕江县"村超"。

"村超"后来居上, 在宣传声势以及海外影响力等方面都超过了"村 BA", 不仅吸引到来自法国、美国、巴西、利比里亚、柬埔寨等国家的足球队前来共襄盛举, 还于 2023 年 9 月与英格兰足球超级联赛(英超)主办方签署了战略合作协议, "村超""英超"牵手, 计划开展培训课程、筹办社区足球友谊赛, 欧洲金球奖得主、英格兰传奇球星迈克尔·欧文录制视频为"村超"点赞; 世界足球先生、巴西足坛名宿卡卡(Kaká)更是现身"村超"球场, 参加

2024"逐梦"冠军公益赛并与中国球迷互动。法国青年代表队、利比里亚蒙罗维亚社联足球队等多支国内外球队和中国的香港警察足球会队、台湾宜兰中学足球队等来到"村超"球场，竞技交流的同时也结下了深厚的友谊。

图4-2-2　巴西圣保罗高桥队在"村超"的入场仪式（左）和1:0战胜玉树牦牛队后
举起奖品小香鸡（右）（来自@榕江发布　的直播画面）

全球化带来时空压缩（time-space compression）的同时，各民族之间的心理距离并不会自然而然地缩短，反而可能会因多元文化信息的快速涌入而强化分殊与边界感。此形势下，亟需某些共情事件和集体记忆唤起社会广泛共鸣，从而巩固中华民族"我中有你、你中有我，而又各具个性的多元统一体"①底层心理框架，弥合地域间、民族间因不平衡不充分的发展差距而产生的社会张力，也进一步夯实各民族在共有精神家园基础上共同面向世界的文化自信坐标。

中国民族村寨的"草根"赛事与诸多世界殿堂级的篮球 / 足球明星以及联赛连线，产生了奇妙的化学反应。民族地区继同全国一道打赢脱贫攻坚战、全面建成小康社会之后，已迈上全面建设社会主义现代化国家的新征程，并且承担起对内对外讲好中国式现代化、绿水青山与金山银山、中华民族共同体故事的重任。"村BA""村超"以传统文化创造性转化、创新性发展的巧思，引导篮球、足球、互联网等元素对象征民族文化的意义系统产生了全面的呼应，既让有助实现全球性在地化并为村寨发展所用的新风吹进来，又坚决确保中国化时代化的文化自信立起来，堪称洋为中用、探索建设中华文明新形态的基层实践典范。

---

① 费孝通 . 中华民族的多元一体格局 [J]. 北京大学学报 (哲学社会科学版)，1989，(04):3-21.

二、依托互联网短视频打出了民族文化知名度

互联网时代，注意力本身即可变现为撬动资源的杠杆，偏居一隅的山乡可能在网络高速公路上成为万众瞩目的景观乃至文化高地"桥头堡"。2023 年 1 至 7 月，"村 BA"仅在"快手"一个平台的赛事直播观看量就超 3 亿人次，亿万网友透过时尚的全媒体渠道认识了黔东南非遗和苗族文化；而"村超"更是后来居上，2023 年上半年相关话题在"抖音"平台的播放量超过了 130 亿次，18.5 万人次参与了话题内容创作，榕江县的抖音打卡量同比增长了 388 倍，将这一侗、苗、瑶、水、壮等少数民族文化缤纷交融的地区推向大众视野，激荡起全国各族群众共同的文化自信与民族自豪感。

"村 BA""村超"之所以能在互联网掀起如此大流量的反响，并非依靠内地网友对乡土味、民族风的一时好奇，而是因为这些图文、短视频、直播互动的每一帧、场上场下的每一环节、赛程中的每一个独具民族韵味的设计，都将乡土现代化建设成就与少数民族传统文化的元素碰撞融合展现得淋漓尽致，都精准地扣在了全国网友"中华民族一家亲""厉害了我的国""强国有我"等文化共鸣上。尽管西方学者曾预言"网络媒介成为传统媒介的掘墓人"[1]，但是从"村BA""村超"案例来看，乡土民族文化反而在"全媒体 +自媒体"的时代实现了跨越式发展，借网络社群中的乡情传播发挥了弘扬社会正能量的作用。这种以大球运动为媒介的互联网时代群众体育文化，因其充分的观赏性

图 4-2-3　官方媒体、自媒体及群众争相拍摄
"村超"球队入场式时像一场小型发布会

---

① 尼古拉斯·尼葛洛庞蒂. 数字化生存 [M]. 胡泳，范海燕，译. 海口 : 海南出版社，1997:3.

和传播力，具有推动中华民族成为认同度更高、凝聚力更强的命运共同体的感染力、感召力和示范性意义。

"村BA""村超"的诸多制胜特色经验中，关键的一点是新媒体推波助澜，确切地说，是依靠群众自媒体短视频里的社会长镜头。传播数据最好的一批短视频内容，其发布与编辑不再由传统的官方媒体或专业的体育频道垄断，而是大多数带有"草根"属性——"村BA"的最初出圈缘于有贵阳的自媒体博主进行了基于文化视角的精心内容创作，"村超"的网络流量屡创新高也并非是靠政府主导或营销公司一力拉动，它们在全国范围内的广受瞩目与喜爱，归根到底是靠无数台盘乡和榕江县的各族群众举起手机拍摄他们引以为豪的家乡新面貌。2024年4月27日晚的"村BA"赛场上，在第二届"美丽乡村"篮球联赛总决赛冠军争夺战开战前的暖场表演间隙，主办方安排了一个特别的颁奖环节，奖励"东北F4""大圣de旅行日记"等一群曾在短视频平台上助推"村BA"传播的网络达人们。

洋技术为土特产服务，这是笔者在观察"村BA""村超"赛场时一个突出的感受。台江县、榕江县都积极引入各种高科技手段，不遗余力地助推"黔货出山"。仅以台江鲟鳇鱼为例（见图4-2-4），它是"村BA"颁奖礼上热度仅次于黄牛的"明星"，其背后有一篇粤黔渔业协作振兴乡村的好文章。在东西部协作行动中，广东省农科院曾多次来黔考察水温、水质、溶氧度等，发现台盘乡地处清水江下游，是冷水鲟鱼生长的"黄金温床"，于是2021年，国强公益基金会结合佛黔帮扶计划在此建起了碧桂园台江县鲟鳇鱼三产融合示范养殖园。园区包含养殖区、生态净化区、育苗车间、冬化车间以及鱼肉、鱼子酱加工车间等，还从鱼精深加工辐射出酸汤、果蔬、饮品为主导的产业集群。示范园一期即解决了200余个劳动岗位，带动500户养殖户增收。2023年7月23日晚，知名篮球教练杜锋来到粤黔协作"看村BA·买好黔货"助农直播间推广酸菜鲟鱼片、香煎鲟鱼段、鲟鱼鱼丸等预制菜，5小时累计销售502万元[①]。

[①] 记者邱薜.冷水养出"热"经济 台江"鲟"出共富路：登上"村BA"颁奖台鲟鱼的故事[N].新华每日电讯，2023-07-27(006).

图 4-2-4　2023 年"村 BA"国赛季军奖品——一条 1.51 米长鲟鳇鱼被抬入场时引记者团争相拍摄

又如在"村超"赛场上，活跃着一批既说当地方言又能讲普通话和英语的"90 后"，他们胸前挂着"贵州村超推荐官"的工牌，活跃在赛场各处。例如三江水族乡脚车村的小伙子唐胜忠，大学毕业之后曾在大城市做过一段时间的新媒体工作，2023 年"村超"走红之初便决定回到家乡发展，十几个月间，已成为一名全网粉丝超 200 万的带货达人。除了像他这样的原乡人、返乡人通过直播带领村民销售农产品和蜡染刺绣等手工艺品，还有众多从州府凯里、省会贵阳寻热点而来的非遗与传统文化题材自媒体博主陆续加入"新农人"队伍。传播文化、创造价值，这些互联网时代的"原住民"们，凭借对乡土文化与时代审美的敏锐感觉，以 5G 直播、无人机拍摄等手法，通过抖音、快手、微信视频号等媒介，共同完成了富于草根气质、乡土情怀和民族自豪感的创作，堪称"让互联网成为构筑各民族共有精神家园、铸牢中华民族共同体意识的最大增量"[①] 的一次生动实践。

就一般规律而言，网络流量的自身特点决定了其持续的周期性。参考也曾

---

① 习近平. 在全国民族团结进步表彰大会上的讲话 [N]. 人民日报，2019-09-28(002).

于 2023 年火爆一时的山东淄博烧烤，同样是有非常适合网络传播的消费属性和前期感人的民生故事打底，在天时地利人和的条件下创造了中国城市发展史上的一次互联网时代奇观。然而，淄博烧烤在 2023 年 3 至 5 月间热点迅速攀登至顶峰后快速回落恢复平静，五一节小长假后更是在全网引发了"网红城市如何才能接得住泼天的富贵？""因流量走起来的文旅是否只能是一波流？"等媒体热议。笔者认为，短视频直播拉动注意力经济、眼球经济、"打卡"经济，已成为当前以"民族特色"为卖点的民族文旅绕不开的杠杆工具和不得不警惕的发展扩张陷阱。从笔者实地调研的情况来看，黔东南各级政府对"村BA""村超"IP 具有较为清醒的认识和较为清晰的规划，是致力于实现将"流量"转化为"留量"、将"网红"打造成"长红"的。

第三节　辩证取舍：
从自娱自乐到美美与共的文化创造性转化

中国式现代化的贵州实践如火如荼，黔东南州"村超""村 BA""村歌"让乡村热土释放"精神幸福能量"的成就受到了从中央到地方各级媒体的关注①。"两江两村"探索出的中华民族优秀传统文化"两创"新路，代表近两年群众性文体活动的"顶流"和风向标，在文化传承这一系统工程中守住了发展与生态底线。

非遗"两创"以"三见"为导向，乡村建设与民族工作同样强调"见物也要见人"。从"村 BA""村超"的实践来看，无论是对民俗体育抑或传统音乐舞蹈等文化形式的创造性转化、创新性发展，均恪守了《保护非物质文化遗产公约》的"人民性原则"。村民的文化主体性凸显，使"两江两村"赛事得以

---

① 陈冠合，吕慎."村超""村 BA""村歌"乡村热土释放"幸福能量"——从贵州实践看乡村振兴新气象 [N]. 光明日报，2023-06-28(7).

跳脱出以旅游服务业为支柱的民族村寨常陷入的"被装扮""被凝视"窠臼——拥抱互联网时代的"网红"流量，但不失对民族文化与社区传统的坚守，充分彰显出新时代非遗"两创"辩证取舍的特点。

一、在系统性保护原则下坚持文化主体性创新

对于"村BA""村超"的开发策略中都有一条底线，就是赛事不能脱离文化土壤，策划不能不尊重人民首创精神。如习近平总书记所说，"任何文化要立得住、行得远，要有引领力、凝聚力、塑造力、辐射力，就必须有自己的主体性"[①]。对传统文化的"两创"离不开人民主体地位及首创精神，政府可以支持、引导，但不干预、不变向。"村BA""村超"正因都坚持姓"村"，才得以在文化活动、文化特色、文明乡风、文娱活动、文创产品五维度综合发力，迎来"出圈"机遇；下一阶段乡球联赛之上的产业开发模式如何举旗定向，也理应充分尊重村民意见，否则文化有机体就有枯萎衰败之虞。

笔者无论在台江还是榕江的实地调研中，都深切地感受到球场和球赛文化是以不突兀、不"抢戏"的和谐方式融入村寨社区的，已成为当地群众日常生活中有机的一部分；无论

图4-3-1　赶集日在篮球场边摆摊的苗寨群众

---

① 习近平在文化传承发展座谈会上强调 担负起新的文化使命 努力建设中华民族现代文明[N]. 人民日报，2023-06-03(001).

在县城还是山村，"欢迎山南海北的朋友来看来玩，但不要让球赛变得商业化"是当地群众的共识。"村BA""村超"在2022年、2023年至今的开发规划中，都坚持了村民踢（打）球唱主角、开门办赛不售票等原则，台盘乡有关"村BA"的一切招商引资事宜均经过"院坝议事"决定，从源头上扭转了商业化行政化驱动文旅项目开发的逻辑；榕江县在规划农文体旅产业链的过程中，始终从让发展成果更多更公平惠及全体人民的考虑出发。

"两江两村"赛事开发中的辩证取舍彰显新时代特色，因为传统上民族村寨甚少介入文旅开发的顶层设计，如何保护非遗、以何种文化宣传当地、开发哪条旅游线路等，多是由省市政府统筹规划、学术专家开会论证的。而"村BA""村超"因为是村民自己闯出的名堂，县乡两级政府从走红之初就注重保持其原生态，后续如何扩建球场、停车场，接待游客的预留地建成美食小吃街还是"非遗一条街"，规划夜间消费经济的摊位区域如何分配等，均充分参考当地群众的意见。这种以人民为中心、尊重群众文化创新需求的模式，承袭了苗乡侗寨的"议榔""合款"传统，一方面引导非遗保护传承主体向基层下沉，对于实现文化的"活态保护""系统性保护"发挥了基础承托作用；另一方面促使村民在共享发展红利中，对于传统价值和乡土情怀形成文化自觉，进而激发共建共享、主动传承的积极性，持续释放创新创造活力。

乡村空心化、老龄化是全社会的难题，在城市就业岗位收缩、用工成本增加的大环境下，这些留守民族村寨种薄田、看孙辈的嬢嬢①们，在"村BA""村超"的流量带动下，意外地凭手艺成为家里的经济"顶梁柱"，这极大地刺激了当地留守妇女老人的内生动力——"没想到能靠从小学的手工活儿挣到大钱"赋予她们获得感、幸福感、安全感。民族村寨闲置劳动力一展身手、发挥特长的经济价值背后，还有一重网红新业态赋予多彩民族文化重获"被看见"机会的社会意义。"两江两村"的流量落实在苗乡侗寨文旅消费的"留量"中，近两年台江县和榕江县开发了包含玩偶、服饰、包包、家居装饰、文创伴手礼等非遗文创系列衍生产品200余种。仅三宝侗寨，就有上千名绣娘在缝制吉祥

---

① 嬢为娘的异体字，嬢嬢是当地人对女性长辈、老年妇女的称呼。

物"村超牛"的工坊生产中得到了展示才艺、灵活创收的机会。

　　从"出圈"到"长红",文旅产业的突破与成功永远离不开创新。图 4-3-3 是笔者在"村 BA"赛场边主题茶饮店内拍摄的,除了常见的柠檬茶、蜂蜜柚子茶、红糖姜茶外,更有许多富于地方风格、民族特色的创意茶饮——"台江酸汤鱼果茶""高山流水微醺奶茶""灵魂木姜子奶茶""台江五彩姊妹(酸奶/椰乳)米露""村宝宝椰椰拿铁""村 BA 醇香热可可"等。有的茶饮杯做成酸汤坛的造型,插入小酒瓶的造型则是模拟黔东南侗寨的"高山流水"拦门酒样式,这些巧思体现文旅主办方和文创开发者并不满足于简单的 IP 贴牌,而是在深入了解地方文化系统的基础上进行传统创新。

　　从"村 BA""村超"的产业开发规划中可看出其有所取舍、因地制宜,围绕篮球足球运动与本地非遗等文化元素进行了有机的互嵌对接,找到了既能在"体育+"类文旅中以民族风吸睛、又能在苗乡侗寨文旅圈中以时代感出圈的差异化竞争优势。"旅游的过程也是文化接触、辨识、体验、反思、借鉴的过程。文化有助于提升旅游的品质内涵,旅游有助于增强文化自信、促进文化发展,两者相互促进"[①]文旅开发中对特色文化符号的拣选、整合、呈现,很考

图 4-3-2　蜡染布料缝制的"村超"T 恤和"村超牛"吉祥物公仔

---

　　① 严庆,张建兰.从西江千户苗寨看旅游促进各民族交往交流交融——以空间生产的视角 [J].云南民族大学学报(哲学社会科学版),2024,41(05):35-44.

图 4-3-3 "村 BA"赛场边主题茶饮店的卖品单及创意饮品杯

验系统性保护的思维和创造性转化的功力，非遗元素并非多多益善，尤其不宜橘生淮北、生搬硬凑。以"村 BA"为例，从鼓劲口号、热烈氛围到村民凑份子组织比赛等形式，均源自当地斗牛节、龙舟节传统，场间演出的银饰盛装、芦笙歌舞等元素也是苗族村民每逢节庆盛事都会自觉自愿上演的。恰是这种对体育的纯粹热爱、对民族文化的由衷自豪，打动了到场体验的游客和线上观赛的网友，推动"村 BA""村超"成为新时代不像文旅产品、没有策划痕迹的网红 IP。

二、在互惠共荣原则下引导县域资源取长补短

"村 BA""村超"对非遗保护和文旅开发的独特参考价值在于，民族文化氛围浓郁但实物实景资源相对匮乏的村寨在全国有很多，因而其如何单纯靠对传统文化的"两创"白手起家吃上"旅游饭"的经验，具有广泛的参考意义。新时代的文旅运用需要"结合不同村户的资源优势，围绕'人、文、地'等要素进行共生资源的深度挖掘，实行差异化的策略"[1]，只有精细化地匹配并利用好县域之间的农文旅共生资源池，充分对接市场需求并形成品牌效应，才能达到共享流量、同塑品牌、协同创新的效果。

如前文所述，"村 BA"走红前，台江县的文旅产业重心在自古是航运码头、

---

[1] 雷明，王钰晴.交融与共生：乡村农文旅产业融合的运营机制与模式——基于三个典型村庄的田野调查 [J].中国农业大学学报（社会科学版），2022，39(06):20-36.

多有会馆旧址和传统民居的施洞镇。作为县内唯一国家 4A 级旅游景区,施洞承担着非遗文化承继传扬重任,不仅建有台江苗族刺绣博物馆,每年的姊妹节盛装游行、独木龙舟节、舞龙嘘花表演等也多安排在此。而默默无闻的台盘村陡然凭"村 BA"成为台江乃至黔东南非遗文化宣介的新窗口,不仅盘活了县域内闲置低效的旅游资源,更将苗族古歌、苗绣及银饰等非遗项目的知名度持续推高。2023 年和 2024 年的五一假期期间,台江县城都与台盘村密切联动,为姊妹节开发了动静两相宜的丰富文旅项目:苗歌大赛、绣娘共织画卷、万人唱响翁你河、民族服饰展示以及趣味篮球运动会、夜间音乐会、AR/VR 游戏、露天电影等,由此名声大震不只是台江县,也包括"民族原生态·锦绣黔东南"的整体品牌形象。

与台江的策略相似,"村超"发源地榕江县也大力开展串珠成链的全域旅游行动。首先加强与西江千户苗寨、肇兴侗寨、荔波大小七孔等周边热门景区的联动,其次大力推介 1 号乡村旅游公路的省内大连线,带动了"村超"周末游、苗山侗水游、非遗之旅、美食之旅、研学之旅等一系列主题旅游线路,再者是积极与"村 BA"遥相呼应,取长补短,以县城之地利拓展中高端住宿及客源,稳步协同推进代表"观察中国式现代化的窗口"的农文旅体旅商融合发展样板工程。

贵州省在脱贫攻坚战中,各县乡已建起了一批民族手工艺品工坊,民间文化艺术之乡发展特色产业是一件兼具弘扬传统文化和推动乡村振兴意义的系统性工程。黔东南许多非遗工坊起步阶段受限于商品样式、销路开拓以及村寨中青壮年劳动者缺乏等问题,许多民族手工艺品工坊的产能尚未得到充分开

图 4-3-4 "村 BA"官方体验店内售卖的苗族银饰工艺品

发，有些因生意一直不温不火而影响到各族群众的生产积极性。2023 年，"村
BA""村超"的网红流量极大地带火了以银饰、绣片、蜡染装饰品等为代表的
民族手工业。一方面，"村 BA"故乡、"村超"产地的 IP 为当地农特产品和手
工艺品打出了吸引客流的知名度；另一方面，乡球联赛为当地引回了大批返乡
创业人才，他们年富力强，具备审美趣味、商机嗅觉、经营意识和电商技术，
为本地民族手工业作坊的升级转型提供了可能。在"村 BA"官方体验店内，
店员小妹听说笔者是从北京来的，热情大方地介绍他们农产品线上下单的购买
方式，还认真地询问是否喜欢店内销售的刺绣产品样式，并谈起：

> 今年（2023 年）因为我们有"村 BA"，银耳环、银项链的销路一
> 下打开了，我妈妈、姐姐都在做……跟我们自己带的不太一样，但这
> 些样式也蛮好看，可以搭配你们外面穿的衣服。

自"村超"2023 年出圈以来，榕江县紧随西瓜、罗汉果等农产品火起来的，

图 4-3-5　榕江姑娘正在整理民族风蜡染手工艺饰品摊位

是各类文创产品。其销量和线上订单都有了显著增加，给搬迁社区的绣娘、染娘们带来了创收机会。全县已扶持"母亲回家"手工坊等文创企业、非遗工坊等十余家，许多有外出务工经验的妇女不再满足来料加工和按单定制，而是开始尝试参与上游的产品设计研发以及下游的手机直播带货和引流。如今，榕江的蓝染家居、染花集等 400 多种文创品牌产品已形成稳定可观的销售渠道和规模，并在黔东南各级各类景区中开设摊位、承接各类风格产品的设计和制作，以规模化产力和研发水准支撑苗乡侗寨文化圈的文旅纪念品经销。

可见，因资源、区位及历史原因在文旅开发中不占先机的村寨，均可向台盘村"村 BA"学习辩证取舍并创造性转化文化资源的经验，向榕江县"村超"学习试跑互联网时代自创农文旅 IP 新赛道的经验，同时还可放宽视野，学习"两江两村"赛事彼此联动、流量互补、盘活全域旅游线路的一系列操作，通过对文化共同体的价值共识、价值保全、价值联动，实现县域间文旅资源的互补和协同共进。

第四节　推陈出新：
中国式现代化赋能下传统文化创新性发展

文化关乎国本、国运。中华民族的伟大复兴和文明延续，既需要对传统文化薪火相传、代代守护，各民族依托资源禀赋不断融会贯通；也需要以开放胸怀顺时应势、推陈出新，各民族吸纳时代精华持续释放创新创造活力。近两年间，"村 BA""村超"鲜活的音画场景持续在互联网传播，生动诠释了"中国式现代化赋予中华文明以现代力量，中华文明赋予中国式现代化以深厚底蕴"[①]。尤其从代表"可信、可爱、可敬的中国形象"层面而言，"村 BA""村

---

① 习近平在文化传承发展座谈会上强调 担负起新的文化使命 努力建设中华民族现代文明 [N]. 人民日报，2023-06-03(001).

超"已超越了乡球联赛推动体育强国的意义，有力地刷新了外界对中国的刻板印象——"凋敝"的中国农村原来热闹非凡且充满商机，"边缘"的少数民族原来创意十足并引领全国时尚，"落后"的传统文化原来一直在推陈出新……无创新不足以争先，要建设中国式现代化的文明新形态，就必须坚持文化主体性，把创新发展的主动权牢牢掌握在自己手中。

一、村寨现代化为文化"两创"提供硬件条件

"村BA""村超"在我国旅游市场走红看似偶然，实则折射贵州打赢脱贫攻坚战的一系列现代化建设成果——若没有村寨基础建设和"文体设施送基层"，台盘村未必如现在男女老少都爱打篮球；若没有路面硬化"村村通"工程，各村寨之间的篮球联赛难在几十年间形成规模；若没有5G信号全覆盖，"两江两村"赛事的直播和短视频不会快速形成席卷全国的爆点。当前站在中国特色社会主义文化发展道路的新征程上审视民族地区精神文明建设的任务、保护传承利用非遗乃至铸牢中华民族共同体意识等当务之急，不可忽视贫困县脱贫"摘帽"奔小康、路网建设和硬件基础设施与全国同步迈向现代化发挥的时代性支撑作用。

本书将"两江两村"赛事界定为民族村寨以互联网思维对中华优秀传统文化的"两创"，事实上从更深层次而言，"传统文化"的称谓稍显宽泛，此处形容为"文化传统"更为恰当——"'传统文化'是相对现代文明而言的，这里的'传统'只是一个时间性的概念，'传统文化'的意义大致相当于过去的文化，它可以包括过去的一切文化现象。而'文化传统'的意义是指历史文化中影响深远、以至对现代仍有重大影响的内在因素。"[①]黔东南的文化传统以多彩民族文化为基底，又在历史长河中持续不断地吸收各类型新元素纳入地方文化系统，成为有机统一体上环环相扣的生态链。例如，红军长征曾两进台江，留下了红军中央军委纵队驻地旧址、红军清水江渡口遗址等。当年的苗寨老乡就曾纷纷拆除自家房子门板在渡口给红军架设浮桥；近百年来始终赓续红色文化，施洞村民们纪

---

① 张岱年，姜广辉.中国文化传统简论 [M]. 杭州：浙江人民出版社，1989:4.

念的方式之一就是在红军渡口旧址上修建了一个篮球场，图4-4-1中可见村民们争相解囊捐资的功德碑。民族村寨的文化传统持续创造性转化、创新性发展，一批批新风尚随时光荏苒变成老传统，但以文体活动为表征的突出特色保留了下来。

就像民族服饰的纹样有其一定之规，但却不能人为定下某一历史时期的切片为固定模式，一旦有所创意改进即视为有违传统——民族地区近现代各方面的点滴进步，只要能自然融入民风民俗，被群众所普遍认可接受，皆可称之为文化传统或新民俗。2023年初，台盘村篮球场入口旁的"村BA官方线下体验店"落成，三大类售卖品中除纪念篮球等体育纪念品、本地稻米等农产品伴手礼外，还有代表苗族文化的各种款式手工银饰品，非遗元素在中西合璧的体验

图4-4-1　台江县红军渡口旧址上的篮球场及其修建碑文

店中占据大面玻璃镜柜，与蜡染吉祥物、乡土风球服、"村宝宝"文创雪糕等相映成趣，这些面向游客的文旅商品既代表黔东南文化传统，也彰显着新农村现代、开放、融合、新潮的风貌。

图 4-4-2　球场入口旁的"村 BA"官方线下体验店展现乡村文旅振兴的时代感

2023 年 10 月，笔者在参与观察全国首届和美乡村篮球大赛（村 BA）总决赛期间，不仅看到群众体育和文艺表演等活动组织井然有序，也看到拍摄、转播、供电以及各类后勤保障软硬件齐备，小山村的软硬件现代化水准都达到了相当的高度。在赛场与一位山东省随队前来服务后勤保障的文旅干部交谈，他表示这次来"村 BA"也是为了乡村振兴"取经"，并不住地赞叹于黔东南日新月异的发展——

十几年前，我到西江（千户）苗寨旅游过。当时印象里这边的路很难走，除了那几个比较有名的旅游景点，大多数乡村的基建还很差，贫困程度也深……这次来台盘的一路上，路修得真好，这么个小山村，现代（化）成这样，说明这些年人家这边脱贫攻坚战就是打得好，我真没想到！我们也要从贵州学习乡村振兴的经验。

与他相似，"村 BA""村超"的外地游客们提及率最高的感受：首先是欣赏当地村民对篮球／足球的热爱，了解到已传承 80 余年后更是赞赏；其次是表示比赛结果或竞技水平其实不重要，重要的是大家快乐打球／踢球的氛围；再者是对随球赛展演的少数民族服饰和非遗歌舞印象深刻；最后也是几乎每个人都会提及的，就是路好走、旅行体验佳，食宿条件均超乎意料的好，因此行而刷新了对贵州贫困落后的刻板印象。

图 4-4-3 "村 BA" 赛场的 AED 救护一体机（左）和 "村超" 赛场的红十字救助站（右）

各民族共同繁荣发展与 "两创" 主体动力互为增益。"村 BA" "村超" 的流量热度链接到农、文、旅、体等产业，台盘乡和榕江县的餐饮、商超、民宿均实现盈利和扩建，"直播成了新农活、手机成了新农具" 的经验引得黔东南乃至全国各地村寨效仿。"一赛火而百业兴" 的流量风口，助当地解决了大批农民和返乡创业务工人员的 "家门口就业"，缩小了不平衡不充分的发展差距；这种各民族同心共筑中国梦的局面，又进一步增强了村民的文化自信和创业动力。生计转型升级、文化多元变迁、经济全球化和信息网络化等背景下，民族文旅目的地一条涉及吃、住、行、游、购、娱的现代服务产业链浓缩着社会主义新农村风貌，文化主体 "两创" 动力足，民族村寨就有望不再在政府自上而下扶贫和文化自外而内涵化之中处于被动位置。

二、文化 "两创" 与各民族共同现代化良性循环

中国式现代化建设，一个民族也不能少；旅游强国，是民族村寨跨越式实现高质量发展的机遇。"村 BA" "村超" 在文旅市场闯出一片天地的诸多创新

经验，验证了"文化资源实际上也是一种经济资源"①。在篮球赛、足球赛为台江、榕江打响景区知名度基础上，当地政府大力鼓励支持旅游上下游产业链的发展，农产品精加工、文创纪念售卖、非遗手工坊订单、特色餐饮民宿、美妆旅拍、会展商贸……这些对优秀传统文化进行创造性转化并提炼其文化要素向一般经济物品渗透、转化、变现的操作，是"两江两村"赛事能真正形成规模旅游经济并良性循环不断增益而不会是昙花一现的根基所在。

　　以"村 BA""村超"为代表的农文体旅，是体验型而非观赏型的，"非遗+"文旅在此呈现的不只是苗族在某一历史时期的代表性符号之切片，而是各民族"三交"史凝结而成中华文化体系之一簇，是立体展现苗族与各民族携手向现代化迈进的"两创"之新文化。篮球赛在台盘被纳入的"吃新节"，是一个兼具农事性和社交娱乐性的节日，随时代进步，农事于耕作之外衍生出多个新工

图 4-4-4　榕江县景区内现有许多此类体验苗侗服饰的旅拍小店或摊位

---

① 秦淑娟，李邦君 . 文化经济规律研究 [M]. 上海：上海财经大学出版社，2013:89-90.

种，节日的功能侧重也从"娱神"转向"娱人"，节庆主体从"本族"延伸至"本地"并搭载互联网不断拓展"同乐"版图。吸纳"村BA"等新元素并引其向本地文化土壤植根，是顺应现代化进程对当前面临脱离生活世界与日常经验风险的非遗事项进行创造性转化、探索创新性发展的有效路径。

以同在台盘乡、距离"村BA"网红篮球场仅2公里多的阳芳村为例，自2020年就开始陆续建设"贵州壹号·巴拉芳华"休闲农业示范园区，还开发了稻鱼种养基地、阳芳河滩休闲娱乐区、阳芳露营基地等文旅项目，但始终因缺乏足够的知名度与客流量而经营不温不火。直到2022年底"村BA"走红，阳坊村村委会及时在台盘乡的统一规划下借势跟进，新建了4栋民宿并动员10户

图4-4-5　紧邻"村BA"赛场经营休闲民宿业的阳芳村

村民改造装修出 24 间客房，并精准规划增设河滩露营帐篷和烧烤设备等，还布置了网红风的打卡摄影墙、指路牌等。如今走出人声鼎沸的球场，驱车 2 公里下山即可来到"灼灼巴拉河，静世阳芳村"，完成从篮球热到稻花香的诗意穿越。这一"村 BA 后花园、休憩地"的文旅策划，在现代化基础设施的建设和升级过程中，创意调配旖旎田园风光、民族风情歌舞、天然有机果蔬等元素的休闲游规划产品。阳芳村服务游客的同时，民族特色文化得以复兴；又随着这些文旅符号越来越醒目，村民的文化自信日益增强，"两创"意识日益敏锐。

2024 年 8 月 24 日晚，月初刚刚在巴黎奥运会跳水男子双人 3 米板决赛中摘金的榕江籍运动员龙道一，与家乡龙泉井村的足球队一同踏入"村超"赛场，披上村足球队的 21 号战袍踢起了快乐足球。龙道一当天参加的"超级星期六"球赛，属于"村超"第二季全国美食非遗友谊赛系列，他现场获颁了"村超文化产业特派员"的聘任证书（见图 4-4-6），还在现场家乡父老的欢呼声中，开心地献唱了自己创作的说唱歌曲《场坝街的崽》。"场坝街的崽，著名的村超村BA 发源地……我做一个造型为了 Swag（网络流行词，形容有自信，有风格的状态），加一个 Pose 更加的帅了，掉进了陷阱要更加努力，天生不怕死你别不

图 4-4-6　奥运冠军龙道一从巴黎返回家乡"村超"赛场踢球并被聘为"村超文化产业特派员"

服气……"酷酷的歌词传达出榕江新生代的文化自信与民族自豪感,明星效应也推动"村超"流量经济和体育强国代表意义再上一个台阶。

早在一年多前,"村超"就启动了"五大聚才行动",建立人才顾问、名誉勋章制度,组建校友总会,柔性公益引进由守义、韩乔生等学者名人、文化博主以及水木年华成员、贺炜、范志毅等 500 余名文体领域知名人士,分别担任"名誉村长""乡村振兴大使""文旅推广大使"以及榕江足球事业或产业发展顾问等职,为榕江的乡球联赛及其背后的乡村振兴、文化"两创"献计献策,形成了一个庞大的"智囊团"。

经过"村 BA""村超"主办方诸多文旅策划创意,黔东南州的各民族优秀传统文化呈现出横向上缤纷辉映、纵向上历久弥新的新面貌,这双方面的延展性正是今日当地群众拥有强大文化自信并能够持续进行大胆创新创造的根本原因。历史文化遗产以及民俗技艺等非物质文化遗产,是广大民族地区在新时代"弯道超车"的重要资本;因地制宜开发农文体商旅产业,是实现脱贫攻坚与乡村振兴有机衔接的制胜一招。诸如"村 BA""村超"这样的创造性转化民俗文体传统、创新性发展中西文化结合的文旅新业态,符合传承并弘扬非遗内蕴的互惠逻辑(如共享传统、共识价值以及共同体意识等),近期看,有利于在大众旅游体验中广泛形塑中华民族共有历史观、文化观、审美观;远期看,有益于引导各族人民牢固树立休戚与共、荣辱与共、生死与共、命运与共的共同体理念。

第五章

旅游促进"三交"与
铸牢中华民族共同体意识

2024 年 9 月 27 日举行的全国民族团结进步表彰大会上，习近平总书记发表重要讲话，强调在坚持以铸牢中华民族共同体意识为主线的基础上"为以中国式现代化全面推进强国建设、民族复兴伟业而不懈奋斗"①。旅游强国、体育强国、文化强国等，都是新时代建设中华民族共同体的不同面向。在民族地区和民族工作中，这些建设无不与同心共圆中华民族伟大复兴的中国梦息息相关。"村BA""村超"之所以能在近两年中高光不断、热度不减，源于民族文化底蕴的源头活水，也源于各民族交往交流交融的互动效应。本书从"两江两村"赛事这样"观察中国式现代化的窗口"以小见大，正是为了管窥当代文体旅融合发展的经验规律，总结旅游促进各民族交往交流交融、共同繁荣发展以及"同心共筑中国梦"的作用机制。

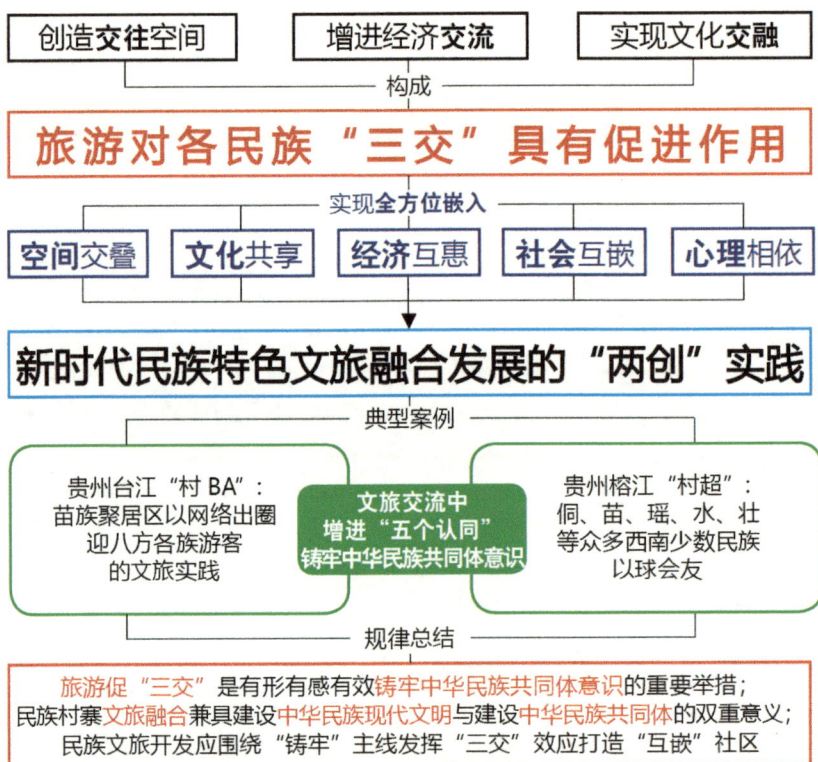

图 5-0-1　民族文旅融合发展促进"三交""互嵌""铸牢"的作用机制示意图

---

① 习近平.在全国民族团结进步表彰大会上的讲话[N].人民日报，2024-09-28(002).

如图 5-0-1 所示，黔东南的"村 BA""村超"作为典型案例，在新时代民族村寨文旅融合打造"三交"平台的新形态、新特点、新规律方面具有代表性。本章拟从中透视促成"三交""互嵌""铸牢"和中华文化认同的作用机理，进而在民族工作领域总结提炼评估旅游促"三交"成效的软指标体系以及落实各民族全方位嵌入的路径建议，以期更好地贯彻铸牢中华民族共同体意识主线。

第一节　文旅融合发展作用于
"三交""互嵌"与"铸牢"的逻辑

近两年，贵州的"村 BA""村超"在实践铸牢中华民族共同体意识主线和《关于实施旅游促进各民族交往交流交融计划的意见》方面取得了令全国瞩目的成绩。就民族工作角度而言，旅游促进各民族"三交"是铸牢中华民族共同体意识的重要举措，是构建互嵌式社会结构的有力抓手，对于推动"逐步实现各民族在空间、文化、经济、社会、心理等方面的全方位嵌入"至关重要；也是推动各民族共同走向现代化的重要途径，对于贯彻"中国式现代化赋予中华文明以现代力量，中华文明赋予中国式现代化以深厚底蕴"意义深远。

"村 BA""村超"作为互联网时代的新生事物，是群众性文体活动的代表性个案，也是边疆内地之间、线上线下之间联动的全民嘉年华，对于全国的民族团结进步创建工作具有重要的示范与启示意义。新时代党的民族工作的主线是铸牢中华民族共同体意识，而铸牢中华民族共同体意识本身也是"两个结合"，尤其是"第二个结合"在民族工作领域的重要体现，其在当代实践中的重要载体和有力抓手之一，就是民族地区星罗棋布的民俗文化。如前文所述，"民族特色"之于旅游产业兼具经济学意义的卖点价值和文化学意义的纽带价值，祖国大江南北民族地区现存的风土人情之中，无不系各民族共同书写悠久历史和携手共创灿烂文化的遗存，已形成一套圆融的互洽、互惠、共生、共享

图 5-1-1　榕江"村超"赛场上"各民族像石榴籽一样紧紧抱在一起"
"各民族共享体育赛事"等标语

的辩证关系。因而，新时代的文旅融合发展，既是游客透过斑斓文化去品味漫漫"三交史"的场域，又是以趣味或利益吸引不断搭建短期或长期民族"互嵌空间"的纽带。"互嵌"为点，"三交"连线，共同为全社会"铸牢"编织起文旅属性的意义之网。

　　笔者经实地调研认为，"村 BA""村超"的成功是"偶然中的必然"，既有当地多民族文化交流的历史渊源，又有新时代基层治理的现代建构，其"三交""铸牢"以及民族外宣等方面的意义尚有待深入挖掘。在"两江两村"升级为全国赛事后，广大民族地区借鉴其以赛兴农、助旅、扶产等经验时，宜推广以基层公共文体广场空间为着力点实现各民族全方位嵌入，以含"趣缘"在内的文化纽带导引各民族共同迈向现代化。

　　2014 年党中央提出"要把着力点放在社区，推动建立相互嵌入的社会结构和社区环境"①以来，学界对民族"三交"的实践研究多侧重进城务工者的社区融入和民族走廊地带的城镇化，而对于边疆及次边疆的民族村寨，因其流动现

---

① 　中央民族工作会议暨国务院第六次全国民族团结进步表彰大会在北京举行 [N]. 人民日报，2014-09-30(001).

图 5-1-2　2023 年 5 月尚在建设中的台江县铸牢中华民族共同体意识教育实践中心

象不明显，关注相对不足。另一方面，提倡"民族互嵌"的次年，习近平总书记要求"努力创造各族群众共居、共学、共事、共乐的社会条件"[1]。现有研究对于形成互嵌社区的契机条件，涵盖亲缘（婚姻）纽带[2]、业缘（就业）纽带[3]、学缘（求学）纽带[4]乃至医缘（就医）纽带[5]等诸多领域，而对于"共乐"的论述，仅散见于对民族村寨旅游景点的讨论，且视角多系对现代性单方面嵌入当地文化生态的反思。聚焦西部民族村寨在"趣缘"纽带下"三交"良性循环的研究，尤其是体现中国式现代化之文化互嵌典型意义的案例库仍亟待扩充。

---

①　习近平在会见基层民族团结优秀代表时强调 中华民族一家亲 同心共筑中国梦 [N].人民日报，2015-10-01(001).

②　汤夺先.论城市民族通婚与城市民族关系——以兰州市为例 [J]. 中南民族大学学报（人文社会科学版），2007，(04):36-40.

③　马伟华.就业与融入：少数民族流动人口就业资源整合与城市融入问题探析——基于京津冀协同发展的视角 [J]. 中南民族大学学报（人文社会科学版），2017，37(03):33-38.

④　严庆，刘雪杉.民族交往：提升民族团结教育实效性的关键——以内地西藏班（校）为例 [J]. 西藏民族学院学报（哲学社会科学版），2011，32(04):91-95.

⑤　徐君，赵靖.日常生活实践与中华民族共同体意识形成路径——以藏族群众成都就医为例 [J]. 中央民族大学学报（哲学社会科学版），2022，49(06):14-24.

　　笔者认为，"村BA""村超"的属性在热门文旅IP之外，还有一重民族团结进步创建单位的社会意义；其篮球场 / 足球场不仅是群众文体活动和旅游打卡的地标，也是互联网时代象征着"中华民族一家亲，同心共筑中国梦"的一个集体欢腾文化空间。狭义而言，广场是普遍存在于民族村寨中心的公共性空间；广义而言，互嵌交融中的公共文化也是一种"人民广场"。"村BA""村超"运动健身广场文化的特性，凸显于不是由外向内（或从上至下）地让现代文明植入民族村寨，而是各族群众在拥抱外来文化并充分发挥主体创造性的基础上文明更新的成果，且有线下社交媒体广场与线上数万观众呼应、共振，是新时代各民族在新起点上继续推动文化繁荣的生动例证。

图5-1-3　"村BA"球场上打篮球的外地游客和拍"抖音"的苗族居民

　　图5-1-3是一个炎热的午后，台盘"村BA"球场上几位大姐小妹正在一同享受体育的快乐——着运动服的大姐是从兴义自驾而来的退休职工，着民族服装的小妹则是在广东打工、趁姊妹节回乡探亲的本地苗族姑娘。大姐同几位"老年大学"篮球社团的伙伴告诉笔者，他们知道台江出了"村BA"，一直想过来看看，今天开到这个小山村，看到"藏"着这么漂亮的一个篮球场，赶紧换上队服拍照打卡；没想到苗族小妹看他们喜欢台盘喜欢"村BA"，自豪地举起手机拍短视频，还问他们要不要一起发"抖音"，听说其中有布依族和壮族，还问他们那边打篮球后蹦不蹦"苗迪"？这是一个看似非传统意义上的旅游"三交"场景，没有消费、没有"观光感"更没有舞台"凝视"，却实实在在地由趣缘、乡情纽带牵引，实现了各民族之间的文体交往、情感交流和文化交融。

对民族地区文化旅游的研究由来已久，改革开放以来陆续出现对各地民族风情和旅游风物的介绍性文章，21世纪起我国学者开始借用涵化（acculturation）、仪式（ritual）、游客凝视（tourist gaze）、舞台真实（staged authenticity）理论等西方学术资源分析田野资料，多侧重探讨族群接触中的全球化与地方化议题，缺乏立足于中华文化共有家园的视角。党的十八大以来，随文旅事业蓬勃发展，研究民族"三交"的学者也将这一"融空间"纳入视野，视其为纽带、载体、途径等，但还未谈透旅游场域以"文化互嵌"带动民族团结进步创建的主体作用。

2022年，文化和旅游部、国家民族事务委员会、国家发展和改革委员会印发《关于实施旅游促进各民族交往交流交融计划的意见》，研究走向深入——有分析旅游促进群际价值共振者[①]，有以"新丽江人"为例讲述世界遗产地民族"三交"情境者[②]，有谈旅游促发多元主体身心发展和族际团结进步者[③]，有指旅游乃铸牢中华民族共同体意识教育实践者[④]，有拟民族地区旅游社区参与度评价指标体系者[⑤]，有论证旅游驱动各民族迈向新有机团结者[⑥]，还有以贵州省为例介绍立足资源禀赋和比较优势，高质量构建民族特色产业体系以开辟富村富民新路者[⑦]……但总体而言，对旅游促"三交"和"铸牢"的内在动因、作用机制、新时代特性的实证分析尚不足。

———————————

① 李燕琴，张良泉. 价值共振 – 共创 – 共生：以旅游业推动各民族交往交流交融 [J]. 旅游学刊，2022，37(12):1–3.

② 杨福泉. 关于当前世界遗产地各民族的交往交流交融的调研和思考——以获得三项世界遗产荣誉的丽江为个案 [J]. 上海市社会主义学院学报，2023，(03):48–59.

③ 明庆忠，韩璐，刘宏芳. 旅游促进民族交往交流交融的理论阐释和内在逻辑 [J]. 广西民族研究，2023，(03):8–16.

④ 良警宇，韩凤莹. 文旅空间铸牢中华民族共同体意识的理论逻辑——基于临夏八坊十三巷的分析 [J]. 西北民族研究，2023，(05):17–32.

⑤ 蔡寅春，朱洺新. 从交往交流交融视域构建民族地区旅游社区参与度综合评价体系 [J]. 民族学刊，2023，14(07):62–73+160.

⑥ 孙九霞，罗意林. 以旅游"三交"铸牢中华民族共同体意识的理路 [J]. 北方民族大学学报，2024，(05):14–22.

⑦ 周真刚，韦泽珺，杨江萍. 贵州有形有感有效践行铸牢中华民族共同体意识 [J]. 原生态民族文化学刊，2023，15(03):13–21+153.

　　2024 年 9 月 27 日，习近平总书记在全国民族团结进步表彰大会上深刻指出："各民族文化相通，是中华民族铸就多元一体文明格局的文化基因……各民族经济相依，是中华民族构建统一经济体的强大力量……要支持民族地区加快融入国家发展大局，促进各地区在经济上更加紧密地连在一起、融为一体"[①]。新时代复兴文化传统、折叠地域空间、紧密人际交往的旅游产业，从经济角度看，是最适合拉动经济基础薄弱但文化底蕴丰厚的广大民族村寨加快弥补产业短板、融入新发展格局的必选项目；从文化角度看，是推动各民族顺应从历史走向未来、从传统走向现代、从多元凝聚为一体之大趋势的构筑中华民族共有精神家园的有力抓手。2024 年 7 月至 8 月，国家民委主办首届"旅游从业人员铸牢中华民族共同体意识专题研究班"，培训了来自 31 个省（区市）及新疆生产建设兵团的旅游景区、文博场所的导游员、讲解员代表[②]。显然，其旨在首先保障每一位民族地区的旅游接待专业人员都树立正确中华民族历史观，都对中华文明的包容性和统一性有所理解，对跨民族、跨文化的沟通交流技能有所掌握，能够在介绍文物、古籍、名胜时自觉担负起传播中华优秀传统文化、讲好中华民族共同体故事、广泛播撒铸牢中华民族共同体意识"种子"的任务。笔者认为，除了业已建成的民族地区博物馆、非遗工坊、"铸牢"示范基地等，还有"村 BA""村超"等民族地区土生土长并彰显中华民族共有精神家园属性的文体旅项目，都应纳入旅游促进"三交"计划的经验研究和协同推进之中。尤其是结合"体育 +""非遗 +""电商 +"等新热点，分析其代表性经验中文旅融合发展是如何通过树立各民族共享的中华文化符号而全面服务铸牢中华民族共同体意识主线的。

　　① 习近平 . 在全国民族团结进步表彰大会上的讲话 [N]. 人民日报，2024-09-28(002).
　　② 民族团结促进司 . 国家民委首次举办旅游从业人员铸牢中华民族共同体意识专题研究班 [EB/OL].(2024-08-06)[2024-09-18].https://www.neac.gov.cn/seac/xwzx/202408/1175554.shtml.

第二节 "村BA""村超"对全国
旅游促"三交"计划的经验借鉴

"村BA""村超"开启了各民族交往交流交融、县域乃至省级产业互相赋能、各族群众共享流量红利和改革发展成果的新篇章，是新时代民族团结进步创建生动实践的另一种"打开方式"。

图5-2-1 "村超"赛场上来自各民族的参赛球队和良好的直播互动氛围
（来自@榕江发布 的直播画面）

图5-2-1是青海省的玉树牦牛队来"村超"参赛交流的直播画面，在藏族、土族等演员表演中场秀时，评论区网友们写道："能歌善舞的民族""全国民族团结一家亲""欢快的音乐和优美动人的舞蹈，让我们看到了祖国欣欣向荣的景象""这个民族大舞台，就适合这种宏大的舞蹈场面""国家级非遗，全国少数民族都有自己的传承。希望榕江把文化和体育都统筹好，在村超世界杯上集中展示"；在无人机俯拍玉树牦牛队球员牵手鼓劲时，评论区也瀑布般地出现全国各族网友打出的"扎西德勒"（藏语吉祥如意）和鼓掌、点赞、献花的表情包。当前，在中华民族共同体建设的"大流动—大交融—大团结"三维动态结构中，文旅已经越来越成为能动、活泼、覆盖广的元素，在"村BA"和"村

超"球场上，来自民族地区的参赛队伍及其随队献上的文艺演出、家乡土产等，始终都是"两江两村"赛事堪称农文旅体商融合的文旅盛宴之不可或缺的要素。

一、旅游促"三交"是有形有感有效铸牢中华民族共同体意识的有效举措

旅游场域以广泛存在性、人员流动性、文化弥散性、交互立体性和体验沉浸性等优势，适合作为落实"三交"与"互嵌"的微观基础。旅游中的"三交"虽有经济行为驱动，但因其文化消费属性，是春风化雨式、润物无声的。语言沟通、文化交流、新奇感体验等，皆为旅游主客互动的具体方式及结果①。"村BA""村超"带动贵州的少数民族和其他地区各民族的交流互动增加，游客在文旅体验中，能够快速建立对"一部中国史，就是一部各民族交融汇聚成多元一体中华民族的历史"的感性认知，进而强化其国家认同与中华文化认同，可见新时代文旅融合发展兼具推动落实中华文明新形态与中华民族共同体建设的双重意义。党中央实施旅游促"三交"计划，就是按照增进共同性的方向改进民族工作，既在意识层面引导各族群众认识到中华文化是各民族共同创造和共同享有的，又在行动层面赋予包括文旅开发在内的所有改革发展以彰显中华民族共同体意识的意义。

笔者观看"村 BA""村超"直播时印象最深刻的一条网友弹幕是："这是农村吗？比'城会玩'还会玩"。传统上民族地区经济落后、文化凋敝、等待帮扶等刻板印象，在文旅场域促成的各民族相知相交中被一一打破。"两江两村"赛事不仅以多彩民族文化魅力征服各族观众、游客，更以跨越式发展的建设成就与同心共筑中国梦的奋斗热情彰显民族地区的活力。在体育实践与情感熏陶的双重作用下，"体育 +""互联网 +"链接起乡村和都市、边疆与内地，民族文旅中靠乡球联赛串珠成链的村寨成了代表物质文明和精神文明相协调的中国式现代化的新高地。2023 年 8 月 12 日，香港明星足球队 vs. 多彩贵州足球

---

① 徐海鑫，项志杰 . 旅游对民族杂居地区经济发展与民族交往交流交融的影响研究——以四川省阿坝藏族羌族自治州为例 [J]. 青海社会科学，2018，(03):42–46.

联队的友谊赛在贵阳奥体中心举行；同年 11 月 11 日，榕江"村超"联队接受香港明星足球队邀请赴港比赛，榕江各族农民自信地送上了冬季康养游的邀请函，介绍黔东南州的温泉康养、南国冰雪、民俗节庆、酒旅美食等特色旅游产品。全网走红并升级省赛、国赛后的"村 BA""村超"，都主动

图 5-2-2　来到台江的游客热情拍摄身着民族盛装的苗族姑娘

承担起更多促进各地区各民族之间交流、团结、凝聚的任务。如图 5-2-3 是"村 BA"国赛上来自广东省和甘肃省的乡村篮球队员在赛后联谊，东南小伙与西北汉子会师于西南苗岭中的村寨，同频共振出情感互动和文化认同，进而将这种为自己是中华民族大家庭一分子而自豪的情绪通过网络直播传递到更广范围。

图 5-2-3　全国"村 BA"赛场上广东沙溪队与甘肃吹麻滩队球员激战后握手致意

图5-2-4则是"村超"赛场上的温馨一幕,2024年8月底进行了一场榕江县人民医院足球队与来自广东省佛山市①南海区的石门中学校友俱乐部足球队的友谊赛后,双方合照留念。石门中学系广东省第一所举办校友足球联赛的学校,不仅曾勇夺区高中(中职)生足球联赛冠军,还每年召集二三十支参赛队伍共同举办"石超联赛",已坚持10届。这样一个代表广东特色的群众性球队来到贵州,与榕江县医院的大夫们同场竞技,踢出了共享快乐体育、共建和谐社会的氛围。一位石门中学校友队的球员赛后告诉笔者:

图5-2-4 "村超"赛场上友谊赛后常规的互赠纪念品环节

今年是龙年,我们南海(区)也在办龙舟超级联赛,我们叫"龙超"。今天过来向"村超"取经、学习,很放松也很开心,最后我们让高中生小队员也上场了,他代表未来的希望,当然要见见世面⋯⋯这些年我们俱乐部也一直在做公益,有一个乡村孩子足球圆梦计划,

① 在国家东西部协作和对口支援工作机制中,贵州省与广东省是结对帮扶协作关系,其中贵州省的黔东南苗族侗族自治州又与广东省的佛山市为结对帮扶协作关系。笔者在黔东南州调研期间,经常路遇印有"佛黔协作"字样的厂房、设施和设备等。

走了汶川、甘肃好多希望小学，还有这边的兴义。尽我们的微薄之力为社会做一点事吧，这跟"村超"是一样的。

赛后的颁奖仪式上，石门中学校友俱乐部足球队将一艘佛山南海红木行业协会制作的手工龙舟模型赠予榕江县文旅投集团，而榕江县人民医院回赠了题为"红木情深义重 龙舟助力村超"的锦旗。此情此景，南海龙舟精神与黔东南苗族独木龙舟文化在足球场上交汇融合，东南、西南两地跨越山海的友谊就此结下，也共同把中华民族一家亲的种子埋入了老中青几辈人的心灵深处。

二、旅游促"三交"是以文化互嵌带动构建民族互嵌式社会的有力抓手

以篮／足球场为中心，不仅可以开拓文旅产业半径，还可以广泛纽结各民族交往交流交融的文化互嵌空间。在共事共乐中结成的互嵌是牢固的，形成的团结是"有机"的，促成的发展是以人民为中心的。旅游，不同于在古代是属于特定阶层的体验（如帝王巡游、受命使游、宗教云游、士人漫游等），当代文旅已成为普及到千家万户中的一种日常生活方式，因而在"逐步实现各民族在空间、文化、经济、社会、心理等方面的全方位嵌入"方面具有得天独厚的抓手效应。

"五个认同"[①]中，文化认同是最深层的认同，是民族团结的根脉；"四个自信"[②]中，文化自信是对民族进步和民族自豪感的自信，意味着各民族在文化上要相互尊重、相互欣赏，相互学习、相互借鉴。在旅游强国建设中推动构建民

---

① "五个认同"即增进各族群众对伟大祖国、中华民族、中华文化、中国共产党、中国特色社会主义的认同，在 2015 年 5 月 18 日印发的《中国共产党统一战线工作条例（试行）》中对全面深入持久开展民族团结进步创建活动、积极培育中华民族共同体意识等要求提出。

② "四个自信"即中国特色社会主义道路自信、理论自信、制度自信、文化自信。由习近平总书记在庆祝中国共产党成立 95 周年大会上提出，是对党的十八大提出的中国特色社会主义"三个自信"的创造性拓展和完善。

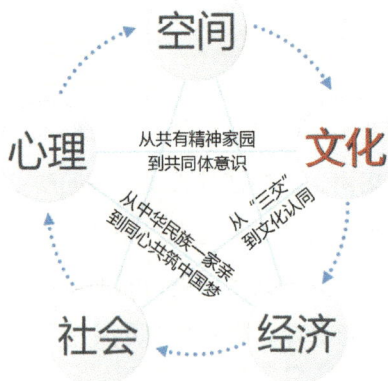

图 5-2-5 文化维度在各民族
"全方位嵌入"中的重要位置

族互嵌社会，文化是不可或缺的纽带和抓手（如图 5-2-5 所示）。回顾中华文明史的来处，"各民族之所以团结融合，多元之所以聚为一体，源自各民族文化上的兼收并蓄、经济上的相互依存、情感上的相互亲近，源自中华民族追求团结统一的内生动力。"① 由此审视"村 BA""村超"赛事，其不仅是为各民族创造一个临时的交汇空间或观看窗口，还是以体育这种"通用语言"跨地区、跨民族地搭起了增进了解、凝聚共识以及共建中华民族共有精神家园的桥梁。

尤其随近年文旅融合发展中"非遗+""电商+""体育+""康养+"等新热点的涌现，旅游这一涵盖衣食住行的综合性产业持续创造各民族空间交往、经济交流、文化交融的新机遇。例如，文化互嵌的结构特征广泛表现在"村 BA""村超"延伸农文体旅商产业链的方方面面，微博、微信视频号、"抖音""快手"等短视频平台亦可视为一种互联网时代线上线下的互嵌与交互。传统文旅

图 5-2-6 老街传统市集上的刺绣制品摊位（左）和"村 BA"
赛场外非遗展示区的刺绣体验摊位（右）

---

① 习近平. 在全国民族团结进步表彰大会上的讲话 [N]. 人民日报，2019-09-28(002).

中，对苗绣感兴趣的游客是在景区步行街或村寨赶集日的摊位前挑选旅游纪念品；而新时代文旅融合发展的潮流是，绣娘作为非遗传承人受邀在"村BA"等全国游客云集的赛事展区设摊位，边展示、边售卖、边直播，打破时空限制紧密地嵌合于文旅共同体中。

图5-2-7中正高举"春天国泰民安"字样立牌步入"村超"赛场的，是一支由40余名两岸师生组成的名为两岸春天报导文艺营的队伍。他们是在华东师范大学传播学院的组织下，从清华大学、北京大学、上海交通大学、北京师范大学、暨南大学、厦门大学集结成团，其中部分台湾省青年学子是第一次来到黔东南。报导文艺营将在榕江县开展为期一周的参观考察，全面了解群众体育赛事对当地脱贫增收、非遗及民族文化保护、新媒体传播带货等方面的助力。这个报导文艺营已开办至第三届了，此类研学活动可使台湾青年掠影式了解大陆的政策、经济、文化及发展建设成就，感受不同的地方文化底蕴与民族风情风貌，对于促进两岸和平融合发展工作具有战略性意义。

图5-2-7 由台湾省青年组成的两岸春天报导文艺营队列在"村超"入场巡游

笔者在"村超"赛场上目睹他们的青春风采后，隔天又恰巧在榕江老街景区遇到这个团队在参观，便与一位手捧"茶百道"奶茶的学生攀谈起来。当询问她大陆连锁品牌与台湾珍珠奶茶口味的区别时，这位台湾姑娘爽朗答道：

> 一样好喝呀。大陆奶茶有好多连锁品牌，我"集邮"都尝不过来。我在上海喝沪上阿姨、喜茶、奈雪（的茶）还有大通冰室比较多。我是"陆台生"啦，在上海交（通）大（学）读书。我们这次来是做文

化交流，每个同学关注的方向不一样……今天上午刚参观了红七军历史陈列馆，看到邓小平、张云逸的事迹，很震撼。我们下面还要去"村超"超媒体产业园、百香果示范基地，这边农村真的很刷新人认知的，上海郊区也有很好玩的农家乐，但这边更有民族文化特色。你们北京的郊区也有办这种球赛吗？

看得出来，这位台湾女生对大陆日新月异的发展成就和生活品质已有相当了解，但在大城市象牙塔中读书不能代替深入乡镇基层感受各族人民同心共筑中国梦的时代脉动，后者才是更能激起海内外中华儿女认同感的途径。其实早在 2023 年 10 月，贵州"村超"第一季全国美食足球友谊赛上，就出现过来自港澳台地区的"岭南凤梨队"与本地的"贵州刺梨队"同场竞技。当天主持人介绍这是"村超"赛场首次迎来宝岛台湾球员时，观众席上响起了"欢迎回家"的呼唤和热烈的加油喝彩声。

三、旅游促"三交"是推动各民族共同迈向中国式现代化的重要途径

旅游促"三交"经"文化互嵌"作用机制发挥铸牢中华民族共同体意识功效的逻辑链条之余，也会兼及其对各民族同步现代化、民族非遗整体性保护、赓续中华文脉、实现乡村文化振兴等方面的延伸效应，因为这些都是中华民族共同体建设的题中之义。"村BA""村超"等地方文体盛事所带来的良性社会效应、呈现的现代生活场景为推动各民族共同走向中国式现代化提供了民间经验[①]。以旅游为纽带的交往交流交融中，不仅各民族彼此了解在加深、民族情谊在增进，更呈现出生产要素在流动、内生动力在激发、互惠协作在深化、"造血"机制在生成等令人可喜的新时代特征。

"村BA""村超"产生的示范效应是广泛的，引领了全国南北各地的群众

---

① 张宸溪，周真刚.礼俗互化：发展现代生活场景推动各民族共同走向中国式现代化的可能性分析 [J].贵州社会科学，2024，(08):58–63.

性体育运动以及民俗文旅产业开发的潮流。例如 2024 年 9 月底,四川省第二届和美乡村篮球大赛(村 BA)总决赛在崇州市崇庆中学实验学校篮球场落下帷幕,木里藏族自治县列瓦镇、兴文县古宋镇、马边彝族自治县三河口镇分别夺得冠亚季军,这场民族地区的乡村篮球联赛还吸引到来自全国各地的 10 支邀请赛球队、3 支友谊赛代表队。与台江县的助农扶产设计相似,四川"村 BA"也设置了电商直播、民间手工艺展销、农特产品销售以及非遗嘉年华市集,不仅吸引各地游客 58.7 万人次、带动社会消费 3.2 亿元[①]。随球赛试水推出的民间歌手大赛、民俗巡游等配套活动也得到了当地群众的认可和点赞。

对经济基础薄弱但文化资源富集的民族地区而言,旅游业是新时代推进"五位一体"总体布局建设的战略性杠杆,对于撬动实现全体人民共同富裕、物质文明和精神文明相协调、人与自然和谐共生的中国式现代化意义重大。尤其党的十八大以来,基础设施、高速路网、互联网自媒体的普及,促使更多民族村寨以现代化面貌走入大众视野,体现着"中国式现代化赋予中华文明以现代力量";同时,各具民族风情的历史名胜、非遗工艺、节庆仪式、风味小吃、服饰体验等成为民族村寨开发文旅融合产业的核心卖点,又印证了"中华文明赋予中国式现代化以深厚底蕴"。

图 5-2-8　榕江县生态移民社区新市民活动中心是佛山南海援建的东西部协作项目

自 2022 年起实施的旅游促"三交"计划,对民族地区而言是一项兼顾增进群众福祉与赋能内生发展动力的顶层设计、战略工程。例如在"村 BA""村超"赛场上,经常能看到广东省乃至大湾区的业余球员组队前来进行友谊赛。广东省与贵州省是结对帮扶协

---

① 成都日报锦观新闻记者倪粟新林.吸引游客 58 万 + 带动社会消费 3.2 亿 四川"村 BA"总决赛完美落幕 [EB/OL].(2024-09-29)[2024-09-30]. https://baijiahao.baidu.com/s?id=1811542413221960189&wfr=spider&for=pc.

作关系，仅与黔东南州结对的佛山市一地，自2021年至2024年上半年即向黔东南投入财政援助资金和社会帮扶资金34.7亿元，组织实施产业、劳务、示范村、教育、医疗等1381个协作项目，尤其是通过建设种养殖示范基地、农产品精深加工中心、农产品交易中心等一二三产项目[①]；而黔东南州2023年引流广州市和佛山市68家旅行社组织粤港澳大湾区游客约56840人次赴黔东南旅游[②]。在旅游场域中回馈"山海情"，东西部协作的共同体在"村BA""村超"趣缘纽带的维系下愈加亲密无间，而当珠三角制造业大市的工商文明劲风从一方球场的"窗口"吹入云贵高原、滋养苗侗之乡，"引导各族群众在思想观念、精神情趣、生活方式上向现代化迈进"[③]的深层意义也就凸显了出来。

又如对"村BA"而言，2023年10月升级为国赛，不仅意味着乡球联赛提高到了全国性群众体育文化样板工程新高度，也赋予了台江苗乡实实在在直通全国的合作商机。全国首届和美乡村篮球大赛（村BA）的总决赛前夕，台

图5-2-9 "村BA"赛场入口墙体彩绘是少数民族居民与外地游客共同加油助威的和谐画面

江县举办了招商引资集中签约仪式暨"村BA"产品发布会，现场洽谈并签约了助推县域经济驶入高质量发展快车道的招商项目17个，并与4家媒体机构、4家金融机构签订了战略合作协议。其中有些企业同样来自民族地区，例如西藏自治区的林

---

① 倪玉洁，谢柳峙.广东省粤黔协作工作队黔东南工作组：谱写东西部协作的"佛黔篇章"[N].佛山日报，2024–07–05(A05).

② 黔东南州文体广电旅游局.文旅融合绘就"诗与远方"新画卷——黔东南州文化旅游产业发展综述[EB/OL].(2023–12–28)[2024–08–10].https://wtgdlyj.qdn.gov.cn/xwzx/bmdt/202312/t20231228_83415921.html.

③ 习近平在中央民族工作会议上强调 以铸牢中华民族共同体意识为主线 推动新时代党的民族工作高质量发展[N].人民日报，2021–08–29(001).

芝田园酿造农业发展有限公司，签约的精酿啤酒业务已于 2024 年 4 月全线开工。其董事长罗宇晨在产品发布会上对《贵州日报》天眼新闻的记者说："我们做的事情刚好就是通过农产品的加工来链接土地和餐桌，所以我们是双向奔赴"①。双向奔赴、相知互信、共建共享，共同向中国式现代化迈进，携手在建设中国式现代化的文明新形态的道路上行稳致远，这就是文旅产业促进各民族交往交流交融和中华民族共同体建设的行动逻辑。

第三节　民族村寨广场：
各地各民族文旅遥相呼应的"三交"枢纽

　　我国西部民族村寨众多，既是优秀传统文化的宝库，也有发展不平衡不充分的短板，亟待创造性转化文化资源进而赋能乡村振兴并全面助推中国式现代化。

　　中国式现代化进程中，民族地区推动乡村振兴越来越重视文化资源，而文旅产业开发中的文化互嵌又以纽带形式反作用于各民族"三交"，若相互增益则可发挥出"增进共同性"②的杠杆作用。只是，现有相关文献的田野大多位于开发早、历史积淀深、非遗资源富集的民族地区，且视角多聚焦于对景观制造与文化霸权的担忧，还鲜少有新时代民族村寨通过自主文化创新凝聚"三交"、互嵌、共乐条件的个案研究。就此角度而言，台盘"村 BA"确是"观察中国式现代化的一个窗口"，本文拟从广场公共空间与文体"趣缘"纽带切入，探讨"村 BA"个案反映出的新时代民族"三交"平台搭建意义及其行动逻辑。

---

① 韦倩.很"村"很"燃"又很"牛"：全国和美乡村篮球大赛（村 BA）总决赛观察[EB/OL].(2023–10–31)[2024–07–15].https://baijiahao.baidu.com/s?id=17812420723926774444&wfr=spider&for=pc.

② 习近平在中央民族工作会议上强调 以铸牢中华民族共同体意识为主线 推动新时代党的民族工作高质量发展 [N]. 人民日报，2021–08–29(001).

一、群众健身广场共育民族乡风文明

（一）浅层看，运动广场带动人的全面发展理念渗透民族村寨基层

"村BA"2022年以"美丽乡村"冠名，"村超"2023年以"和美乡村"为主题，均体现出扎根民族村寨、强调人民性的初心。联赛最初得以形成规模[①]的前提条件是群众运动基础好，而培养起基层群众运动习惯的先决条件，是场地设施硬件的普及。台江县9个乡镇、71个行政村建有标准篮球场200多个。据笔者实地调研所见，基本每个自然村寨的公共广场上都设有篮球架。各村的广场是村民健身休闲和交往交流的公共空间，台江的自然村中，小广场多毗邻村委会文化活动室而建，左近一般还配有公共厨房，村里婚丧嫁娶等人生仪式都是在这里吃席，各类节庆集会活动也是在这里同乐。小广场这一方公共空间是踩鼓场、芦笙坪，也是篮球场，传统与现代的文体活动在此交相辉映、碰撞交融。"各族群众在思想观念、精神情趣、生活方式上向现代化迈进"[②]的进程往往是经由广场上的集体记忆而向各家各户个体渗透。

台盘村的"网红篮球场"就坐落在村委会（党群综合服务中心）门口，紧密地嵌合于村民生活场景，不仅是民族文化展演交流的前台，也是融通国家与民间、市场与文化的一道桥梁。如习近平总书记要求的，"乡村振兴战略要物质文明和精神文明一起抓，特别要注重提升农民精神风貌"[③]，从静态的文体设施到活态的文化景观，篮球运动激活了传统民族村寨追求现代化的精神文化生活。台盘2/3的村民常年有打篮球的习惯——据村民所述，自1936年起就一直保持"打野球"传统；1950年建起了篮球场，农忙晒谷、农闲打球；2016年

---

① 截至2023年8月16日，贵州省"美丽乡村"篮球联赛在各市州覆盖2624个村镇、进行5457场次，共有30438人参加。参见：王汉超，杨文明.传承发展提升农耕文明，走乡村文化兴盛之路[N].人民日报，2022-10-09(001).

② 习近平在中央民族工作会议上强调 以铸牢中华民族共同体意识为主线 推动新时代党的民族工作高质量发展[N].人民日报，2021-08-29(001).

③ 习近平在江苏徐州市考察时强调 深入学习贯彻党的十九大精神 紧扣新时代要求推动改革发展[N].人民日报，2017-12-14(001).

村委会牵头、村民参股集资，修成了现代化篮球场；至 2022 年"村 BA"打出全国知名度后，又扩建了球场看台及配套设施。

"农民体育健身工程全覆盖"所带来的，不仅是"一场两台"① 提供给村民增强体质的空间，更有强化乡风文明的场域。从全国各地的乡村治理经验来看，"多一个球场，少一个赌场"。群众性体育项目，无论传统的抑或现代的，都通过对抗竞技塑造平凡英雄汇聚人民力量——在农贸市场贩肉的大伯，元宵节时是舞龙嘘花的领队；独木龙舟节驰骋在清水江上的健儿，多数是常年外出务工的村民；"村 BA"现场解说员王再贵是本村一名退役军人，以"贵普"加苗语的乡音解说成了受全网喜爱的气氛担当；"村超"金牌解说员杨兵是建设银行天柱支行行长，因传播民族团结之声而于 2024 年荣获全国民族团结进步模范个人表彰（见图 5-3-1）。全民参与，是篮球、足球这些世界性运动能够融入苗乡侗寨、接地气并扎下根的秘诀，群众性文体活动正在厚积薄发地带动民族村寨全员文明素质与精神风貌的提升。

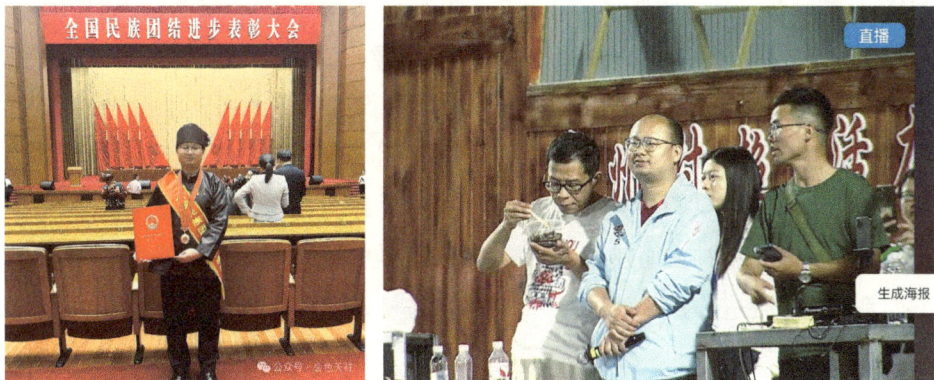

图 5-3-1　杨兵在北京人民大会堂接受表彰（左②）和
在"村超"赛场解说台（右，来自 @ 榕江发布的直播画面）

① 即一个配备标准篮球架的篮球场和两张室外乒乓球台，是国家要求新型农村社区或行政村配备的农民体育健身工程。

② 图源：金色天柱，参见：天柱县信息港运营中心 . 昨天，天柱的他，受到中共中央、国务院表彰！[EB/OL]. (2024-09-29)[202-10-09]. https://mp.weixin.qq.com/s?__biz=MjM5Nzk5MjIzMg==&mid=2651029516&idx=1&sn=c1d2c9d0bcd221bfd70eace6a84890be&chksm=bc037cc31f9dc1a0e8896179129992a759be3e6ebe99bf6ecddb3cf1afb652f1ab72a02b7cd2&scene=27.

无数村寨广场、社区球场的"星星之火"引领之下，黔东南州的文旅产业已在"体育+"赛道上闯出了特色——目前已建成了9个公共体育场、15个体育公园、80片社会足球场、178个乡镇农体工程、2123个村级农体工程，全州人均体育场地面积达2.65平方米，在贵州省内位列第一，每年直接参与体育赛事活动的群众达100万人次以上[①]。有了充足的群众体育交流空间，又有深厚的民族体育文化历史积淀，再搭载上互联网高速公路上的体育赛事直播便利，黔东南州的乡风文明、和美乡村建设事业如虎添翼。

（二）深层看，现代文体活动融入民族村寨节庆并凸显增进共同性的意义

"村BA""村超"草根联赛之所以在贵州办出了80余年传统和全国知名度，源于当地"大节三六九，小节天天有"的丰富节庆文化和村寨间联谊传统。近年在黔东南州"千村百节"系列活动的支持下，文化展演更是与乡球联赛携手并进，保障了群众的广泛参与。然而，民俗节日在乡村振兴战略背景下经历"标准化""规范化"到"庆典化"开发[②]，必须重视保持其对村落共同体的情感维系功能，绝不能一味迎合市场需求而有损村民参与热情。从"两江两村"赛事的创办成效来看，篮球赛、足球赛随现代体育设施的普及而下沉至村寨基层，不仅是提倡全民健身的一种运动生活新方式，也被动态吸纳为乡土社会"趣缘"互嵌的新纽带。当"村BA""村超"成为流量IP并带动县域农文体旅商整条产业链后，其在精神文明建设、民族团结进步创建乃至乡风文明、书香社会等方面都产生了促进作用，形成了一架持续推进城乡公共文化服务标准化、均等化的引擎。

在2022年被贵州省选为首届"美丽乡村"篮球联赛举办地前，篮球赛就已作为台盘村"六月六"吃新节的保留节目，自发组织进行了数十年，百支球队、万人观赛的盛况也并非第一次出现。几十年来，篮球联赛与当地民族文化

---

① 邓国超,李坤,陈诗宗,等(贵州日报报刊社调研组).群众创造历史创新引领发展——从村BA村超看西部欠发达地区中国式现代化的生动实践[N].贵州日报,2023-09-20(001).

② 毛巧晖.乡村振兴战略背景下民俗节日的传承发展[J].中国非物质文化遗产,2021，4(02):48-53.

图 5-3-2　贵州省榕江县场坝社区的一家城市书房（左）和
另一家民族风格装潢的城市书房内景（右）

紧密嵌合，同赛龙舟、斗牛、赛马、舞龙等一样，融入当地各民族岁时节令的庆祝活动并作为固定节目被保留下来。现代文体运动与传统节庆活动之间不会相互取代，而是相得益彰，一道在现代化进程中沿增进共同性方向，推动美丽乡村的全民健身活力转化为各族群众热火朝天的拼搏信念、荣辱与共的团结精神、厚积薄发的文化自信。

村寨之间依托节庆文体活动走亲和联谊，是传统上各民族"三交"的主要方式；而今一次次联赛中，小乡球发挥出了撬动大乡建乃至各民族大交融、大团结的杠杆作用。健身广场承载文明新风，村寨联赛纽住民族"三交"。公共广场利用率高、群众活动组织经验丰富，是民族村寨的特色优势，"村BA""村超"兴起的意义在于，在传统赛事网络凝聚民族体育共同体的基础之上，嵌入更具时代感的通用运动"语言"，以参与度高、感染力足、时代感强的篮球/足球载体，强化各族群众中华民族一家亲、携手迈向现代化的信念共识。"两江两村"赛事在传统与现代之间达成了被广泛认可的平衡——作为基层文体活动，它既不是任务性的非遗民间传承，也不是商业化、营利性的旅游展演，而是切实发挥了从塑形到铸魂作用的原生态文化互嵌。宏观上看，"村BA""村超""村晚"等都属于基层自发的"树新风"探索，这些文体领域自下而上的主体性建构，通过当地各民族运动员、表演者的参与及全国各地观众的观看、欣赏，传递新时代"三交"的文化感召力与精神凝聚力。

二、社交媒体广场构筑共有精神家园

（一）场内看，是各地网友对民族地区乡土赛事的一次共襄盛举

社交媒体是互联网时代的"公共广场"，这一方文化空间无形却又折射着真实的社会万象。正如曼纽尔·卡斯特尔（Manuel Castells）所说："空间不是社会的拷贝，空间本身就是社会"[①]。当前，"两微一抖（端）"对各民族文化互嵌共融的作用不容小觑。"村 BA""村超"在重大赛程中常会出现的连日刷屏，就像一场全社会沉浸式的互联网狂欢。

"村 BA""村超"之所以火遍全国，台江县、榕江县以及黔东南州的融媒体中心发挥了重要的推动作用，通过报、台、网、端等各级各类宣传平台，借力 5G 直播、无人机拍摄、短视频平台推荐算法等，创造了现象级的传播事件。但究其根本，"两江两村"赛事累计超 1000 亿次的网络传播量级，不是仅靠营销策划就能实现的，全民自发的点赞和转发，是基于这一民族自治地方的乡土文体活动从最深层次上触动了全国网友"中华民族一家亲，同心共筑中国梦"的心弦。

"村 BA"决赛日的全网瞩目里，少数民族站到了大众视野中心，民族地区不再是文化涵化的边缘或被动等待凝视的"他者"，而是以新时代自主创新、文化自信的风貌被欣赏和学习。2023 年总决赛期间，在新浪微博，咪咕体育主持的 # 贵州村 BA 总决赛 # 话题获 9297 万次阅读，中国新闻网主持的 # 村 BA 总冠军诞生 # 话题获 6336 万次阅读，央视新闻主持的 # 马布里说中国村 BA 是他热爱的氛围 # 话题获 6153 万次阅读，澎湃新闻主持的 # 村 BA 向姚明和 CBA 发出邀请 # 话题获 1.3 亿次阅读。同时，一些趣味词条如 # 当村 BA 遇上最炫民族风 #、# 村 BA 的奖品香米鲌鱼麻鸭 #、# 村 BA 颁奖现场奖品自己逃跑了 # 等，也都是千万级别的阅读量。正因上一节所述的三重反差感"村"出

---

① 曼纽尔·卡斯特尔.网络社会的崛起:经济、社会与文化 [M].夏铸九，王志弘，译.北京:社会科学文献出版社，2001:504.

图 5-3-3 "村 BA"赛场边的"记者之家"（左）和在观众席采访外地游客的媒体（右）

了特色，网友观看球赛之余讨论度和二次传播热情高涨。其间，社交媒体个人用户端不是自下而上地响应中央关于了解多彩民族文化的号召，而是基于对远方苗乡"最炫民族风"文体活动的由衷喜爱和"原来各民族并无大不同"的惊喜共鸣去点赞、去转发。

反思前几十年的民族村寨旅游，游客对奇风异俗的"凝视"、经营者为迎合猎奇心理对民族差异的夸大，都在一定程度上拉远了族际心理距离；而在全国各族人民对"村 BA""村超"的"云参与"中，可清晰观察到大众正在刷新"民族盛会 = 传统服饰 + 歌舞"而"现代化 = 城镇化"的二元刻板印象。

"两江两村"的成功得益于黔东南民间体育的深厚基础，得益于地方宣传部门的首创精神，但火爆"出圈"的根本原因，是中华民族共同体意识的广泛树立。竞技体育赛事直播，能在有限的赛场空间中鼓荡起团结、拼搏、集体等精神，并隔空引起观者共鸣，激发全国观众进一步了解民族文化符号、节庆风俗、服饰艺术的热情。"村 BA"尽显新时代新农村民族风，从而在互联网信息高速路上生发出与全国各族网友的血脉联系，共享民族文化自豪感。

（二）场外看，是各族群众经文体趣缘纽带的一场云端"三交"

网上共振的前提是文化同频。互联网直播技术能打破空间隔阂和信息茧房，通过文体赛场的集体记忆巩固各民族共同心理基础，这样云端"三交"的前提需有各民族共有精神家园作为基础。"村BA""村超"的传播个案中可观的裂变与发酵，折射出全国10.67亿网民遥相呼应的中华民族共同体意识。

2024年9月，一支以"青春同行"为名的美国青少年代表团从华盛顿来到台江交流。他们不仅在"村BA"中美篮球友谊赛上切磋球技，还欣赏了中西合璧的深山音乐会，到阳芳村喝米酒、吃月饼、吹芦笙、感受苗族文化；不仅有两国青少年之间场上对决的以球会友，还依"村BA"惯例安排了妙趣横生的姑妈篮球赛——（美）熊猫女士队 vs.（中）台江姑妈队。"村BA"在乡土孕育之初就定下了配套举办"姑妈篮球赛"的传统，并且裁判规则只有一条——"不准打架不准抱篮球回家，主打一个玩得开心"。这样共享体育乐趣、轻松增进友谊的民间交流活动，让美国友人不仅看到了现代中国的迅猛发展，也领略到古老中国的文化底蕴与人文关怀。

与此同时，此类交流活动在国内延续着"村BA"的热度和讨论，网友们在线观看各种组合打乡球时，已不再仅仅关注胜负赛果，而是将其作为一个看

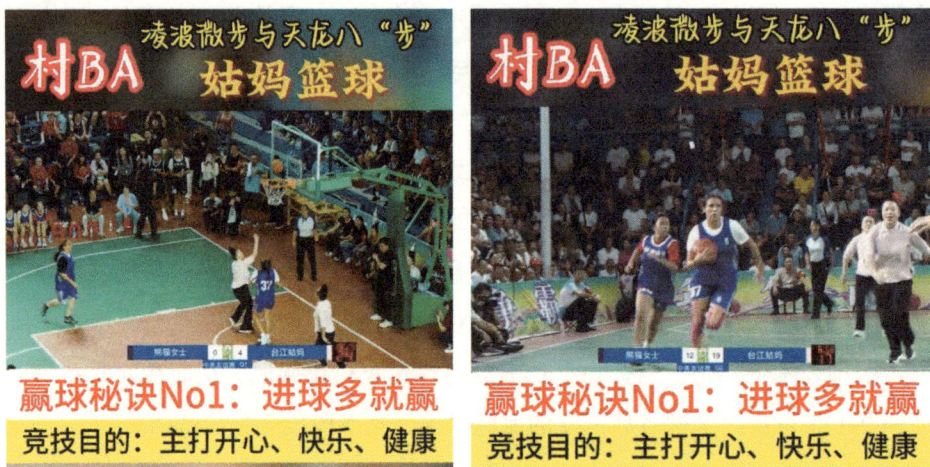

图 5-3-4　2024 年中秋期间中美篮球友谊交流活动中的姑妈篮球赛

世界、品生活、分享纯粹体育快乐的媒介"小窗口"。如上述姑妈篮球赛的网络直播，标题取名"赢球秘诀：凌波微步与天龙八'步'"，在线评论中广东网友留言："贵州打球真没裁判什么事"和"橄榄球和篮球的融合"，贵州网友留言："可以抱起跑，好过瘾"和"吃酸汤的，还是厉害"，辽宁网友留言："长裤子长衣服的赢短运动服了"，河北网友留言："地球村的快乐你不懂啊哈哈哈"。互联网是传播渠道，也是交流平台。共同建设增进交流、理解和互信互助的网上精神家园，也是新时代构筑中华民族共有精神家园的题中之义。

黔东南州的"村BA""村超"是因为承载了各民族节庆习俗中"三交"的历史积淀与文化属性，才能在互联网时代借篮球、足球等世界通用的现代体育"语言"赢得亿万同胞的隔空点赞，才能在各地开发"文旅名片"的大环境下凭特色异军突起。在"两江两村"直播视频中出现的"篮球真是当地村民的一生所爱""比超级碗①的中场秀还震撼""厉害了我的国"等弹幕，透露出各地网友对幅员辽阔、统一多民族国家的文化自豪感。又如2023年"村BA"省赛开战前，现场3万余各族观众同声高唱国歌的情景，是铸牢中华民族共同体意识的生动写照，这一音画片段以短视频形式被广泛传播，嵌入了全国人民的集体记忆。

在多元速变、信息爆炸的全球化时代，一个民族村寨的体育比赛感动了中国，通过吸纳现代文体活动嵌入而实现了传统节庆文化的创新性发展，使个体身份、集体身份、民族身份、国家身份在网络世界中形成四位一体的共鸣共振，画出"最大同心圆"。这种基于共赏文体活动拉近民族间心理距离的隔空交流，为"同心共筑中国梦"的同向同行奠定了现实基础。当前，台江县、榕江县正积极转化"网红"流量为当地农文体旅商全产业链融合发展服务。"贵州村超""今日台江""榕江发布"等官方抖音、视频号上，不仅生产和传播了大量优质网络文化产品，还有力地促进了全国各族网友自发的友好的交流互动，经常可以看到外地游客留言询问预订酒店、餐饮、停车等问题，后面总有当地群众的热心解答，并且响应得总是非常及时，不失为以网络文明建设推动中华民族共同体建设的一个生动个案。所谓旅游认同，本身就包含目的地认同、

---

① 超级碗（Super Bowl）即美国NFL职业橄榄球大联盟的年度冠军赛，其中场秀是全美体育盛宴的一大娱乐看点，在我国有"美国春晚"之称。

图5-3-5　台江县一景区的非遗工坊中
游客们在寻找着拍摄绣娘的最佳角度

旅游者角色认同、文化认同、自我认同等，并呈现出一定的层次性①。选"村BA""村超"为旅行目的地的游客群体，追寻的价值或许并不在篮球、足球本身，而是更看重"两江两村"赛事中当地群众对体育的纯粹热爱，并从民族风情与乡土情怀中找到了文化认同、自我认同。

三、村民议事广场践行共建共治共享

（一）近期看，村民议事广场保障赛事组织和后续产业引入的开展

"村BA""村超"带给当地的不仅有以赛兴农、助旅、扶产等现实利好，还产生了以赛促治的深远影响。我国西南广大民族村寨的公共广场多富文化展演性，如苗族的踩鼓广场、傣族的泼水广场、彝族的火把广场、壮族的歌圩广场、佤族的寨桩打歌场等，文体活动作为村寨公共事业，均始终发挥着促进"三交"和凝聚共同体的功能。以"村BA"发源地台盘乡为例，其"院坝协商"经验之中自上而下的治理与自下而上的建构同样构成一种文化互嵌。台盘乡乡长杨胜文告诉笔者：

> "村BA"火了之后，我们的村务和旅游不再是"两张皮"了，男女老少、做各种营生的，都有自己的想法，都想来说一说。……好比（村BA）篮球场门前的摊位肯定是最火的，大家都想要，现在我们提前议事画好线，现场由岑江龙组织，他既是篮球协会会长又是村主任，大家都信服，秩序也有保障。多搞几次比赛下来，商铺和住户都

① 陈才，卢昌崇. 认同：旅游体验研究的新视角[J]. 旅游学刊，2011，26(03):37-42.

对"门前三包"形成了习惯，都会自觉给游客留下一个好印象。

据笔者实地观察的确如此，"村BA"在2023年乘举办全国总决赛之机规范了临时摊位设置，"深山集市"扩容到400余个，带动了上千群众的就业创收，赛期有的非遗产品摊位商户日均纯收入能达到5000余元。从后勤安全保障到后续一系列的有序开发、良性运营，都是在一次次村民大会以及各村（社区）青协、妇联、团委等基层群团组织的通力配合下实现的。上述从赛事组织到后续开发的巨细事宜，均经过村集体讨论决定，议事广场就是村委会门口的篮球场，球员、村民、商户等坐在看台上听方案、讨论并投票，沟通气氛热烈融洽，提出的意见也有的放矢：如优化球场照明、在球场边建球员洗澡室、村里要多画一些篮球主题的墙体彩绘增加氛围等意见，都是由返乡青年献计献策……你一言我一语的院坝议事，为村寨广场辐射乡村振兴能量注入了灵魂。

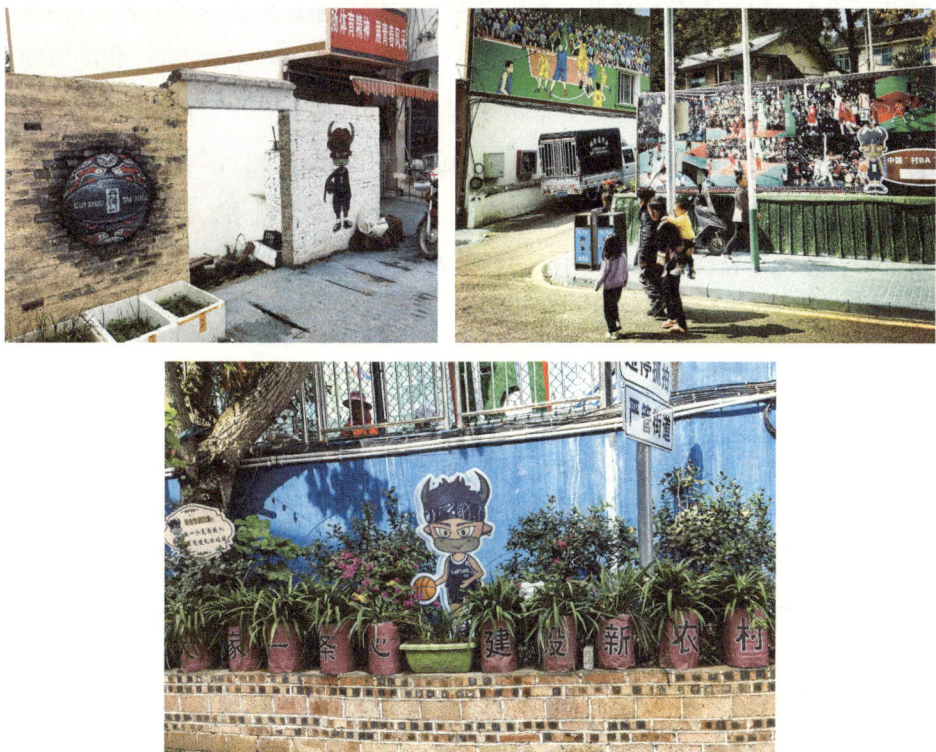

图 5-3-6　篮球主题的墙体彩绘将台盘村装点得富于朝气

从台江县层面而言,其对台盘村"中国'村 BA'圣地"的打造及后续文旅开发计划,核心竞争力仍定位于民族"三交"载体与多彩文化内涵,而项目落地也依然依靠这一群众性文体活动的原创者——村民。如台盘村驻村第一书记张德对笔者所说:"'村 BA'原本就是村民自娱自乐的文体活动,现在火了,组织、策划、保障我们还是依靠村民"。

2022年夏季台江"村BA"走红后,榕江"村超"又在2023年夏季迎来"大爆",其成功秘诀同样离不开基层组织动员的托底保障。榕江县在试水村赛后于2023年8月至10月举办了第一季"村超"全国美食足球友谊赛,小小县城迎来了来自全国的276支足球队。如此大的接待、后勤、安保压力,组委会是依靠发动群众一一顺利化解,最终在"人民表扬'村超','村超'表扬人民"的成绩和美誉中协同打造出一张世界级的体育文化"名片";全国关注又进一步启迪了基层治理创新,榕江县为"村超"品牌定下了"51% 未来要分给全县所有的村集体经济,49% 要分给球队、啦啦队和青少年村超足球队用于乡村体育公益事业"[①] 的收益分配方案,坚定贯彻各民族共同富裕、共同迈向现代化的原则。

如此团结性与凝聚力显然并非成于走红之后或一朝一夕,而是形成于民族"三交"史上一次次文体活动及节庆互动的组织动员中。正因各族群众具备作为乡村振兴参与者、创造者、受益者的主人翁感与文化自信,基层民主协商的内生动力才得以持续激发,"两江两村"赛事才会在后续产业引入和农文体旅商全链条的打造中行稳致远。

(二)全局看,"院坝协商"糅合民族传统议榔与全过程人民民主

"村 BA""村超"之所以能形成群众文体活动带动乡村振兴进而激发民族向心力的良性循环,同时得益于民族村寨民主议事的底蕴和新时代基层治理的创新,其"院坝协商"经验彰显民族文化互嵌的当代意义。一个村寨中的公共广场,是反映农耕聚落向城镇化转型的典型空间。历史上其选址多围绕水井、

---

① 品牌招商:壮大产业 扩大就业——贵州村超"踢"出就业增收新天地 [EB/OL]. 新华社客户端 (2024-07-17)[2024-07-17]. https://h.xinhuaxmt.com/vh512/share/12103725?d=134d94d&channel=weixinp&wxst=1721193249842.

要道、宗祠乃至庙宇、"神树"等，当代广场则大多建于村委会等公权力机构周边，兼具国家意志、民族团结等多重象征。传统中国乡村凸显费孝通先生所述"熟人社会"①的特征，其共同体联结基础包括"宗族、神明信仰、水利、防卫和治安、生产生活互助以及村中公共事业"②。当村寨中公共事业系于"趣缘"纽带，无论芦笙场还是篮球场、足球场等，以文化展演广场与公务议事广场二合一的形象成为村寨中心，民族地区所普遍面临的协调文化传承与经济发展的典型治理难题亦在此交汇。

随时代发展，民族村寨广场在不断吸收新的文化运动元素，其文化传统与治理格局也在不断地吸纳借鉴着外部先进经验。例如台江县的岗党略村作为一个苗族聚居村落，因红军长征中中央军委纵队曾在此驻扎而注入红色基因。村寨广场边的议事长廊有一块中英日韩四语简介立牌：

图 5-3-7　台江县施洞镇红军广场旁的村民议事长廊

① 费孝通. 乡土中国 生育制度 [M]. 北京：北京大学出版社，2004:10.
② 蔡磊. 中国传统村落共同体研究 [J]. 学术界，2016，(07):168-175+327.

连接偏寨和石家寨的议事长廊，长41米，宽3米，按照"乡镇管理、村级自治、群众参与"的原则，开展"有事好商量，搭建连心桥"协商工作的重要场所，是乡镇领导和村委倾听民声、畅通民情的有效渠道。

近年来，村里成立"寨管委"、落实"一中心一张网十联户"、评选"新时代最美乡贤"乃至成立银饰协会和刺绣协会协同拓展线上销售等，议事长廊见证着乡村振兴的每一个进步。

黔东南历史上民族"三交"传统悠久，其现有文化生态的多彩面貌是层叠互嵌的积淀。台江县乃至整个黔东南地区都有依托节庆文化的基层组织集体活动的丰富经验，不仅是篮球联赛，每逢苗年、姊妹节、龙舟节等，村村参与组织，人人乐于捐助，基层动员效率很高。中华民族共同体以这种形式得以巩固发展，其间议事主体的新陈代谢也持续推进。传统上，黔东南民族村寨的话事人是寨老、鼓藏头等乡贤权威和文化精英，而今，主要由村"两委"带动村集体决策，当议题涉及旅游开发，相应吸纳餐饮、民宿、客运等经营者一同参与，人民主体地位进一步凸显。同时在议事及决策形式上，苗乡侗寨常见的议椰、合款、张榜公开活动收支账目等传统一直在，"三个120"[①]等村规民约持续更新，村篮协等共建组织汇入治理力量，并通过微信群等新途径传播和落实，时代感进一步凸显。

图5-3-8　高考张榜季在榕江县街头经常能看到为即将升入大学的学生披红挂彩游行的助学颁奖仪式队列

集体组织、捐资助赛的氛围在榕江县同样浓郁。具

---

① 即如果有村民违反村规民约，就得交纳120斤酒、120斤米、120斤肉作为惩罚。

图 5-3-9　2023 年全国"村 BA"总决赛颁奖礼后冠军队、礼仪组、后勤保障工程组等纷纷合影留念

体而言，是群众为公共事业慷慨解囊的风气在苗乡侗寨多年来传承不息。例如图 5-3-8 是一个为榕江县车江三宝侗寨 2024 年升入大学的新生颁发助学金的小型仪式，身着侗族服装的姑娘拉横幅在前，即将奔赴各地求学的准大学生身挂大红花走在队伍中间，家长们也笑脸盈盈。每逢高考张榜季，在榕江县街头经常能看到此类为即将升入大学的学生披红挂彩游行的助学颁奖仪式队列。苗乡侗寨的群众心中仿佛有一个无形的村寨议事广场，世代传承的文化认同感与集体荣誉感规范着其群体行为模式。无论"村BA"还是"村超"，若没有充分激发基层群众的主体积极性都是不可能成就的。"两江两村"赛事给当地各族群众带来收益与机遇，随其精神文化生活丰富的，还有文体事业与文旅产业拉动经济增长后产生的安全感、获得感、幸福感。而民族"三交"与民生"三感"并进的结果，是共同导向"五个认同"在全社会的持续增进。

2023 年 10 月底，笔者在全国和美乡村篮球大赛（村BA）总决赛现场看到，颁奖典礼上来自各地方各民族的球队及其啦啦队不仅获得了农产品，也满载隔山跨海的民族情谊而归——球员之间相互交换礼物，礼仪组的小姐妹们、后勤保障工程组的兄弟们都纷纷合影留念，洋溢着笑脸共同记录他们在"村BA"赛场上感受到的乐趣、责任以及奋发之力。载誉而归后，各球队从台江县取到的乡村振兴与民族团结进步创建等方面的"真经"，必将对其当地在文化上尊重人民首创精神、在治理上贯彻全过程人民民主起到促进作用。

村寨议事广场上，社会主义民主政治同各族群众日用而不觉的共同价值观念融通起来，实现了中华民族共同体建设意义上的共享发展成果、共育文化创新。当代随"乡土中国"转向"流动中国"，西部村寨的人气稀疏与文化凋敝备受学界关注，尤其一旦启动文旅开发，从景观建构到意义生产的过程会不会动摇村民原生意义体系，这一问题引起了研究者广泛担忧。从"村BA""村超"经验看，要保障意义体系不动摇，就应从全过程保护文化互嵌着手，而保障文化互嵌的前提，是保障村民议事的广场空间中心地位不动摇。

第四节　以互联网思维架设
中国式现代化民族文旅之新引擎

　　手握民俗资源，搭乘流量快车，自创文旅 IP。如果说乡球联赛、民族风情、助农带货是"村 BA""村超"实践产业振兴乡村的"三驾马车"，那么将之有机结合、驱动起来并注入灵魂的，就是全媒体传播。黔东南州依托"原生态民族文化生态博物馆"的底蕴，又搭载上"电商 +"等新质生产力，马力十足地驶上了全面做强"互联网 + 农文体旅"产业链的赛道，促进各民族共同迈向中国式现代化的愿景照进现实。

一、"电商 +"等新质生产力助民族村寨弯道超车

　　传统上多年处在新科技、新业态、新生产力等技术应用外围边缘的西部民族村寨，因"村 BA""村超"之民族风情在互联网时代的闪耀，一跃成为新媒体赋能下"数商兴农"的典范。其引新质生产力与农业、农村、农民有机结合的实践个案，为全国更多老少边穷地区享受到数字经济发展红利提供了可资借鉴的经验。

　　台江县、榕江县凭借"村 BA""村超"带来的注意力经济打造全民直播带货体系，2023 年以来逐步形成了农特产品、非遗产品、旅游商品和文创产品的全链条助农直播。印有"村 BA""村超"LOGO 的农特产品在一场场农民篮球赛 / 足球赛的热度拉动下销往全国各地。截至 2024 年 5 月实现农产品网络零售额同比增长 233.45%①。据 2023 年 11 月 15 日"抖音"生活服务发布的"贵州村超大数据"显示，自其 5 月首轮开赛至 10 月举办全国美食足球友谊赛，"村

―――――――――――

　　①　张恒，陈诗宗，熊诚."村 BA"点燃台江发展星星之火 [N]. 贵州日报，2024-05-15(001).

图 5-4-1 "村超"入场巡游队伍中身着民族服装的代表举起手牌宣传牛肉干土产

超"相关话题在该平台播放超 130 亿次，相关直播超 3 亿人次观看；与此同时，榕江县在"抖音"生活服务平台的订单量同比增长 3 倍多（其中旅游订单同比增长 160 多倍）[①]。同样的，"村 BA"为台江县带来的网红流量与文旅综合收入齐头并进，根据新时代游客口味打造的主题文创餐厅、茶饮店、官方体验店等富足了山乡，使台盘村一举走到了中国式现代化的明星村寨位置，同时辐射台江县各景区，助推 2023 年全县累计接待游客 640 余万人次，实现旅游综合收入 85 亿元，同比增长均超 70%[②]。这一组组全面飘红的数据，离不开地方政府对互联网思维的积极运用和群众使用直播、微博、短视频等各类自媒体内容发布形式对地方文旅 IP 的共同塑造。

2023 年伴随"村超"开赛，榕江县政府提前布局了新媒体电商助力乡村振兴工作领导小组，在 20 个乡镇设立新媒体服务中心，在 250 个村设立新媒体服务站，并围绕新媒体赋能县域农文旅产业出台了一系列优惠政策，建设直播

---

① 陈江南.线上"种草"线下引流短视频注入文旅新玩法 [N].贵州日报，2023-12-15(007).

② 中共贵州省委宣传部调研组."村超""村 BA"何以火爆出圈 [J].求是，2024(11):63-69.

图 5-4-2 榕江"村超"球场旁的农特产品直销店（左）和县郊的电商智慧物流园区（右）

示范基地，改造新媒体产业园，大力从本地种植户、养殖户、文旅产业经营主体、非遗传承人、留守妇女、返乡创业青年、易地搬迁群众中选拔"新农人"乡村主播并开展技术培训。政府请来主播培训孵化的专业机构，对"榕易"职业技能培训学校的学员进行手把手教学，目前已形成极具民族特色与时代气息的一套"榕易拍""榕易剪""榕易编""榕易播""榕易卖""榕易创"六大板块课程体系。"村超"开赛后仅一个季度中，榕江县已开展 400 余次新媒体人才线上线下培训，培训超过 3.5 万余人次，并吸引 300 余名大学生返乡从事新媒体电商工作，带动群众就业增收[1]。

民族村寨在启动经济社会发展"新引擎"的同时，"村 BA""村超"主办方都高度重视把握舆论导向，在"90后""00后"挑大梁的"数商兴农"之路上坚持以"五个认同"为宗旨讲好中国故事。为此，一批村寨基层公职人员身先士卒地开了自媒体账号，以"村 BA""村超"为主题创作和发布宣传民族文化、展现家乡新貌、弘扬主旋律、传递正能量的短视频内容。

"抖音"平台上的"@侗寨小吴"，就是一位带有"榕易文化 MCN"认证的自媒体博主，主要发布侗族村寨生活题材的短视频，已积累了 1 万名粉丝。她名叫吴帮云，真实身份是榕江县寨蒿镇晚寨村党支部书记，一名大学毕业就返乡就业的"90后"旅游专干。图 5-4-3 是小吴在"抖音"发布短视频的一组截

---

[1] 邓国超，王璐瑶，李坤，等．直播火了村超电商甜了生活 [N]．贵州日报，2023-09-04(001).

图 5-4-3　自媒体"侗寨小吴"发布的榕江生活内容
（来自"抖音"平台 @ 侗寨小吴的短视频截图）

图——左图是小吴参加 2022 年贵州电商直播大赛，向网友展示贵州特色美食"牛瘪火锅"的制作过程，一招一式的拍摄和剪辑都颇有头部网红李子柒的神韵；中图是小吴与晚寨村"名誉村主任"水木年华组合成员缪杰共同演绎侗族琵琶歌，借明星效应带动景区旅游业人气；右图是小吴前往广东佛山参加"2024 乡创论坛"，代表贵州分享榕江"村超"赋能乡村振兴的经验。

目前在榕江乃至黔东南，像侗寨小吴这样的乡村振兴专干有许多，他们具有开阔视野、创新意识和服务精神，能够运用灵活的互联网思维因地制宜地开发村寨文旅增长点。2023 年 5 月"村超"联赛首次火爆出圈后，榕江县城的住宿一度趋于饱和，吴帮云敏锐地意识到客流外溢效应，迅速召集村干部讨论决策并腾出闲置房间，在网络平台发布了"欢迎还没找到住处的'村超'观众来晚寨免费住宿"的视频，吸引了不少网友了解到美丽幽静而热情友好的晚寨村。两年间，吴帮云不仅自己荣获省级"最美劳动者"、县级"乡村振兴致富带头人"、县级"新媒体助力乡村振兴先进工作者"、县级"最美村超人"等荣誉，还带领晚寨村被授予州级"民族团结进步示范单位"称号。

二、"流量"变"留量"服务于民族团结进步创建

乡球联赛积攒了人气，为民族村寨带来触达商业合作和赞助机会的更多"风口"，也创造了丰富、可感、有效的民族交流互动平台。在"网红"变"长红"、"流量"变"留量"、"乐子"变"路子"的一系列裂变中，超越地域与民族界限的民族文旅新 IP 及其中华文化品牌价值正逐步形成，为"村 BA""村超"众人拾柴的早已不限于台江榕江或苗族侗族群体，全国各民族优秀创业者正在源源不断地加入到这项民族团结进步事业中来。

"抖音"上以"北京大妞在贵州"为标签的旅游博主"@汤火火"，2023 年来到贵州感受"村 BA"的淳朴与热情后，7 月就在距"村 BA"球场半小时车程的红阳苗寨租了一栋吊脚楼，她在自媒体发布 Vlog 透露自己要成为非遗主题民宿主理人，正在装修改造并邀请网友来做客。图 5-4-4 中，左图是汤火火穿上民族服饰在"村 BA"赛场加油助威；中图是她在红阳苗寨安顿下来后开始

图 5-4-4 北京旅游博主"汤火火"宣传"村 BA"和红阳苗寨文旅
（左图、中图来自"抖音"平台 @ 汤火火的短视频，右图来自微信视频号 @ 今日台江）

发布精致的 Vlog 推广古寨文旅，所配的文案为"解锁台江之红阳万亩草场 ｜ 台江除了村 ba，还有一个可以望星辰，可以观云海，可以追日出的地方，这就是属于黔东南人自己的阿勒泰——红阳万亩草场，国庆如果有机会一定要来这儿看看，我在台江等你"；右图是中央广播电视总台华语环球《新征程上看中国》节目到台江采访了汤火火的相关报道。

旅游活动"伴随着经济、信息、技术等要素的流动，是不同区域经济利益共享、文化交流互鉴、社会包容和谐、民族互动往来的重要途径"[①]。新时代的民族文旅早已超越"看"与"被看"的简单二元关系，游客更看重沉浸式、交互性、参与感等体验。以旅拍为例，是近两年民族风情游中最受欢迎的体验项目，"'氛围感''即时感'生产和再生产着旅游目的地的生动形象"[②]，这一点在民族服饰元素形象深入人心的黔东南体现得尤为突出。目前在榕江县创业的小石是位爱美也善于创造美的巧手姑娘，她此前在"江浙沪包邮区"做美妆生意。2023 年年底，因丈夫寻"村超"商机返乡开餐饮店，她也抱着试试看的想法在榕江开了一间为游客化妆并出租民族服饰的小店，很快做到了每月上万元的收入。她告诉笔者：

> 我真的没想到，在杭州那边跟剧组时，一个月也就六七千（元）。回家后发现'村超'有好多比赛，外地人来我们这里玩的很多，还有交流赛、体操赛什么的，热闹时我开门就不停化（妆），做不过来我收了好几个徒弟呢。

如今他们夫妇二人两摊生意两家店，家庭收入超过了在东南沿海打工的时候，小石凭借她 6 年美妆生意的经营经验和在发达地区磨炼的眼光，带动乡亲姐妹一起技术创业，也帮助更多外地游客通过妆面服饰将苗乡侗寨之美带回家、分享到其朋友圈。这样一个文旅产业中的小小创业项目，是民族地区新时

---

① 严庆，张建兰.从西江千户苗寨看旅游促进各民族交往交流交融——以空间生产的视角 [J].云南民族大学学报 (哲学社会科学版)，2024，41(05):35-44.

② 孙九霞.文旅新消费的特征与趋势 [J].人民论坛，2022，(05):78-81.

代以旅游促"三交"万千纽带中的缩影。

图 5-4-5 "村超"赛场（左）和台江县景区（右）装扮上民族盛装拍照的游客们

返乡创业青年，是在台江、榕江被当地老人称为"见过大世面"并寄予厚望的"90后""00后"们，其在内地读大学或就业创业的经历，使其成为拥有"三交"经验、"文化互嵌"思维、国际化视野并铸牢了中华民族共同体意识的复合型人才；同时，融于血脉的民族文化基因和经过跳出跳入的审美眼光，又使他们成为推动中华优秀传统文化"两创"、为民族村寨开发兼顾经济效益和社会效益新业态的不二人选。例如"'村超'惊现'世界波'""'村BA'总决赛的奖品自己跑了"等早期爆款视频作品，均出自当地新媒体传播人才之手。下一阶段，

在以"两江两村"赛事为契机引领民族乡村振兴试点、集中连片保护利用示范州项目、特色田园乡村示范点建设项目等文旅实践中，更是离不开这些返乡青年以文化遗产熟知度为资源、以信息传播技术为手段、以给家乡注入现代力量为己任，汇入文旅产业做出促增长、促"三交"的贡献。

图 5-4-6 "村超"比赛中场的"万人K歌"环节观众们争相拍摄领唱气氛组

无论是短视频平台上的精彩瞬间，还是直播平台上的实时比赛，都让观众能够随时随地感受到"村BA""村超"的激情与魅力。这种跨越时空的传播方式，极大地拓宽了乡球联赛的受众范围，提升了其社会影响力和群众好评度。例如"村BA""村超"都在融媒领域采用过"隔空喊话篮球圈/足球圈名人"的玩法，其不仅旨在为乡村增添"星光"，也实现了城乡间、东西部间、殿堂级体育明星与乡野体育爱好者之间良好的互动氛围。"众乐而非独乐"，不仅是新时代传播生态中"出圈"的制胜一招，也是中华民族共有精神家园之内以"趣缘"纽带联动大江南北的生动实践，是各族人民喜闻乐见的一种广义上铸牢中华民族共同体意识宣传教育的方式。

三、互联网成为构筑各民族共有精神家园最大增量

放眼当今世界，百年未有之大变局加速演进，而中华民族伟大复兴进入关键时期。在这样战略机遇与风险挑战并存的关键阶段，无论是民族团结谋稳定的工作还是旅游强国谋发展的领域，都必须牢牢把握舆论主动权和主导权。近年来美西方政客为抹黑和遏制中国发展，频频打出"民族牌""人权牌"，应当通过讲清楚中华民族的好故事和新发展予以回击，及时正本清源。2023年10月，习近平总书记对宣传思想文化工作作出重要指示的"七个着力"中就提到了"着力赓续中华文脉、推动中华优秀传统文化创造性转化和创新性发展"和"着力加强国际传播能力建设、促进文明交流互鉴，充分激发全民族文化创新创造活力"[①]。"村BA""村超"是观察中国式现代化的窗口，也是民族团结进步创建的示范典型和先进经验，因而凭借其民族乡土文旅系列活动所具有的文化感召力建设具有强大凝聚力和引领力的社会主义意识形态势在必行。

黔东南州地处祖国次边疆地带，台江县和榕江县作为相对闭塞的山区村寨和县城，在"村BA""村超"迅速传播中，为全国献上了一场全民瞩目的体育

---

① 习近平对宣传思想文化工作作出重要指示强调 坚定文化自信秉持开放包容坚持守正创新 为全面建设社会主义现代化国家 全面推进中华民族伟大复兴提供坚强思想保证强大精神力量有利文化条件 [N]. 人民日报，2023-10-09(001).

图 5-4-7 "村超"赛后观众们走上球场"万人蹦村迪"的热烈场面
（来自 @ 榕江发布的直播画面）

文化盛宴，同时也令西南诸少数民族群众看到了成为焦点、跨越发展的机遇，其间收获的不仅有对本民族文化的自豪感，也有对自身作为中华民族共同体一分子的认同感。笔者在"村超"赛场的观众席边找人攀谈，曾遇到一位家在毕节但是近半年常住榕江拍摄的自媒体博主，他回忆说：

> 我至今印象最深的还是去年（2023 年）6 月 3 号。那次是"村超"第一次打出"超级星期六足球之夜"这个口号。我因为听说韩乔生老师会到场解说，想过来拍些素材，结果被震撼了——那天晚上这个球场里来了 5 万多球迷，政府安排舞龙、放烟花，还免费发卷粉和水果给大家吃，老百姓的那种热闹那种欢乐，我想你们当年在北京看奥运会也就这样吧……就一夜之间，直播和短视频的总流量据说超过了 3 亿（次），这是什么概念呢？去年"中超"的点播量也只有 2.7 亿（次）！老百姓还是喜欢看这种真的体育，不是说踢得多专业，而是踢球的看球的都开心……"村 BA"那边先发明了比赛结束千人"蹦苗迪"，榕江不叫"蹦侗迪"，这边叫"蹦村迪"，56 个民族是一家嘛。

在网红IP和乡村振兴的召唤下，一大批高学历、高素质、头脑活、干劲足的年轻人于近两年中返乡创业，围绕"村超大舞台"规划自己的职业发展方向，其中新媒体工作者是一支善作善成的先锋队。为了更好地推介"村超"并服务游客，榕江县多方培育了1.2万余个新媒体账号和2200余个本地网络直播团队，为县域文旅品牌引领下的流量和商机发挥推手作用。县域融媒的蓬勃发展中，还随赛事火爆产生了造星效应——"村超"中场秀的两位串场主持人是当地人心目中的明星，尤其余彩虹每次出场都身着当地特色少数民族服饰亮相，刺绣精美、环佩叮当，仿佛一次面向球迷和网友的服装走秀，也确实为电商爆款服饰的销售发挥出了"带货"效应，不失为一种民族文化推广。苗乡侗寨的儿女们为"村BA""村超"代言，讲述着既彰显传统文化底蕴又展现时代发展风貌的中国好故事，为让世界看清中国、让中国走向世界不断贡献着力量。

图5-4-8 榕江县"村超村晚"的主持人余彩虹（左）和杨辉（右）

就更深层意义而言，"村BA""村超"以其海外知名度和群众体育题材，正适合作为对外讲好中国民族地区故事的典型个案。当今世界，文明是最广

泛的文化实体,"全世界的人在更
大程度上根据文化界线来区分自
己"①。通过将全球性体育大项、现
代化发展成就、少数民族原生态
文化熔于一炉,"村 BA""村超"
实现了传统文化创造性转化并孕
育世界级旅游吸引物,小山村、
小县城从改革开放以来经济社会
发展的"后排学生",一跃成为
"观察中国式现代化的窗口",成
为展示中国人民富足物质生活与
充实精神生活的"尖子生"。正如
榕江县县长徐勃自信地说:"'村
超'已经实现了'出圈'和'吸
引全国人民一起玩'的目标,下

图 5-4-9 在"村 BA"赛场上经常能看到远道而
来报道中国乡村发展的外国记者

一个目标,是'吸引全世界人民一起玩'。"②从最初形成"百村大战"盛况到升
级为县域夺锦,从跨省邀请的友谊赛到如今要跨国与全世界人民一起玩,"村
BA""村超"一路高歌猛进恰如中国式现代化日新月异的建设速度。在民族外
宣中讲述"村 BA""村超"故事,不仅能够展现各族群众共同团结奋斗、共同
繁荣发展的时代风貌,也是以鲜活的各民族共写中华历史、共创灿烂文化的鲜
活现实,来攻破西方反华舆论借民族、宗教、涉疆、涉藏等问题对中华崛起的
围堵遏制,这是习近平总书记 2019 年在庆祝中华人民共和国成立 70 周年前夕
的全国民族团结进步表彰大会上要求"让互联网成为构筑各民族共有精神家园、
铸牢中华民族共同体意识的最大增量。"③的题中之义。

---

① 塞缪尔·亨廷顿.文明的冲突与世界秩序的重建 [M].周琪,译.北京:新华出版社,
1998:133.

② 曹雯."村超""村 BA"美好生活引客来 [N].贵州日报,2024-01-01(T09).

③ 习近平.在全国民族团结进步表彰大会上的讲话 [N].人民日报,2019-09-28(2).

第六章

乡村振兴助中华民族
共有精神家园中的非遗"活"起来

    2024 年，围绕加快建设旅游强国目标，习近平总书记提出"让旅游业更好服务美好生活、促进经济发展、构筑精神家园、展示中国形象、增进文明互鉴"①的要求。五项使命中，"构筑精神家园"居于承前启后的位置，对民族村寨而言，文旅是各民族"三交"的常见场域、兼顾改善民生与凝聚人心的幸福产业，是激发全民族文化创新创造活力的关键一环。因而在文旅产业逐步向民族村寨下沉、普及的大潮下，无论是系统性保护非遗还是创造性转化传统文化，都应站到构筑中华民族共有精神家园的高度上谋篇布局。

    我国自 1985 年加入《保护世界文化和自然遗产公约》以来，一直本着对

---

    ① 习近平对旅游工作作出重要指示强调 着力完善现代旅游业体系加快建设旅游强国推动旅游业高质量发展行稳致远 [N]. 人民日报，2024–05–18(001).

图 6-1-1 2023 年"村 BA"国赛球场外同期开幕的贵州省
《保护非物质文化遗产公约》通过 20 周年纪念活动

历史负责、对人民负责的精神开展非遗传承保护工作，保障其延续历史脉络不断代、承载民族记忆不流失。2023 年 1 月，文化和旅游部将黔东南民族文化生态保护区列入国家级文化生态保护区①。同年"村 BA""村超"凭借传统文化"两创"打造出全国炙手可热的文旅 IP，其经验证明，"两创"不仅要在纵向上衔接传统与现代，还应在横向上贯彻各民族共享、共建、共创的互嵌思路，唯此才能不落非遗失传、无根、商品化的窠臼，规避传统文化僵化、失衡、被凝视的弊端，才能真正令非遗不仅"火"起来，而且"活"起来。

---

① 文化和旅游部非物质文化遗产司.文化和旅游部关于公布国家级文化生态保护区名单的公告（文旅非遗发〔2023〕10 号）[A].357A08-13-2023-0001.2023-01-29.

第一节 "村 BA""村超"以村味、民族风
走红的文化启示

一两年之间，"村 BA""村超"令全社会看到了基层文体活动在塑造社会价值观、促进社会和谐以及提升国民素质方面所能辐射出的巨大动能，黔东南州许多"养在深山无人识"的非遗与传统文化，在"两江两村"赛事的聚光灯下大放异彩，得到令四海宾朋争睹真容、叹为观止的机会。之所以能创造如此现象级的流量与商机，必然有其契合社会文化心理的底层逻辑。

一、"记得住乡愁"

"村 BA""村超"都姓"村"，农民主办的乡球联赛之所以能在全国范围内引起关注，赢得众多城市居民在线热情点赞，就是源于其"接地气"的属性。具体而言，"两江两村"赛事贯彻了习近平总书记提倡的"让居民望得见山、看得见水、记得住乡愁"[①]，唤醒了改革开放以来高速城镇化进程中全国人民对热土和乡亲的集体记忆。

记忆是一个社群形成并增强其群体内成员之间彼此联系与情感的不可或缺之元素，是成员个体之间形成身份认同的根源。例如，文化记忆串联起各地各民族所特有的"凝聚性结构"，"将一些应该被铭刻于心的经验和回忆，以一定形式固定下来，并且使其保持现实意义的文化遗留物"[②]；历史记忆则"常强调

---

① 《十八大以来重要文献选编》上册主要篇目介绍 [N]. 人民日报，2014-09-26(010).
② 扬·阿斯曼 . 文化记忆：早期高级文化中的文字，回忆和政治身份 [M]. 金寿福，黄晓晨，译 . 北京：北京大学出版社，2015:15.

一民族、族群或社会群体的根基性情感联系（primordial attachments）。"① 村味、民族风等，是全球化时代大众趋于原子化、文化趋于"麦当劳化"的汹涌浪潮中，最能唤醒个体历史记忆并维系个体身份认同的要素。中国的城市化进程自 19 世纪下半叶开始，至 20 世纪改革开放起加速，近年来高速推进了各族群众从原有血缘、族缘、地缘纽带中流动"脱嵌"，这在一定程度上动摇了社会群体团结统一的心理基础。因此，复兴优秀传统文化、保护利用文化遗产、构筑中华民族共有精神家园，是构建民族互嵌社会以推动中华民族伟大复兴的题中之义。这一行动的先锋，必然不是大众行为文化和生活节奏高度趋同的城市，而在民族文化斑斓多元、仍能看到"从前慢""烟火气"的广大西部地区，尤其是民族村寨。

图 6-1-2 "村超"中场秀展示民族舞的"村姑表演队"

共创性、共享性、互惠性彰显于各地代表队在"村 BA""村超"赛场上的表现。以中场秀穿插的非遗展演、民族歌舞等为"表"，其"里"内蕴于篮球、足球运动的体育精神中。以龙舟竞渡为例，是全体中华儿女所共同认同的文化符号，其自春秋战国时期起即已盛行于吴国、越国、楚国等，今天提起"龙舟"

---

① 王明珂. 历史事实、历史记忆与历史心性 [J]. 历史研究，2001，(05):136–147+191.

二字，每一个中国人都能马上联想到祭奠英雄先贤、团体奋力拼搏、祈福风调雨顺等诸多意向。在非遗体系中，既有广东省的龙舟制作技艺，也有贵州省的苗族独木龙舟节，黔东南的台江、凯里、剑河、施秉、镇远等地苗族都有在农历五月竞渡龙舟的风俗，每逢赛季清水江两岸人山人海，赛马、斗牛、斗雀、吹笙、青年男女游方、踩鼓等民俗活动一并上演①。时至今日，群众性文体联欢中将国家、地方、民族弥合在同一空间场域内，潜移默化地重构历史记忆，将单一民族叙事糅入地方性乃至国家性的公共记忆中，此时民族、地域界限，乃至时间空间界限都不再会成为打通集体记忆的阻隔。天南海北的城乡观众都为"两江两村"赛事喝彩，是因为被浓浓乡情拨动了心弦，共鸣于台江、榕江群众振兴乡村的激情。从笔者田野调查期间在"村BA""村超"听到最多的两首歌曲——《奔跑吧 我和我的村》《人生就该有追求》——的歌词中可见一斑：

千山绿 万水青 喷薄的朝阳

稻田风 谷时雨 陪伴我同行

翻过山 越过水 相聚在这里

向着未来去出发 我们一起拼

一条路 千颗心 追梦的身影

锣声声 鼓声声 时代的回音

风不停 云不停 脚步过千岭

向着梦想去奋进 我们有决心

奔跑吧我和我的村

打开这幸福的大门

创造出我们的奇迹

凝心聚力的团队就是我们

奔跑吧我和我的村

打开这幸福的大门

---

① 谭小春,宁瑾.黔东南民族传统体育文化与乡村旅游融合发展研究[J].当代体育科技,2020,10(02):199-201.

热血在我心中沸腾

一日千里的时代就看我们

——台江"村BA"主题歌《奔跑吧 我和我的村》

（作词：玉镯儿、张超）

听绿茵场上 战歌多么嘹响

榕江好儿郎 热血激昂

挥汗如雨 滋润你的渴望

勇往直前 追逐梦想

看风云变幻 我们不卑不亢

榕江好儿郎 敢拼敢抢

身体有力量 心中有希望

拼搏不言败 热血在榕江

加油榕江 让梦想绽放

人民足球 榕江行动 激情飞扬

加油榕江 再创辉煌

人生就该有追求 势不可挡

——人民足球榕江行动主题曲《人生就该有追求》

（作词：董书利）

  "村BA"和"村超"的这两首主题歌中，都提到"拼搏""奔跑"等词汇，都唱出了社会主义新农村中的群众朝气蓬勃、满足美好生活向往的信心和决心。这种力量源自对乡土家园的热爱和对体育精神的追求，恰是"一个活力满满、热气腾腾的中国"①的生动写照。文化赋能乡村振兴，首先要从激励人的全面发展入手，乡村个体经济私营业主们的单体规模虽小，但涉及的领域和业态却广，一旦搭载上"体育+""电商+""非遗+"等文旅题材，星星之火有望燃成乡村产业振兴的燎原之势。"村BA""村超"是中国特色社会主义新农村建设时代经

---

① 国家主席习近平发表二〇二四年新年贺词[N].人民日报，2024-01-01(001).

济多样性发展模式的缩影，村寨县城能通过由本民族群众在非文旅服务的专业场景之下，日常演绎出的活态传承的文化遗产以及创造性转化的传统文化而获利，这是一种时代的进步。在提振少数民族村民的文化自信、增强其创业致富的内生动力、切实建立起系统防返贫的"造血"机制等多重积极效应下，"两江两村"赛事正辐射形成从社区到县域的自力更生、自强不息精神，激励各族群众在致富路上奔跑、向更富裕的美好生活进发，共同朝着中国式现代化前进。

"坚持农民唱主角，促进'村BA'、村超、村晚等群众性文体活动健康发展"① 被写入2024年中央一号文件，作为"提升乡村治理水平"之下"繁荣发展乡村文化"的要求。"两江两村"赛事从群众体育、乡球联赛出发，至今已具备了赋能、引领乡村振兴的文化消费属性。早在20世纪70年代，法国哲学家让·鲍德里亚（Jean Baudrillard）就指出"人类社会已进入符号消费时代"②。黄永林总结了目前我国文化消费存在的七大主要问题：文化产品品位不高，妨碍了文化消费积极引导；文化消费观念落后，抑制了文化消费潜力发挥；文化产品价格偏高，限制了文化消费需求增长；农村文化消费乏力，抑制了整体

图6-1-3 "村BA"赛场周边的餐饮摊贩挂起"生命无止境，运动无极限"的条幅

---

① 中华人民共和国农业农村部.聚焦2024中央一号文件[EB/OL].(2024-02-04)[2024-08-15].http://www.moa.gov.cn/ztzl/2024yhwj/2024nzyyhwj/202402/t20240204_6447023.htm.

② 让·鲍德里亚.消费社会[M].刘成富，全志钢，译.南京：南京大学出版社，2014:62-63.

文化消费增长；文化供求矛盾突出，压抑了文化消费需求释放；文化创意严重不足，阻碍了市场需求潜力转化；管理体制相对滞后，影响了文化市场健康运行①。这些弊端在传统的"民族风情游""民俗一条街"类旅游项目中或多或少都有体现，也值得"村 BA""村超"主办方在打造农文体旅商一体化的 2.0 版本民族文旅时引以为戒。好比景区建仿古街时强调"修旧如旧"，台江、榕江也必须坚持"村赛姓村"的核心竞争力——当网友们在一个人声鼎沸、五彩缤纷的篮/足球赛场中，看到现代体育与古老歌舞、民族风情与家国情怀交相辉映，仿佛也看到了西南诸少数民族站在中华民族"大花园"乃至世界"地球村"中的位置。此时，"乡土味""民族风"既是符合全媒体时代传播规律的视觉吸引，又是能激发"血脉觉醒"的文化自信、文化自觉之符号体系。

二、"最炫民族风"

党中央要求"推动各民族文化的传承保护和创新交融，树立和突出各民族共享的中华文化符号和中华民族形象，增强各族群众对中华文化的认同"②。民族文物与文化遗产具有历时性，穿过历史洪流悠悠地传承至今，融会贯通了各民族的集体记忆与文化基因。因而一提到"国潮""民族风"，总能勾连起新时代各地、各民族、各年龄层大众共创中华民族灿烂文化的历史记忆与创业激情。

一个有趣的现象是，许多"村 BA""村超"的忠实观众其实并不太懂篮球、足球规则，反而是对中场秀情有独钟。"两江两村"赛事图文短视频在互联网走红的核心竞争力，也恰恰是陪衬篮球、足球竞技的中场文艺演出、非遗展示以及点缀在助威啦啦队中的民族歌舞及服饰等。尽管这些展演并非对历史场景的真实再现，但文艺节目中的一个曲调、一个动作、一片民族服装缤纷剪影，无不融合了"三交"史积淀下各民族日常生产生活经验、审美品位乃至宇宙观。文化元素符号在国际体育项目的"通用语言"带动下进入大众传媒视野，表征的已不再是一地风土人情或一族精神特质，而是代表相当宽泛地缘、族缘纽带

---

① 黄永林. 中国文化产业的现代发展 [M]. 武汉：华中师范大学出版社，2023:117.

② 习近平. 在全国民族团结进步表彰大会上的讲话 [N]. 人民日报，2019-09-28(002).

图 6-1-4 苗绣服饰被称为"穿在身上的无字史诗"

的文化符码有机整体。

以"村BA""村超"赛场上大放异彩的民族服饰为例——古往今来，人类群体常以文化建构之"身体"作为我群与他群间的区分，而服饰恰是这种文化建构中最普遍的一类[①]。苗族刺绣是台江县的国家级非遗，学界不仅将其列为苗族人民历史文化记忆的"活化石"[②]，也有基于"图源"角度剖析苗绣图案背后的文化肌理，进而指出其中"人类命运共同体的基因密码"[③]。文旅开发将更多外来的目光引向了古老的苗寨，即使语言不通，游客们也能从"穿在身上的无字史诗"——苗绣服装上读到苗族世代传承的生产生活场景。苗族一件百鸟衣要经过纺织、染布、捶布、刺绣、镶吊羽绒等复杂手工艺，而更为珍贵的，是隐藏于图腾图案中的苗族文化历史社会符号系统[④]。

又如"村超"助推侗布制作技艺传承与发扬光大的案例——侗族传统的衣料是将粗织或细织的布料经蓝靛、白酒、牛皮汁、鸡蛋清等混合成的染液反复浸染、蒸晒、槌打而成。榕江栽麻镇丰登侗寨的杨成兰作为村里第一个女大学生，2016年返乡创业，带领300多名妇女建立"倚山人手造生活工作室"，从播撒板蓝根种子到上手操作织布机，一点一滴地复兴了倚山纺纱的传统技

图6-1-5 "村超"博主在看到国家主席新年贺词中提及"村超"新闻后自豪地直播
（来自@榕江发布的直播画面）

① 王明珂.羌在汉藏之间：一个华夏边缘的历史人类学研究[M].中国台北：联经文化出版公司，2003:352.
② 邹文兵.新时代非遗苗绣的"活化"：特质、现状与路径[J].艺术百家，2019，35(01):178-183+196.
③ 欧欢.突变的节点–通过刘花里个案对黔东南苗绣图案传承方式的初步研究[D].中央美术学院，2021.
④ 刘华.苗绣文本的叙事功能和意义[J].大众文艺，2023，(02):87-89+180.

艺。2021年，杨成兰被政府授予"贵州省脱贫攻坚先进个人"称号；2022年，工作室被列为黔东南苗族侗族自治州非遗传习中心并实现了将侗布销往美国的跨境电商第一单；"村超"带火榕江文旅IP后，杨成兰工作室抓住互联网直播电商风口，每米价格从几十元到数百元不等的侗布，陆续远销日本、韩国、意大利、澳大利亚等国家，还创新研发了服饰鞋包等新品。在"抖音"平台有94.5万粉丝的短视频博主"贵州村超推荐官阿毅"也是一位返乡创业大学生，图6-1-5是他身着亮侗布服装在"村超"球场向观众直播讲述着听到国家主席习近平发表的二〇二四年新年贺词中提到了"村超"的自豪之情[①]。

若没有民族历史文化积淀，民族村寨文旅项目只是无源之水无本之木；而在"网红"IP的引流下，古老文化正焕发新生。对台江县、榕江县而言，有了"村BA""村超"，博物馆中少人问津的民族手工艺有机会打开线上电商销路，进而形成有序有规模的非遗技艺传承人队伍；黔东南州一度陷入自娱自乐、孤芳自赏的侗歌苗舞有机会在与其生长空间相贴近的文化场域中释放魅力和生命力；民族村寨休闲游有机会被更多天南地北的游客体验到，承担起促进"三交"和铸牢中华民族共同体意识的重任。

"两江两村"赛事主办方以"民族风"为核心卖点在乡村振兴中贯彻文旅融合的思路表现在多方面，在此仅举球赛奖品一例。"村BA""村超"走红后，配合联赛均设置文化旅游特色商品展销区，农产品与民族手工业非遗文创产品等均为推广对象，是"网红"IP给予其直通全国市场的商机。

图6-1-6　布依族勒尤国家级非遗传承人吴天平在
"村BA"赛场外的非遗文化展黔西南州展区表演

台江县积极引导"村

---

① 国家主席习近平发表二〇二四年新年贺词[N]. 人民日报，2024-01-01(001).

BA"为宣传本地物产与文化所用，往年的台盘村"六月六"吃新节篮球赛上尽管也各有"彩头"，但奖品设置并未形成体系。2022年贵州省首届美丽乡村篮球联赛的半决赛在台盘村打响，第一名的奖品是黄平黄牛1头，第二名的奖品是榕江塔石香羊2只，第三名的奖品是从江小香猪2头。如此朴实而又新颖的体育赛事奖品赢得了网友的好奇和点赞，其趣味性传播也在"村BA"全国范围内的流量蓄力阶段做出了不可忽视的贡献。

而到了2023年3月，贵州省首届美丽乡村篮球联赛在台盘举办总决赛时，奖品已不限于当地农特产品，如表6-1-1所示，冠军获台江鲤鱼吻香米＋苗族银饰，亚军获台江鲟鱼＋独木龙舟（模型），季军获三穗麻鸭＋苗族绣片。附加的一项均为台江县的国家级非遗——"苗族银饰锻制技艺""苗族独木龙舟节""苗绣"——奖品价格升级、品种增加，对于象征黔东南民族文化的意义系统也有了更全面的呼应。并且，2022年台盘村"六月六"吃新节篮球赛的冠军奖品黄牛是以照片立牌形式与冠军队合影；而2023年的省赛和国赛，冠军奖品黄牛都是直接被牵入场内进行颁奖，推高了现场气氛，也更添了网络传播的趣味性和观赏性。

表6-1-1 "村BA"贵州省总决赛与全国总决赛的奖品设置对比

奖品 等级	荣誉纪念品类	农特产品类	非遗文创类
省赛 冠军	奖杯	台江鲤吻香米每人1袋	一套银饰纪念品
国赛 冠军	奖杯＋证书	关岭黄牛1头 ＋台江鲤吻香米25份	冠军银帽1个
省赛 亚军	—	台江鲟鱼人手1条	台江独木龙舟（模型）
国赛 亚军	奖杯＋证书	习水黔北麻羊2只 ＋雷山银球茶25份	银项圈1个
省赛 季军	—	麻鸭一人2只	台江苗族绣片
国赛 季军	奖杯＋证书	1.5米鲟鳇鱼1条 ＋凯里酸汤25份	相框银绣1幅
国赛 第四名	奖杯＋证书	三穗麻鸭80只 ＋方召辣椒80串	刺绣卷轴－蝶舞云台
国赛 第五至 八名	奖杯＋证书	—	"村BA"大礼包25份＋非遗 产品25份＋篮球25个

至 2023 年 10 月，全国首届和美乡村篮球大赛（村 BA）的总决赛再次在台盘村举行，这次喜迎全国最优秀的农民篮球队，"村 BA"的奖品设置也再度进行系统升级——除了为冠军之下的第二至八名球队均发放奖品和证书，还增加了农产品的种类。可见主办方已充分认识到，"村 BA"颁奖礼这一网络曝光量巨大的环节，不仅要惠农，也必须助推本地文旅元素的知名度；不仅要保持本色而讨喜的村味、乡土情、民族风，也要使这一"广告位"为县域乃至州域的助农带货扶产促旅等服务。

图 6-1-7　2023 年全国"村 BA"总决赛冠军奖品牛入场（左）和 2024 年"村 BA"球王争霸赛冠军获颁冠军牛和苗族银帽的现场（右，来自 @ 今日台江　的直播画面）

第二节　农商文体旅融合为民族非遗的系统性保护注入动能

2021 年 2 月 3 日，习近平总书记曾在考察贵州毕节化屋村的苗绣扶贫车间时勉励乡亲们"要把包括苗绣在内的民族传统文化传承好、发展好"[①]。自此，贵州省在贯彻党中央要求、健全民族特色的现代文化产业体系和市场体系方面

---

①　习近平春节前夕赴贵州看望慰问各族干部群众 向全国各族人民致以美好的新春祝福 祝各族人民幸福吉祥祝伟大祖国繁荣富强 [N]. 人民日报，2021-02-06(001).

做出了许多成绩，尤其是贯通民俗展演、乡村观光、休闲农业、直播带货、电商工坊、研学体验、康养旅行等诸多新业态，从而真正为广大乡村注入动能，发展壮大了各类文化市场主体，一批年轻有活力的民族技艺人才（如名绣娘、名银匠、名技师、名歌师等）成长为非遗传承的生力军。在"村 BA""村超"流量的助推下，越来越多的村民在农文旅融合高质量发展中分享到产业增值收益，这将可持续性地增进社区整体的文化自觉与非遗传承积极性，进而不断为非遗的系统性保护注入动能。

一、"家门口就业"

非遗传承首先要有人，防止乡村文化凋敝的第一步是聚拢人气，第二步是凝聚人心。我国的非遗保护事业中近十年来高度重视"生产性保护"理念，即旨在于非遗传承保护和社会经济发展之间建立一种良性互动的机制，"使相关的非遗项目能够在现当代社会中找到合理的定位。如此便可在实现相关非遗项目社会功能的同时，使相关非遗项目自身也得到传承保护"[1]。非遗事项作为地方文化记忆的容器，应当由文化持有者和传承人在其生境中活态地进行生产性保护。非遗记忆的延续是非遗作为功能性记忆（有人栖息的记忆）的一部分，通过与一个载体相联系，这个载体可以是一个团体、一个机构或是一个人，在过去、现在和未来之间建起桥梁，以传播构造身份认同和行为规范所需的价值[2]。"两江两村"赛事显著地发挥了为乡村振兴聚拢人气之作用，吸引了许多外出务工的青壮年返乡，这就为非遗保护事业储备了人才，重建了社区中民俗、歌舞、手工艺等非遗事项的传承秩序。从最普遍的意义上说，台江、榕江两县在"村 BA""村超"流量助推下脱贫人口的收入显著增长，让村民们有了撸起袖子加油干的斗志、看到了家门口致富和乡村振兴的希望，稳住了非遗

---

① 张兆林，齐如林，束华娜.非物质文化遗产保护领域社会力量研究 [M].北京：中国社会科学出版社，2017:271.

② 阿莱达·阿斯曼.回忆空间：文化记忆的形式和变迁 [M].潘璐，译.北京：北京大学出版社，2019:146.

图 6-2-1　台江、榕江两县从 2014 年贫困人口人均收入
到 2023 年脱贫人口人均收入的增长线（单位：元）

"生产性保护"的基本盘。

　　例如台盘村，"村 BA"走红前篮球运动就发挥着保障乡村文化主体"离土不离乡"的功能——通过在这个聚人气的小周期里村村组队打篮球并形成联赛传统，在现代化进程中连起了一条基层增进民族交往、文化交流以及村落共同体凝聚力的新纽带。从前的苗乡节庆是唱歌跳舞到天亮，而今主打节目换成篮球，仍富于民族文化氛围，被村民自豪地戏称为"天亮文化"。这些周期性的社区活动寄托文化传承人的返乡动力，使村寨劳动者在城乡间双向流动有了韧性纽带维系。"村 BA"一朝走红，村民意识到他们的苗装银饰、芦笙踩鼓乃至斗牛、赛龙舟和打篮球，都具有有形或无形的文化商品属性，随即提高了对非遗的重视和借直播、电商等新质生产力开发文旅的内生动力。当网络流量日渐转化为客流量和营业额，农民们"家门口"拓岗增收的局面稳定下来，因乡球而聚的人气又进一步保障了乡村文化振兴、非遗活化利用的良性循环。

　　2023 年榕江"村超"随"村 BA"的脚步走红，以更加多元多彩的民族文化展示吸引了众多观众和游客，苗乡侗寨的非遗展演与文旅联动更进一步。黔东南州委州政府适时与《中国国家地理》杂志社联合推出了全长 2180 公里[①]

---

　　① 其中苗侗风情线 488 公里，人文山水线 1471 公里，梯田风景线 221 公里。参见：新华网贵阳频道.2024 中国乡村旅游 1 号公路自驾精品线路发布 [EB/OL].(2024–08–02)[2024–09–07].http://gz.news.cn/20240802/6b38fc70b3ff46f0a6265798d01e63aa/c.html.

并将黎平、从江、榕江、雷山、台江、凯里等 6 个县市的 42 个传统村落民族村寨串珠成链的"中国乡村旅游 1 号公路"。这条致力于实现全域旅游的公路上，不仅有 3 个国家级风景名胜区和自然保护区，更串联起了我国最大的苗族侗族原生态传统村落集群、最大的少数民族特色村寨群、最大的原生态苗侗风情博物馆以及丰富绚烂的非遗文化。可以想见，在以"村 BA""村超"为代表的中国最顶流乡村体育赛事嘉年华的带动下，在这条步步成景的自驾游路线上，无数民族村寨的闲置景观和待岗劳动力将得以盘活、迎来机遇，古寨炊烟和田园牧歌中，非遗传承保护利用和乡村文化振兴赋能产业发展会日益迈上新台阶。

图 6-2-2　台江县（左）和榕江县（右）内的一号公路指示牌

二、"黔货出山"

旅游作为"无烟工业"，适合民族地区结合资源禀赋引入并做精。但是要从一两个的网络热搜词拓展出一整套农文体旅商融合发展的县域规划，需经严密论证开发项目是否有利于农村环境美起来、农民精神生活富起来、农业产品对接全国统一大市场顺起来。以牛羊鸡鸭等农产品和民族非遗特色的银饰作为球赛奖品纪念品，为"村BA""村超"拓展农文体旅版图吸来了第一波"带货"流量。为贯彻以赛助农、以赛扶产的理念，台江县、榕江县力推"黔货出山"，取得了多方面的进展。

首先是特色农产品方面，继台江的鲟鱼与榕江的西瓜之后，从江香猪、三穗麻鸭、酸汤、油茶、蓝莓、茶叶、花卉、中药材等黔东南土特产线上线下销量纷纷走高。知名预制菜企业纷纷前来洽谈合作，农特产品从种植养殖到加工营销等环节逐项开展，还特别加入了苗乡侗寨元素的包装元素。台盘乡在"村BA"赛场周边组织的"最好逛的农货市集""最佳旅游打卡线路"等展卖推广活动颇受欢迎。榕江县不仅以"村超"IP极大带动了当地罗汉果、百香果、脐橙、沃柑、猕猴桃、杨梅等水果外销，还开发出了"村超"青酒、"村超"可乐、"村超"南山婆系列调料包等高附加值衍生品。

图6-2-3 台盘乡距"村BA"球场仅3公里的阳芳村建起现代农业示范园

其次是文创产品方面，台江县、榕江县都在彰显非遗底蕴、提升文化传达方面下了深功夫，从球服球袜到银饰、蜡染等非遗手工艺品都经过了专业的设计研发，品质品位非景区仿古街上千篇一律的"义乌风"工业制品可比。"村BA"2022年走红后，仅贵州台江体旅融合产业发展公司设计研发的25个品类74款"村BA"文创产品，2023年销售额即达140万元。榕江县组织当地苗族、侗族青年创业者设计，由非遗传承人带领绣娘、染娘手工制作的"村超"周边文创以及民族风手工饰品，以不凡品位和新颖风格受到市场认可，线上订单迅速增长。"村超"赛场成为民族服饰品牌的秀场，摆贝村80多岁的"村超爷爷"杨老赶身穿蜡染

图 6-2-4　榕江县景区内售卖的民族风手工耳饰

服饰亮相"村超"后，带动同款在赛事现场和网店的销售额达到10多万。

再者是惠农扶产方面，台盘乡因地制宜地精细规划，首批上马的"稻＋渔""茶＋果""田园农业＋休闲民宿"等乡村复合产业已实现盈利。两年间天能集团、山东环保、上海锅圈、北京同仁堂、广东明基水产等一批优强企业前来台江县投资，可谓"一子落而满盘活"。榕江县以区位优势和前期在东西部协作计划中的积累，多方式多渠道铺设产业链，形成了"贵州产品＋广东市场""贵州资源＋广东企业""广东总部＋贵州基地""广东研发＋贵州制造"等多种合作共赢模式。

最后是对外推广创新方面，"两江两村"赛事主办方坚持绿色发展方向、优化营销流通环境，"手机变成新农具，数据变成新农资，直播变成新农活"已在"直播助农带货"取得成绩，探索出一套领先于全国的示范性经验。在及时跟进对群众性体育文化IP产业链开发的基础上不断提升"村BA""村超"美誉度和影响力，通过强化品牌意识与民族特色打牢乡村振兴的产业基础，让村寨居民都看到了"农业高质高效、乡村宜居宜业、农民富裕富足"的希望。

图6-2-5 "村超"赛场边等待向观众
发放瓜果小吃等当地特产的志愿者们

"村BA""村超"赛场上热情淳朴的待客之道，就是当地农文体旅产业最好的"广告"。家门口有奔头，使苗乡侗寨各族劳动者无论在参加篮/足球赛、到场加油，还是在食宿行等生意中接待游客时，都展现出充分的文化自信。据笔者实地调研观察，"村超"超级星期六的现场有大批外地游客，他们并不是走马观花地"打卡"，而是真的会坐下来享受看球赛的乐趣，对联名文创商品以及当地农特产品的小额消费也相当可观——一位专程带儿子来看"村超"的江西游客对笔者说：

> 没想到他们这里的旅游纪念品做得这么好，很多有特色的，不是"一条街"那种千篇一律的东西。我们吃了"村超"冰激凌、喝了罗汉果汁，还买了球衣和杨梅汁软糖，准备回去送朋友的，孩子说还想要一个"村超牛"（蜡染玩偶）。

三、"让游客多留半天"

尽管近年来在现代化进程和快节奏生活之下，"打卡式""特种兵"旅游成为潮流，但总有乐于驻足深入了解旅行目的地人文风情并共享节庆习俗的游客群体。因此"外地游客来看完球了还可以干点啥"，成了摆在"两江两村"赛事主办方面前亟待解决的问题。不能是简单地布设小吃街或临时摊位、发放周边景区宣传单，而是需要精耕细作，规划设计出一日游、周末游、三日游乃至全域深度体验等满足各类游客需求的文旅融合产品。

图 6-2-6　"村 BA"赛场外的风味餐饮招牌

非遗以及民俗的"两创"要向旅游产品延伸，都有一个必经步骤：把文化传统变成体验，亦即项目"孵化"。"村 BA""村超"打造出地标球场并网络走红后，其最初吸引来游客打卡拍照，只能是来也匆匆、去也匆匆。而若能策划推出兼具社会文化弘扬意义与旅游市场竞争力的文旅精品，让游客看球之余在当地多逗留半天，就可能带动集齐吃、住、行、游、购、娱诸要素的产业链条，做好"文旅＋百业"的大文章。"村 BA""村超"正在办火赛事的基础上摸索文化与旅游的契合处、连接点，借由"聚焦客源市场，融入旅游者生活，提供满足旅游者需求的旅游体验，促进旅游者的认同构建"[①] 等途径，肩负起地方文旅维系民族感情和家国亲情的纽带作用的重任。

"村超"对农文旅产业的拓展中惠民增收属性明显，2023 年"出圈"后迅速跟进了"产业大招商"突破年计划，不仅新增"村超美食根据地"等各类市场主体 4019 家，累计带动就业 1.1 万余人；新增以"村超"为名的酒店等 60 余家，还引入了维也纳、七天等连锁酒店品牌，建成读侗木屋、天池和百草堂等特色民宿，还在陆续建设或相继开业四星、五星酒店，住宿行业市场主体累计 390 家，床位数从原来的 5958 个翻番至 11000 多个，为筹办"一带一路"国际友谊赛的接待服务蓄力；县政府积极部署与周边县区合作，联合打造全州旅游路线；接连获评"全国首批文化产业赋能乡村振兴试点""全国县域旅游发展潜力百佳县"。

---

① 郑春霞，丁霜青，陈晓亮，等.民俗文化旅游动机与文化认同关系研究——以闽南芗剧为例 [J]. 华南师范大学学报 (自然科学版)，2022，54(05):90–98.

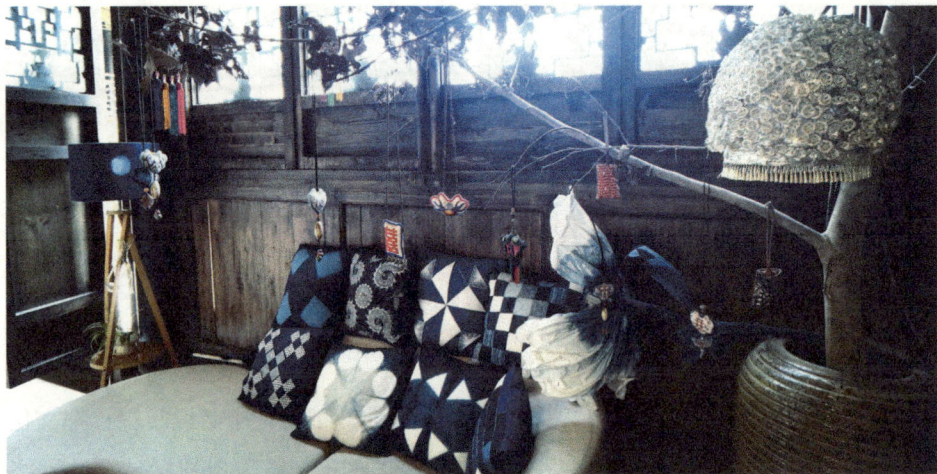

图 6-2-7　榕江县景区内一处以银饰和蜡染为新中式软装主题的咖啡座

从走红到深化新业态发展至今，台江县、榕江县的文化"两创"探索已不限于篮球、足球。"村BA"篮球赛被评为"2023旅游促消费创新实践典型案例"，台江县趁势而上，在2023年累计接待游客640余万人次，实现旅游综合收入同比增长均超70%[①]的基础上，为台盘村在没有大型赛事的几个月里策划了"深山非遗集市""深山音乐节""深山星光夜市"等依托地标球场曝光量的群众文体活动，亦持续得到关注，延伸了吸引游客体验民族风、烟火气的文旅生态链。质言之，农文旅的精髓不在于风景名胜，而在民族风情的展现与游客体验感的提升。民族村寨要为增收致富之路打开新通道、增添新气象，就需要设法令游客"宾至如归""还想再来"甚至成为自发的"文旅推荐官"。

随着2023年全国旅游市场复苏，"县域游""反向旅游"等渐成文旅消费新宠，民族村寨以多彩民俗文化、避世田园风光、绿色有机食品等资源禀赋展现出巨大潜力。"村BA""村超"IP已完成客源"引流"任务，下一步能否持续做大文旅消费带货市场，考验台江县、榕江县的创意策划水平和动能转化能力，以旅游促进文化的传播消费，以文化提升旅游的品质内涵，才能"让游客不止多留半日"。

---

① 中共贵州省委宣传部调研组."村超""村BA"何以火爆出圈[J].求是，2024(11):63-69.

四、"小手拉大手"

足球、篮球运动的国民性基础,不仅助"村BA""村超"积累了第一批IP出圈的拥趸,还在乡球联赛链接文旅产业开发后打开了面向"下一代"的一片广阔市场——青少年球赛与运动研学营项目。"小手拉大手"的生意既有助于扩大吸引客流,保障寒暑假游期间的食宿行产业盈利;也有利于台江县、榕江县将"网红"地标球场的价值最大化,寓教于游、寓学于游、以学促旅,形成口碑营销和常态化良性运转。

2024年榕江县在"村超"受全国瞩目的基础上创意推出"班超"——即面向全国中小学生举办以班级为单位的青少年足球联赛——目前分男足、女足已组建起700多支班级足球队伍。这些足球小将们将分期分批分年龄段地在"村超"球场进行U8-U12组的青少年足球联赛,包括贵州省"星火杯"和全国赛事;围绕联赛还将举办夏令营、训练营以及同期配合的非遗研学、农垦体验、民俗旅游等一系列活动。这项策划具有相当可观的商业价值潜力,若运营成熟,将有力地支撑起"两江两村"赛事延伸出的农文体旅商融合发展产业链。

事实上,榕江县孕育"村超"的几十年中就打下了基数庞大、传承有序的青少年足球基础,早期组织者多来自当地中小学(参

图6-2-8 "村超"比赛进行中球场边
快乐练球的儿童们

见本书第三章第一节）。2023年"村超"走红时，全县已有注册球队35支，国家一级足球运动员20人，国家二级足球运动员147人；拥有14所全国青少年校园足球特色学校，41所县级足球特色学校。2023年5月，"逐梦"青少年女足公益项目与榕江县达成合作，标志着"村超"助力青少年足球运动普及发展的范围推及全国。

与之相似，台盘村为满足游客住宿需求而筹建"村BA大酒店"的同时，也规划了面向全国的篮球研学夏令营。正在依托网红篮球场规划建设的篮球名人堂、体育小镇等，也充分考虑到了中小学生及其家长群体的文旅消费需求和特点。其策划方案中，平衡兼顾了青少年锻炼身体和体验民族文化、乡村生活的需求，面向解决中小学生在学业压力和多媒体诱惑之下"抬不起头"的社会痛点，因而一经提出就得到了众多家长观众的欢迎和关注。

图6-2-9　台江县某村寨篮球场上练球的少年

此类运动营由"两江两村"赛事延伸主办，具有文旅产业契合性和积极的社会意义。首先，有效转化台江、榕江目前正盛的"泼天流量红利"与乡球联赛美誉度，从下一代抓起放大全民健身、体育强国的效应；其次，丰富农文体旅产业链层次，给返乡创业者开拓更多就业创收的机会，如榕江已有多位青年借"村超"出圈之势注册了融合侗族大歌研学、民俗工艺体验、农家自然科普的"体育+"研旅品牌，前文提及的青于蓝艺术中心（参见本书第三章第四节）等非遗文创企业也为前来参加友谊赛的足球小将提供苗侗刺绣、蜡染等研学体验一日游项目；再者，打通校园足球与社会足球的培训竞赛体系，孩子们在"村BA""村超"发源地比赛或集训，可以在近距离接触斗牛赛马赛龙舟等民族体育的过程中，接受潜移默化的中华民族精神熏陶，从而缓解应试教育压力并实现"人的全面发展"；最后，面向下一代广泛搭建"三交""互嵌"的场景，开展铸牢中华民族共同体教育，在为中小学生强健体魄、磨炼意志的同时，也将助力非遗系统性保护与共有精神家园构筑，把"爱我中华""中华民族一家亲，同心共筑中国梦"的种子埋入每个孩子的心灵深处。

图 6-2-10　台江县一小的学生们在 2023 年"村 BA"国赛开幕式上表演少儿篮球秀节目

第三节　各民族文化互嵌为民族非遗的创造性转化赋予势能

"村 BA""村超"个案折射全民健身、文旅融合、乡村振兴、民族团结进步创建及"讲好中国故事"等诸多亮点，笔者认为其核心的一条经验是：激发全民族文化创新创造活力，必须以中华民族共有精神家园为框架，由此一方面可畅通支持文化主体性创新的渠道，一方面也有利于建立优质文化资源直达基层的机制。透过"两江两村"赛场内外的缤纷民族风情，可以读到其底层框架是一整套中华文化特征、中华民族精神、中国国家形象的表达体系。

旅游业以就业门槛低、容量大、产生效益快等特性，适合经济基础薄弱但文化底蕴丰厚的乡村尝试，尤其是在多民族混居区的村寨，"民族交融互嵌为打破'旅游孤岛'现象建立了长效机制，为各民族提供了共享旅游生计的协调机制，为旅游收益分配提供了'帕累托改进'机制"①。"两江两村"探索出了一条做旺文旅消费、激活内循环、"电商＋文体旅"振兴乡村的新路，下一步要沿着这个正确方向实现脱贫攻坚与乡村振兴的有效衔接，就必然要从乡村内部持续激发内生动力——热爱生活的乡村球员、心灵手巧的非遗传承人、能歌善舞的大姐大哥、敢想敢拼的返乡创业者，以及被民族风文体活动唤醒文化自觉的游客们，都是中华民族共同体文化互嵌结构中传承和创新的有生力量。

图 6-3-1　绚丽多彩的民族服饰是黔东南各类文体活动中必不可少的风景线

---

①　张英，白冰，冯莉.民族交融互嵌推进旅游业高质量发展——基于交往行为理论的贵州典范研究[J].贵州民族研究，2024，45(03):9-15.

从文化互嵌交融的视角来看,无论现代都市的足球、篮球,抑或民族村寨的舞狮、赛龙舟,都具备拨动中华民族共有精神家园中的各族儿女心弦进而鼓励其拼搏精神、奏响时代强音,巩固人人有责、人人尽责、人人享有的社会共同体的可能性。"两江两村"的时代典型性在于,大众传统印象中等待"送文化下乡"的民族村寨,这一次作为"促进群众体育和竞技体育全面发展,加快建设体育强国"①的排头兵被全国观众重新审视。"村BA""村超"引发了全国网友关于"去行政化、去商业化的群众体育可以有多酷"的反思,纷纷点赞的同时,感叹好久没看到这种竞技体育的酣畅和为荣誉而战的纯粹。黔东南村民打球赛的热情并非源自上级对普及现代体育项目的硬性要求,拼搏到决胜一刻也不仅是为了名次奖金——少数民族原生态文化中,自古就有与斗牛赛马、赛龙夺锦等文体活动伴生的拼搏精神,重要的不是输赢,而是集体打拼、共博一个日子红火的好意头。这种团结、乐观、奋斗的精神,于彼时刚经历近三年新冠肺炎疫情影响的中国网友心中,起到了激发热爱运动与生活的共鸣、提振拼搏信念与奋斗热情的作用。

学界有关非遗活态利用之力度与尺度的讨论由来已久,也基本形成了关于激发文化持有者的自觉以及在全社会鼓励营造民族文化多样性局面的共识。"村BA""村超"以民族地区文化互嵌的繁荣发展再一次验证了:非遗不是不能用于文旅开发,民族文化也未必一触及商业化即会淡化、异化,而可以在为文旅产业提供资源与底蕴的同时并行不悖地实现自身创新性发展,只要在其间掌握恰当尺度——

就实践层面而言,忽视各民族自古"三交"并共创灿烂文化的渊薮,就难以正确看待当今非遗分布格局是建立在多民族交流融合积淀之上的,就容易出现地方保护主义、非遗传承的单体保护观和文旅开发的标本化展示,从而制约活态开发与系统性保护。

就理论层面而言,学界对非遗保护向来有"求真""求变"之争,因而若

---

① 习近平.高举中国特色社会主义伟大旗帜 为全面建设社会主义现代化国家而团结奋斗:在中国共产党第二十次全国代表大会上的报告(2022年10月16日)[N].人民日报,2022-10-26(001).

不能先从横向上正确把握各民族文化和中华文化之间的关系，则难以在纵向上理顺传统与现代的衔接，唯有摆正非遗保护人、物、场三者的文化互嵌关系，才能令传承人看清民族文化的走向和未来，从源头上破解旅游景区"舞台真实""游客凝视"等商业化逻辑。

图6-3-2 外地球队来榕江参加友谊赛时打出"祝村超越来越火"的条幅
（来自 @ 榕江发布的直播画面）

乡村振兴的主体是人，赋予乡村生活以价值感、幸福感和快乐感，才能激发村民的活力和动力，因而必须加强农村文化供给侧改革，更注重文化产品和服务的可接受性[①]。尽管文化涵化（acculturation）在现代化进程中无处不在，但各民族对外来文化接纳的态度、速度以及侧重点不尽相同，在"两江两村"赛事中，篮球、足球运动对于台江、榕江村民而言，就是一项既无须行政手段普及也不靠市场资本驱动的群众性运动，其对外来文体项目的自发拥抱和创新转化具有样本意义。

现代性冲击下传统文化的式微和社会心态的不稳，是非遗保护面临的世界

---

① 徐勇.乡村文化振兴与文化供给侧改革[J].东南学术，2018，(05):132–137.

性难题。而中华文明绵延五千年的历史中各族历经交往交流交融形成众多交融互嵌的特色文化区，是我国基层民族村寨抵御现代性冲击并系统性保护非遗及其文化生态的结构性优势。依托中华民族共有精神家园的"根深干壮"，各民族的非遗传承及文化"两创"具备了"枝繁叶茂"的发展势能，得以有效抵御特色流失、传承乏力等风险。非物质文化遗产是活态的遗产，"注重的是可传承性（特别是技能、技术和知识的传承），突出了人的因素、人的创造性和人的主体地位"①与之相似，乡村的建设靠谁？是村民。乡村的振兴靠谁？需要新乡贤带领。曾有学者将中国传统社会基层的自治、规约与互助模式概括为："国权不下县，县下惟宗族，宗族皆自治，自治靠伦理，伦理造乡绅。"②发展至当今社会，尽管社会基层事务的治理体系和治理能力现代化水平已取得长足发展，但保障政令通达仍然可以从乡贤共治和传统的软性自控系统中汲取营养。当今时代，民族村寨主要有两项使命——非遗保护与乡村振兴，其内在具有诸多相似性需求和可共谋空间，同样需要坚持对人民主体地位的保护和由新乡贤创造性引领的发展。

以"村 BA"为例，其各发展阶段均折射出民族互嵌社区的优势：

早期自发组织的积累阶段，乡球能得到当地政府和村民的一致支持，是出于"多一个球场，少一个赌场"的朴素关怀。斗牛、赛龙舟等民族节庆的组织经验使社区常年处于文体活动纽带维系下的开放、包容、合作状态，因而顺利吸纳了篮球等外来体育项目融入当地。

后期渐成规模的每一步，都凝结着党中央多年来"智志双扶"的成果。公路修通、信号覆盖、设施普及等，使"村 BA"外部的硬件条件具备；村民自发打球、组织联赛及形成拍摄、上传短视频等日常习惯，是内在精神生活充实的表现。至此，"村 BA"即使未赶上风口走红网络，也堪称物质文明和精神文明相协调的中国式现代化"窗口"。

当下解码成功秘诀，是台江苗族非遗、黔东南"百节之乡"传统等文化底

---

① 王文章.非物质文化遗产概论[M].北京：教育科学出版社，2008:40.
② 秦晖.传统十论——本土社会的制度文化与其变革[M].上海：复旦大学出版社，2003:3.

蕴，为"破圈"送上了关键助攻。乡球联赛场间的苗族芦笙、侗族大歌等"民族风"表演赋予"村BA"独特的网络观赏性和融媒传播优势。社区成员共同参与文化IP的打造和传播，是民族村寨守望相助、有机团结的一种新方式；村赛成名后在台盘主场承办的省赛、全国赛中上演更多代表大江南北各民族的非遗文化展演节目，是共建中华民族共有精神家园的集中体现。

面向未来，台盘乡正积极建设并申报AAAA级景区，但若仅有一个"村BA圣地"赛场和季节性的乡球联赛，显然不足以支撑观赛客流转化为旅游收入；同时，若仅有台盘村民的打拼和台江县的支持，显然也不足以支撑农文体旅商全产业链的融合发展，因而必须吸引更多人才梯队加入乡村振兴布局，其间协调好原乡人、归乡人、新乡人三者的生产生活需求，各展所长共同推动文化"两创"。

图6-3-3　2023年台江节庆文旅活动中的"村BA"巡游花车

榕江县的"村超"在孕育成熟阶段也经历了与"村BA"相似的文化互嵌、民族交融、群策群力、协同共建的过程，直到2023年，一场比赛现场观众达5万人的高峰时段，从江、荔波、黎平等周边县市都来参与保障支援，全域旅游在众人拾柴中逐步做旺，形成文旅 IP 后流量红利也是大家共享；业态深化发展阶段，服务短板也必将在文化互嵌的结构中实现相互补齐。

回顾"村 BA""村超"从自发孕育到成为全国样板的历程，可见文化互嵌的结构环境与创新意识功不可没。事实上，无论榕江这样先一步迈入城镇化的欠发达县城，还是台盘村这样看似处于发展不平衡不充分中的民族村寨，其在经济和文化上都从未"脱嵌"于社会。中华民族共有精神家园的根基给养输送至山乡苗寨，使其在现代化进程中不至于割裂分化，还能在文化自觉、文化自信的基础上实现基层自主"两创"。当越来越多这种"小而美"的文化互嵌式旅游社区遍及全国，共享、共建、共创的势能将有力地助推旅游强国建设。

第四节　各民族共建共享现代文明体现的"中和位育"之道

以民族学视角观之，"村 BA""村超"代表民族地方应对文化全球化普遍冲击时所创新出的一种兼顾记忆团结与事件团结功能的社会凝聚活动——早在世纪之交，费孝通先生即指出"当今世界上，各地不同的文化都已经被纳入到全球化的世界体系中，已经不存在化外之地"，他提倡把潘光旦先生曾重点阐述过的"中和位育"等古训以及对新人文精神的追求带上，"这样去做，我们就能获得比较高的起跳位置，也才能跳得高，跳得远，在真正的意义上实现中华民族的伟大复兴"[1]。位者，安其所，育者，遂其生，台盘乡、榕江县陆续孕育出"村 BA""村超"这两个大热文旅 IP，源于苗乡侗寨的群众自觉遵守村规民约、乐于传承民族文化，故不仅在互联网时代找到了为本民族传承非遗、弘扬文化的位置，还实现惊艳一"跳"，给他们"爱过节""天亮文化""请假也

---

① 费孝通. 经济全球化和中国"三级两跳"中的文化思考——在"经济全球化与中华文化走向"国际学术研讨会上的讲话 [J]. 中国文化研究，2001，(01):2-8.

要回家打球"等传统觅得了文化创新的生机。

以"村BA"的参赛队伍为例，就好比独木龙舟赛中每寨都备有两三条龙船，"村BA"联赛中每村也不止一支篮球队——除男子组、女子组、少年组（16岁以下）、中年组（37岁以上）等常规设置外，更有如"某某商行 vs. 某某酸汤粉"等业缘纽带的同事组队、"某某中学 vs. 某某职校"等学缘纽带的校际组队。近年随网络走红后赛事规模扩大，参赛队伍日趋五花八门且来自四面八方，2024年台盘村"六月六吃新节"的淘汰赛阶段，可看到"凯里平良贡米""中新投建设有限""革一蒸功夫烧烤店""凯里学院06班""壮哉兄弟队""皆蒿哈密瓜""佛山中恒兆源""广西天隆集团"等多支业余球队同场竞技……无论是宣传企业品牌、农特产品的团队还是校友群重聚的球队，都是基于趣缘纽带连接起各民族互嵌式社会结构和中华民族共有精神家园的生动体现。

业缘、学缘、趣缘，团魂、乡愁、文化自豪感……现代化进程中，民族村寨多面临猝然的文化投射与空间折叠，行"位育"之道可中和这些冲击产生的张力。"村BA""村超"联赛以篮球、足球为媒搭设跨越族际和地域界限的桥梁纽带，属于黔东南苗乡侗寨中那些传统的龙舟赛、斗牛赛等同姓同宗同民族的文体活动在进入全球化时代后"安其所"的文化有机延伸与"遂其生"的创造性转化。笔者认为其堪称民族村寨基于文化自觉参与旅游强国建设的一种积极面向，同时体现出中国式现代化基于文化底蕴对西方道路的超越。

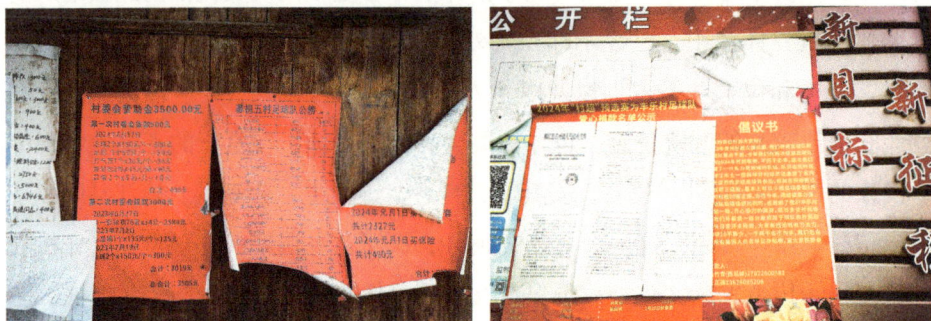

图 6-4-1　榕江县车江乡坝区三宝侗寨五村足球队（左）和
古州镇丰乐村足球队（右）的"村超"募款公示

图 6-4-1 是笔者在榕江进行田野调查时在两处社区居民宣传栏所见的公示。左图来自车江乡坝区三宝侗寨五村,一边是村委会赞助 3500 元的支出明细,从购买足球、打气筒、口哨、球衣到饮用水、保温桶等,笔笔有细账,另一边是所有"公路门面"的募捐公榜,可以看到慷慨解囊的包括:岭真特色牛瘪店、原味汤牛肉粉店、古榕早餐店、寨蒿镇求寨包子、忠诚鲜肉批发等餐饮商家,也有友家购物超市、济和堂大药房、胜东建材瓷砖批发、鑫灏铝门、吴海文杂货店、榕江盛轩机械有限公司等各类企业商户。募捐金额从 20 元至 300 元不等,均有明账。右图则来自第三章第五节所述榕江"西瓜妹"所在的古州镇丰乐村,除了贴有公示 2024 年"村超"预选赛为丰乐村足球队爱心捐款总计 63378 元的名单,还有此前以"西瓜妹"熊竹青为募款人的《倡议书》:

> 尊敬的各位村民大家好!
>
> 2023 年贵州村超火爆出圈,我们村两支球队和啦啦队爆点不断。今年我们村再次组建足球队参加 2024 年村超联赛,不同于去年,这次我们组建了一支实力更加强的队伍,队员由我村民和榕江本土一些踢球好的球员还邀请了省内一名优秀的足球运动员参加,目前在预选赛已经取得三连胜,基本上可以小组出线参加 3 月的村超 20 强正赛。古往今来,团结就是力量,足球队取得佳绩的同时,也展现了我们丰乐村团结一致、齐心协力的精神,经过多位村民协商,我们将募捐一部分款项用于球队和村民啦啦队日常开支经费,大家有钱出钱有力出力,10 块 20 块不算少,一千两千也不为多,我们也会为所有募捐人员名单公布贴榜,望大家积极参加。

物质与精神是辩证统一的,传承、创新、发展优秀传统文化需要以拓宽致富惠农路为物质基础;同时,非遗传承人、村寨文化主体自觉自愿的文化"两创"行为也在源源不断地为乡村从文化振兴到产业振兴注入内生动力。究其根本,"村 BA""村超"之所以一鸣惊人、一呼百应,因为它们的孕育创办是契合时代脉动,适应人的全面发展和全体人民共同富裕的中国式现代化建设要

图 6-4-2　台江景区中非遗工坊内陈列的
传统工艺编线机

求，顺应各族人民对物质精神双方面美好生活期待的。

以全过程人民民主汇聚起"共同富裕"合力，是中国特色解决民族问题正确道路的一个重要抓手，也是当前在民族地区"赋予所有改革发展以彰显中华民族共同体意识的意义"的题中之义。具体到文旅融合领域，表现为充分调动各族人民积极性，发挥其文化主体作用从基层发力，共同做大民族村寨农文体旅商的"蛋糕"。"两江两村"正是抓住了这一突破口，探索从非遗与现代生活（如足球篮球、民俗节日、群众文体活动等）的连接点发掘本地的文旅资源禀赋——

2023年9月9日，榕江"村超"足球场上，北京红烧肉队跨越2000多公里前来参加全国美食友谊赛，迎战贵州卤鸭队4∶2告捷。队长李仲秋介绍他们的球队是企业自主组队，队员由厨师、大堂服务员、收银员等一线员工组成，这次从北京层层PK才杀出重围，得以跟六必居、华都两家美食老字号一起来到"村超"竞技——"球员、啦啦队总共来了两百多人……现场气氛超出预期！"①

前一天（2023年9月8日）的台盘"村BA"篮球场上，内蒙古伊金霍洛旗篮球队前来参加中国农民丰收节台江"村BA"活动，不仅与贵州黔东南州篮球队打了友谊赛，还带来了马头琴、呼麦、蒙古舞等民族文艺表演，来自内蒙古赤峰市和黔东南州的近千名演员、非遗传承人同唱一首歌，压轴节目《石榴籽的欢庆》将现场3万余人的观众席带动得人声鼎沸。同为能歌善舞的少数民族，跨越山海欢聚在球场上，简直是"金风玉露一相逢，便胜却人间无数"。

① 邓国超,李坤,陈诗宗,等(贵州日报报刊社调研组).群众创造历史创新引领发展——从村BA村超看西部欠发达地区中国式现代化的生动实践[N].贵州日报，2023-09-20(001).

图 6-4-3　来自全国各地的业余足球队在"村超"赛场会师

在全社会树立正确的祖国观、民族观、文化观、历史观，是一项事关精神文明建设成败的系统工程，需要从国家顶层设计逐层向县乡村寨渗透贯彻。而"文化振兴乡村，搞活县域经济"正是适合在其中发挥中介传导作用的一种机制。因为"两创"兼具增强中华民族凝聚力和中华文化影响力的功能，因而先从润物无声的文化领域入手最为恰当，在思想观念、精神情趣、生活方式方面给予各族群众向现代化迈进的正向引导，其实际收效远远强于宣讲说教。如图6-4-4是2024年10月"村BA"国赛开幕式上的一个文艺节目。高台上、国旗下身着苗族盛装、嘹亮歌唱的，是代表少数民族的童声合唱团；而篮球场上身着青花瓷图案旗袍、手持红色油纸伞翩翩起舞的，则是中华民族共有精神家园的文化符号象征。如此和谐的画面在"村BA"赛场这种具有时代感和广泛受众的场合进行视觉传达，不失为中华文明标识体系的一种形象外化，也是在向世界展示新时代的真实、立体、全面的中国。

图6-4-4　2023年全国和美乡村篮球大赛（村BA）总决赛开幕仪式上的歌舞节目

　　"村 BA""村超"个案从新颖的"体育 +"角度切入，向大众展示原本默默无闻的苗乡侗寨，在全媒体时代可对提高非遗可见度、民族文化美誉度、传承人主动性、村民内生动力等方面辐射出多大的示范效能。"深化文明交流互鉴，讲好中华优秀传统文化故事，推动中华文化更好走向世界"[①] 是我国非遗保护事业的题中之义。这要求中华民族共同体全体成员，不拘城乡或哪个民族，都参与进来。非遗传承人和文化持有者是否全程参与、共建共享，是一条衡量"两创"成效的金线，也是建设中华民族共同体进程中事关激发全民族文化创新创造活力的关键，因而，推广借鉴"两江两村"先进经验将其引导入"安其所，遂其生"的中和位育之道，是当前的重中之重。贵州作家姚瑶在关于"村 BA"的报告文学后记中，一首叫作《从"村 BA"到"村超"》的诗描绘出了这种自觉、自洽、自强的状态：

　　　　从"村 BA"到"村超"，

　　　　从台江到榕江，我看见了，

　　　　简单的快乐，纯粹的体育，

　　　　百姓的欢喜、村庄的繁荣、国家的兴旺，

　　　　基层的有序治理，蓬勃的乡村振兴……

　　　　从"村 BA"到"村超"，

　　　　我看见了这个民族藏着心里的自信，

　　　　我看见了这个民族肩上的责任和担当，

　　　　我看见了他们共同的文化印记[②]。

　　"最炫民族风"和"文明乡风"劲吹赛场内外，强化非遗的代际传承，巩固社区的情感连接，赋能村寨居民的内生动力，更引领传统文化的创造性转

　　① 习近平对非物质文化遗产保护工作作出重要指示强调 扎实做好非物质文化遗产的系统性保护 推动中华文化更好走向世界 [N]. 人民日报，2022–12–13(001).

　　② 姚瑶 . 村 BA: 观察中国式现代化的一个窗口 : 台盘村乡村振兴故事 [M]. 贵阳 : 贵州民族出版社，2023:238–239.

化……其间可观察到"两江两村"赛事并没有在走红后丧失其作为群众性体育运动的人民主体性,而是始终保持着与球友交流、与时代对话、与更广阔天地联系的"安所遂生"之态度。在此仅举一个微小的实例——2023年下半年,是"村BA"网络流量知名度激增和文旅开发商业价值提升的阶段,但台盘乡的文旅产业拓展并未过急、过商业化,规划趋于理性并始终坚持以人民为中心。笔者2023年10月再次进行田野调查时发现,"村BA"赛场观众席顶端的主题标语,已经从"中国'村BA'圣地"更新为了"全民健身'村BA'全民健康"(如图6-4-5所示),从中可看出当地政府从树立文旅新地标到树立全民健身和体育强国新标杆的价值转向。

图 6-4-5 "村BA"赛场边的主题标语的变化(左、右分别摄于 2023 年 5 月和 10 月)

学界常用"活鱼须在水中看"强调非遗应在民众生活中进行系统性保护,那么,新时代以"村BA""村超"等为代表的基层传统文化创新案例,带动民族非遗走入大众视野并创造性转化为高附加值的文旅资源,或许可用"活鱼宜在浪里观"来形容。

第七章

多方协同推进民族村寨
融入旅游强国建设的路径规划

　　"两江两村"案例是观察中国式现代化的窗口，也是"多彩贵州"民族村寨之首创精神与内生动力能够为广大西部欠发达地区提供的新时代文化"两创"经验借鉴。从"村 BA""村超"经验中，我们能观察到打破刻板印象的"破壁"、摆脱凋敝困境的"出圈"、转化经济效益的"落地"、民族团结进步的"共振"。

　　加快建设旅游强国，亟待更多新业态涌现、更多基层力量参与。中共二十届三中全会要求："传承中华优秀传统文化，加快适应信息技术迅猛发展新形势，培育形成规模宏大的优秀文化人才队伍，激发全民族文化创新创造活力"①，这在"村 BA""村超"的文旅融合发展中均有所体现，互联网时代经济基础薄弱但民族文化底蕴深厚的村寨可以成为焕发文化宝库光彩的"战略后院"，能够承担起建设中华民族共同体与中华文明新形态的双重使命，可以在与"体育+""非遗+""电商+"等题材的结合中快速孵化文旅新地标和新产品。基于以上认识，本书归纳总结了"两江两村"赛事为文旅融合、品牌打造、非遗保护、社会治理、营销宣传等领域带来的新思考，试提炼出一套民族村寨在现代化进程中激发民族文化创新创造活力的行动逻辑，并对应以下五方主体提供对策建议。

第一节　各级政府赋予文旅开发以改善民生、凝聚人心的意义

一、谨防照搬"村 BA""村超"而"堆盆景"

　　近两年来，全国的目光聚焦台江和榕江，围绕"村 BA""村超"的讨论，已从最初的"幕后推手是谁"转变为其成功经验能否嫁接至其他省区乡村的各类文体活动中？文旅产业以高附加值、高融合性、高创新性等特征，受到广大

------

① 中共二十届三中全会在京举行 [N]. 人民日报，2024-07-19(001).

图 7-1-1　榕江县具备发展文旅产业适宜的气候地理风光条件

经济基础薄弱、产业条件有限且亟需实现跨越式发展的县乡密切关注。笔者认为，对"两江两村"的借鉴模仿应审慎推进，切忌"堆盆景"式地照搬照抄，而应因势利导、就地取材，学习台江、榕江深挖已在当地群众中广泛分布的"体育+"资源，并且不一定要依托少数民族风情文化，红色文化资源、绿色生态资源、多彩非遗资源等，无不是开发乡村文旅、搞活农村经济的可用之材。

"两江两村"赛事在顶层架构上，都遵循了"民族特色村镇 + 生态 + 民族文化 + 旅游 + N"模式，致力于提供丰富多样、贴近时代的高品质文旅产品和服务供给，这是拓宽旅游强国的基层路径。以苗绣及银饰为例，在文化遗产从"方寸馆舍"走向"大千世界"的文旅融合新业态开发进程中，给民族村寨中的基层工坊和小微企业带来商机，这是各地民族村寨无论选择文旅、电商抑或研学等发展战略都不可跳过的内生动力蓄力步骤。已有学者基于对"村超"的考察指出，并不是所有的"村+"类体育IP都能出圈，各地需要根据自身实际情况，充分发挥地域资源禀赋、多元主体共治、搭载地方丰富多元的文化并坚持"文体旅"融合发展，以实现其良性发展并促进乡村振兴[①]。

各地能从"村BA""村超"学习到的首要经验，就是重视发挥本地的文化底蕴优势，只有让历史文脉融入生活、回归社会、服务人民，才能实现守正创新。反之，若为政绩自上而下地给基层摊派文体活动任务，很可能导致村民丧失原生态活动的本真乐趣和文化创新的内生动力；若硬性嫁接与当地水土不服的文化事项，尤其东施效颦、大拆大建，就不可能培育出实现历史文化和现代生活相适应、相协调的产业业态和消费模式。

二、统筹整合县域文旅资源以实现内涵式发展

"村BA""村超"个案经验证明了现代文旅产业可以成为县域高附加值产业的支柱。各地学习、借鉴、引入"两江两村"经验时，不能仅着眼其"体育+"的表面属性，而是要意识到其文化产业的本质属性，这"是一种知识密集、信

---

① 安海燕，何金彪，杨昌能. "村+"类体育IP促进乡村振兴的内在逻辑与实践研究——以贵州"村超"为例 [J]. 资源开发与市场，2024，40(04):590–597.

息密集、技术密集的新兴产业，其产业的价值源于文化积累和科技发展所激发的创意"①，因而必须充分引导科技创新在与本地文化、经济和社会资源禀赋的互动中发挥能动性作用，统筹好有效市场与有为政府双方在做大做强地方文旅IP中的作用。

2023年9月，习近平总书记到黑龙江省考察时谈及大力发展特色文化旅游，在肯定当地探索发展冰雪经济作为新增长点的同时鼓励："勇担新的文化使命，繁荣发展文化事业和文化产业，深入开展城乡精神文明建设，推进城乡公共文化服务体系一体建设，努力培育新风尚、展示新形象。"②台盘乡当前正积极推进以"村BA"发源地拓展"体育旅游综合体"的建设并申报AAAA级旅游景区。显然，仅有一个网红球场和季节性的乡球联赛，是不足以支撑观赛客流转化旅游收入以及农文体旅商全产业链打造的。因而联动台江县14项国家级非遗项目以及邻乡红军长征中央纵队旧址等红色景点，多角度打造特色精品文旅线路，才能有序推进全域旅游内涵式发展。文化和旅游正日益成为"人民群众对美好生活的向往"中代表高品质生活的一部分，因而地方各级政府有必要将文旅产业规划纳入推进城乡公共文化服务体系一体建设中布局。

在打造文旅新地标时不妨拓展广场思维，以黔东南州乃至省域为视野策划"民族广场大环线"旅游产品。如此一方面能够串珠成链，整合并盘活更多文旅景区设施，建立起资源共享、优势互补、互送客源的区域旅游市场互惠机制；另一方面有助于以做亮品牌、深挖富矿的意识为引导，将各民族、各地区的文物和文化遗产内蕴的中华文化元素协调转化为旅游资源禀赋，配合当地文化惠民工程与群众性精神文明创建的开展。守正才能不迷失方向，创新才能引领时代。内涵式发展是新时代文旅产业转型升级的必然要求，这是"村BA""村超"在"网红"品牌效应之下给予广大民族村寨最具启发性的经验。

---

① 黄永林.中国文化产业的现代发展[M].武汉：华中师范大学出版社，2023:117.

② 习近平在黑龙江考察时强调：牢牢把握在国家发展大局中的战略定位 奋力开创黑龙江高质量发展新局面[EB/OL].(2023-09-09)[2024-07-15].https://www.hlj.gov.cn/hlj/c111110/202309/c00_31666340.shtml.

三、有序引导乡球联赛扎实服务惠农拓岗增效

升级为全国赛事，意味着"村 BA""村超"从黔东南群众自娱自乐的文体活动，上升为全国全面开花实践文化赋能乡建的大演习。农业农村部官宣"全国村 BA"以来，社会各界提出了对于过度营销、比赛变味、劳民伤财、增加基层工作负担等问题的担忧。2023 年国赛前，央视新闻节目中主持人白岩松也向专家及台江的政府工作人员、球员等发问："是否担心'村 BA'变成'村人民币 A'？"①

据笔者在台江县和榕江县的田野观察，无论"村 BA"还是"村超"赛场上，来自全国各乡村的球队，赛前互赠的不是队旗而是本地的农特伴手礼，上场球队啦啦队方阵中，打出的除了"加油""必胜"标语，也有宣传本地文旅的标牌；与此同时，前来交流的州外乃至省外球队，大多在球赛竞技之外还肩负有考察文旅开发经验的"取经"使命，不少队伍随团成员中包含州县文旅干部……人声鼎沸的球场也成了乡村振兴建设互学互鉴的"课堂"。

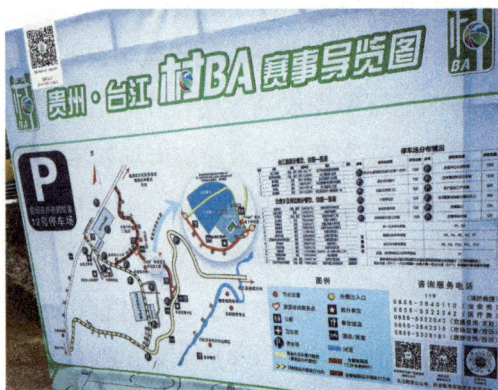

**图 7-1-2 每逢大型赛事台盘村各大路口
都会设置标注食宿停车信息的导览图**

学界认为少数民族传统体育兼具构建文化共同体、促进乡村振兴、助推对外传播等多维使命②。各地各级政府在引入乡球联赛及其配套的助农、扶产、兴旅等模式时，必须贯彻"发展为了人民、发展依靠人民、发展成果由人民共享"的总体思路，多推动扎实服务惠农拓岗增效的实事。不仅学习台盘乡和榕江县嫁接现

---

① 央视网.《新闻 1+1》升级"村 BA"，"村味"如何延续？[EB/OL]. (2023-06-09) [2024-06-10].https://tv.cctv.com/2023/06/09/VIDECbTMJ0GbpP3CzFkUFrfv230609.shtmll.

② 韦晓康，蒋萍.民俗体育文化在社会治理中的作用研究 [J].中国体育科技，2016，52(4):31-37.

代体育与民俗传统创造文旅 IP 的"奇招",也学习苗乡侗寨"一中心一张网十联户""村规民约 + 寨老 + 民主评议团"等内在的"治理术",引领乡村从文化到产业、人才、生态、组织的全面振兴。例如黔东南州 2023 年依托台江县"村BA"网络热度部署了"项目攻坚年"和"产业大招商突破年",打出了一套扶产惠农"组合拳"。首先,出台《台江县特色农产品产业招商优惠扶持政策》《台江县招商引资优惠措施(试行)》等优惠政策,而且大力简化行政审批流程,"全程网办"事项达到 75% 以上;其次,本着让利企业、扶持发展、培育内生动力的目标,从项目用地、厂房租赁到代建、财政、金融、投资服务等方面,均为企业做足了保驾护航工作,对促成项目落地的社会引资人给予按照固定资产投资金额 3‰的奖励政策;再者,在服务招商投资兴业的过程中实现了高质量治理与服务的全面升级,打响了"苗疆秒办""红旗代跑团""党员先锋岗"等政务服务品牌,在帮助项目快速落地方面实现了"三个同步"(即赋码就备案、交地就开工、承诺就办理),确保"村 BA"热度不浪费,商机不流失。

第二节　社会资本共商"民族文化搭台,县域旅游唱戏"高招

一、打通网红流量助农扶产的"最后一公里"

"村 BA""村超"在 2023 年至 2024 年期间辐射带动了如此大的网络流量、旅游客流和电商销量,令全国诸多企业看到互联网时代文旅市场下沉的潜力。"文化搭台,经济唱戏"模式多年来已在乡村振兴中广泛应用,是诸多产业基础薄弱而文化资源丰富的落后村寨所寄予厚望的"弯道超车"机遇。然而,由于资本、人才、创意等要素与地方文化资源之间耦合度低以及产业抗风险能力

差^①等缺陷，也令投资方和社会资本往往持保守观望态度。"两江两村"赛事能够凭借创造性转化文体活动与节庆传统而一举闯入贵州省乃至全国的文旅版图，其将知名群众性赛事 IP"变现"为村集体资产和各族村民实惠的经验，是全国众多乡村所翘首以待参考借鉴的。

图 7-2-1　台江"村BA"官方线下体验店中售卖的本地农产品

要引入农文旅商融合发展的产业链条在村寨落地，必须着力规避乡村产业同质化发展陷阱，注重与"一村一品""一村一业"的结合。例如台盘乡在"村BA"走红之余，依托前期已有的阳芳休闲农业示范园、鲟鳇鱼三产融合示范养殖区和现代农业产业园等，开发"村BA"田园风光旅游度假景区和"稻+鱼"、"茶+果"、中药材、食用菌等特色农业集群，推出的"苗侗山珍""姊妹酸汤""枇杷果酒"等产品大多以"村BA"为招牌、以苗乡文化为包装要素，体现对民族特色卖点的把握。

又如榕江县在"村超"布局阶段就确定了协同打造村民拓岗增收样板工程的方向。用贵州山呷呷农产品公司经理唐胜忠的话说：

> "村超"如同乡村振兴的超级发动机，怎么让巨大的流量转化成巨大的红利，怎么样才能持续接住村超流量带来的"泼天富贵"？我们的理念是一个 IP、一个品牌、一个产业，多做一些内容孵化，找

---

① 高宏存. 文创赋能乡村振兴的理念革新与思路突破 [J]. 行政管理改革，2022，(11):23-33.

准产品定位，并且在包装、物流上下功夫，让更多本地土特产走出大山，带动农副产品生产，巩固父老乡亲就业增收 [①]。

从南山婆酸汤粉到华诚生物村超可乐，从汇源果汁到刺柠吉饮品……"村超超嗨集市"一个月就招商落地了 80 家美食企业落户，切实以品牌电商为龙头拉动了"黔货出山"。榕江县结合其水果产区定位，与汇源集团签订引资协议建起了包含果汁生产加工、包装设计、保健饮品研发等一条龙全产业链，同时打出"甜甜榕江"的地方文化名片。此类以"互联网+"思维助农扶产，促进传统村落保护业态增值的经验，具有广泛的参考借鉴价值。

二、各级各类新增市场主体共建民族文旅产业

贵州"村超 / 村 BA"、淄博"赶烤"、哈尔滨国际冰雪节……近两年中各地各级文旅部门在孕育孵化网红地标和流量热点之余，下了很大功夫研究如何接住并留住"这一波泼天的富贵"。因为究其根本，取之于民、用之于民，才能谋得地方经济长效良性运转。"文化引领、产业带动"与"农民主体、多方参与"均为文旅部等六部门 2022 年印发《关于推动文化产业赋能乡村振兴的意见》中的基本原则。要让文化赋能乡建，必然依托民族文化底蕴搭建特色产业，而文旅产业从"网红"到"长红"，离不开在尊重人民群众主体地位的原则下多方吸引各级各类市场主体加入进来。例如榕江县高度重视在"村超"热度中继续加强佛黔合作，打出了"榕江融入大湾区 打造桥头堡电商经济新引擎"的口号。

有学者剖析"村 BA"经验，指出突出之处是其在完善公共服务体系、突出地域文化特色的基础上激发内生自治动能 [②]，也有学者认为"村超"胜在实现

---

① 电商带货：产销两旺 富足山乡——贵州村超"踢"出就业增收新天地 [EB/OL]. 新华社客户端 (2024–07–17)[2024–07–17]. https://h.xinhuaxmt.com/vh512/share/12103700?d=134d94d&channel=weixinp&wxst=1721193209438.

② 张洪昌，吴迪. 乡村群众体育铸牢中华民族共同体意识的逻辑、经验与启示——以贵州"村 BA"为例 [J]. 体育文化导刊，2024, (04):60–66.

了社会、政府、市场多元主体间的信息互通①，都对黔东南州引导群众性文体活动赋能乡村振兴的做法给予了高度肯定。早在"村BA""村超"酝酿成熟之前，台江县和榕江县也都曾一度出现斗牛比赛商业化、百姓在观赛中赌博博彩等群众体育赛事"变味"的情况，产生了一定程度的消极社会影响。因此，"村BA""村超"赛事一朝走红后，主办方不约而同地将"开门办赛不售票"作为第一条原则，拒绝恶意炒作、慎选资本介入，以前车之鉴为戒做好了协调各类市场主体共建民族文旅的"大文章"。

从"村BA""村超""村晚"到最新涌现的"村马""村T"，就其本质而言是各地区各民族群众基于传统节庆文化与现代生活场景融合而成的新民俗，其文旅经济潜力是孕育于村民主体文化"两创"土壤中的。各地引入"村BA""村超"这些"体育+"产业模式时，若只盯"网红"流量和游客流、现金流，有"BA/超"而无"村"，有"现代化"而无"中国式"，则不啻舍本逐末。

三、持续擦亮乡球引领的民族文化特色新名片

和谐自然生态和多彩民族文化，是"村BA""村超"开发文旅产业的核心资源；以群众体育为媒，以文化持有者首创精神为轴，是"两江两村"延伸出农文体旅商融合产业链的制胜一招。当今时代的文化创新，是"从文艺自觉的民族原创力走向科技文化综合国力建设的全球博弈，形成内容再生产的文化与博弈力国家创新体系，走向伟大民族文化复兴的审美文化创造与文化创意产业、创意城市、创意经济的新历程"②。在各民族共同迈向现代化的征程上，传承、保护、利用好中华民族共有精神家园中的文化精粹，不仅是铸牢中华民族共同体意识、建设中华文明新形态的使命要求，更是赋能广大民族村寨实现脱贫攻坚与产业振兴有机衔接的跨越式发展机遇。"村BA"自2022年年底初具在全网走红之势时，台盘乡就定下全产业链综合开发的思路框架——"产业振

———————

① 张友浪，冉宇豪.多元协同治理如何助力公共服务合作生产？——基于R县"村超"赛事的制度分析[J].治理研究，2024，40(02):57–72+158.

② 皇甫晓涛.文化资本论[M].北京：人民日报出版社，2009:183.

兴是乡村振兴最重要的一个环节，无论怎么去打造'村 BA'，最终还是围绕产业发展为重心，以'村 BA'为契机来实现一二三产业的融合发展"①——而这也是榕江"村超"接棒"村 BA"走红全国之前谋篇布局的基本思路。

无论"村 BA"或"村超"，地方文旅名片要持续擦亮，就必须深化全域旅游协同，进一步打通与多彩贵州、乡土中国的血脉联系。笔者曾在"村 BA"省赛走红后的 2023 年五一假期到台盘调研，其时适逢台江县姊妹节节庆活动，文旅部门提前打出"错过了'村 BA'，别再错过姊妹节"的引流标签，效果可观——小长假中全县累计接待游客 56.6 万人次，同比增长 348.83%。然而，其中分流至台盘的比例很小。县城举办的万人盛装游演、河边对唱等活动观者甚众，而 26 公里外的"村 BA"球场却游客寥寥，偶有慕名来的游人，也因为"没比赛看，这旁边也没什么吃的玩的"而仅拍照打卡后即匆匆离开。当时尽管台盘村虽也在"网红"球场开放了趣味投篮活动，但参与度和娱乐性有限。试想，若以姊妹节为题组织女子篮球赛，可能会更具人气……文旅产业链不延伸、乡球赛事形式不翻新、景区间联动不足，都有失去文旅 IP 热度的风险，因此必须及时跟进、广泛借力、综合开发。2023年至今，台盘乡已围绕"打响一个'村 BA'直播带货品"带动"做精一袋米、养好一条鱼、做香一锅酸汤、建强一个加工园"的产业链。这不仅是台江县串起县域

图 7-2-2 "村 BA"国赛上本地黄牛等农产品
和苗绣服饰等非遗工艺品均备受瞩目

① "村 BA"火了以后，这个村又出了新点子 [EB/OL].(2023-04-23)[2024-07-23]. 央视网 .https://c.m.163.com/news/a/I30T0F9L0514R9OJ.html.

文旅地图的新地标、系统性防返贫的新支柱，还将随承办省际、全国性联赛，为前来交流的民族村寨提供以文化"两创"反哺县域经济的模式参考。

对于"村BA""村超"的经验借鉴，除了建议将现有"农文旅"模式推广向更多西南山地村寨，亦可在"体育+""非遗+"整体思路框架下，试验西北草原的"牧文旅"、东南沿海的"渔文旅"、东北林地的"猎文旅"，等等。乡球赛事只要以群众性文化体育为基础，是可以联动各种类型文化生态并产生化学反应的。各类企业、商业体以及社会资本共谋发展，必将促进我国广大农村发挥出"战略后院"功能，也让民族地区焕发出文化宝库光彩。

第三节　非遗文保单位正确把握中华文化与各民族文化的关系

一、督促同类文体旅产品上马时融合当地文化

《中华人民共和国国民经济和社会发展第十四个五年规划和2035年远景目标纲要》中要求："打造独具魅力的中华文化旅游体验""加强区域旅游品牌和服务整合。"国家《"十四五"体育发展规划》中要求："支持有条件的乡村因地制宜举办群众喜闻乐见、丰富多彩的体育赛事活动，鼓励跨区域联合举办。"事实上，2022年以来全国已陆续涌现"宁夏农民篮球争霸赛""河南'万村千乡'农民篮球赛""深圳街超'百县千镇万村'公益巡回足球赛""西藏体彩'村超'足球赛"等诸多"两江两村"相类似IP，同样收获了各地群众好评、带来了文旅经济效益。然而应清醒认识到，乡村文化体育公共产品的供给、农文体旅融合发展的产业链贯通，并不能像村寨健身设施等硬件那样快速补齐，村民的文体活动习惯和参赛热情等"软实力"更非一朝一夕可培养而成。

学界已对一些地方开发旅游项目时不讲方式、不选载体、盲目表达、随意

表达等现象进行了批评和反思，建议推进文旅融合不能简单拼凑而必须实现系统内部耦合①。因此，各地学习"村 BA""村超"的文化主体创新经验，首先要借鉴其从保护非遗和涵养地方人文"水土"出发的内核，而切忌照抄得有形无神。非遗传承人的培育和地方文化的交融创新都需要漫长的过程，例如作为"村 BA"冠军奖品的银帽，由上万个零部件组成，传统上是苗家女儿的嫁妆，老手艺人也需要两个月才能制成一顶。有了文旅 IP 拉动销量和知名度，苗族银饰制作技艺等非遗项目传承的后继有人都或多或少得到了进一步的保障。

图 7-3-1　台江景区内的银饰非遗工坊（左）和榕江景区内的银饰专营店（右）

从"村 BA""村超"经验来看，各地引进"体育 +"模式以赛促旅时，应优先结合当地人文历史、非遗技艺、民俗节日（如可灵活搭配龙舟、舞狮、武术等群众基础深厚的项目），综合开发集农旅、体旅、文旅以及电商于一体的事业产业链条。在乡村气氛、风土人情、民族传统的滋养下持续激发群众文化"两创"蓬勃的生命力、感召力和凝聚力，才能将地方文旅招牌越擦越亮。

实践证明，乡村开发文游产业，不一定要依托非遗资源，也未必要建仿古建筑、扮传统服饰、载歌载舞地等待游客光临，独辟蹊径地打出展示自我的乡土牌，同样能博得全国游客的青睐。建议全国"村 BA""村超"赛事的相关主办单位从台江、榕江"取经"时，要透过网红经济现象看文化主体性创新的本

---

① 李任. 深度融合与协同发展：文旅融合的理论逻辑与实践路径 [J]. 理论月刊，2022，(01):88−96..

质，借鉴其互联网思维和基层治理创新经验，也贯彻其激发民族文化创新创造活力的精髓。守住乡球的公益性和群众基础，持续激发乡土中国的内生动力和创意活力，依托民族文化底蕴有序搭建特色产业，推动文体"多彩名片"转化为村民的"美好生活"。

图7-3-2　台江县民俗节日中热闹的文化广场

二、挖掘"三交史"底蕴以盘活闲置文旅资源

进入21世纪以来，在经济高速增长和地方政府政绩工程的追求中，旅游业也出现了产能过剩和资源闲置现象[①]。各景区之间冷热不均、新建项目客流达不到预期、地方文旅形象定位模糊、全域旅游线迟迟未能建立等困境，都与深层策划意识的缺位有关。策划地方文旅项目需要传统文化"两创"思路，而"两创"的前提是精准挖掘地方优秀传统文化资源。

"村BA""村超"赋能乡村振兴，都有一个从文化振兴落实到产业振兴的

---

① 罗云丽.旅游共享经济的基本特征、运行机制与发展对策[J].商业经济研究，2016，(14):174–176.

图 7-3-3 台江县施洞镇建成而闲置的文旅景区设施

过程。旅游业的就业门槛低、容量大、产生收益快，适合民族村寨发展，但也应清醒意识到，开发文旅势必要从挖掘、呼应、传达当地民俗文化入手，先精准定位到最能唤起各民族共有审美情趣与文化认同的要素——即那些历经"三交史"冲刷沉淀后仍熠熠生辉的民俗事项——进而再选出一组最能代表地方形象的共有共享之中华文化符号形塑文旅品牌，开发其展演性、娱乐性、互动性强的一面。若非基于吃新节、火把节、踩芦笙堂、牯藏节等当地民族节庆活动的积淀，"村 BA""村超"赛场上不可能形成如此良好的互动氛围和文旅体验；与此同时，"两江两村"赛事的一系列文化"两创"经验，在洋为中用、古为今用的球赛中巧妙穿插体现地方民族文化系统互动互嵌元素的节目，不失为对新时代"三交史"进行式的书写。

前来台江县、榕江县取经的各地文保和文旅单位，一方面要透过"网红"表象看清多彩节日文化才是亿万游客探寻贵州之美的动力源；另一方面也要综合考虑本地现有文旅品牌形象、历史底蕴、民族构成以及闲置景区资源等，在策划球赛或文艺展演时平衡好各民族各类型文化元素的比例，把握好中华文化"主干"和各民族文化"枝叶"的关系。正所谓"对历史最好的继承，就是创造新的历史"，文旅项目开发中应当让各族群众看清楚凡文化遗产皆系各民族人民共同创造、共同享有的，同时看到非遗记忆与民俗并不应故步自封、静态保存，而是可以在文化持有者的掌舵下随时代发展而活态传承、活化利用并创造性转化。

三、县域"非遗+"体旅融合中增进文化自信

在"村BA"球场，中场秀歌舞节目中常常有游客从观众席下来参与踩鼓，当地群众都会热情指导动作；在"村超"球场的"蹦村迪"环节，各族群众都跟着强有力的节奏跳起自己熟悉的舞步，其中许多外地游客是一边跳、一边拍摄动作有民族舞特色的当地群众，体现出对民族文化的欣赏态度。

图7-3-4 "村超"的保留节目——中场"时代金曲·全民K歌"（左）和
结束前"蹦村迪"（右）（来自 @榕江发布 的直播画面）

当前，参与文旅项目开发的村寨大多致力于以"生态博物馆"的整体形象出现，但细分之下，其中有文体运动语言符号交叠的舞台表演"前台"区，有节庆文化仪式性交流的东道主"帷幕"区，还有形塑意识形态领域认同交融的"后台"区。早有学者聚焦民族村寨旅游及其艺术展演动态格局中政府、民间组织和企业在保护与开发民族文化中的互动与冲突现象，指出要达至良性互动，关键在于获得文化持有者的认同，从而在开发、变迁中持续激活自我创生。[1]"两江两村"赛事为全国待推进文旅产业开发的民族村寨提供的一条经验参考，是不能仅满足于项目上马或者地标打出知名度的"表"，而是要深挖文化传统底蕴并增进基层群众文化自信的"里"。

一方面，应充分运用文化"两创"思维，以叫好又叫座的文旅项目带动文化持有者参与。除了"体育+"题材，还可以结合本地资源禀赋试水其他文化

---

① 何明.当下民族文化保护与开发的复调逻辑——基于少数民族村寨旅游与艺术展演实践的分析[J].云南师范大学学报(哲学社会科学版)，2008，(01):58-64.

产业项目，以能够使群众喜闻乐见、群策群力为出发点和着力点，增强非遗传播效能，提升地方文化形象，赋予优秀传统文化以新的时代内涵和表现形式。无论是在对优秀传统文化的传承还是对各民族"三交"促进方面，都需要"前台""帷幕""后台"三个区域统一贯彻正确的中华民族历史观，从而达到在社会民生运转中增强广大群众的文化自信和中华民族认同感的效果。

另一方面，将壮大非遗传承人队伍并形成良性差序与阶序，纳入地方社会精神文明建设工作。目前全国认定的非遗代表性传承人（含国家、省、市、县四级）已达 9 万多人，文化和旅游部与教育部等实施非遗传承人研修培训计划已有 4.8 万多名学员结业[①]。新的专业人才队伍孕育新的"两创"活力，能够更多元地对接文旅项目促进传统文化在新时代焕发出新生机。因此各地非遗文保单位在借鉴"村 BA""村超"经验时，可先从台江、榕江的非遗传承人和创业青年的经历中学习扶持引导模式，从而有效破解非遗传承人流失和老龄化困境，在建立文化自信自强的良性后继机制基础之上，促进非遗保护与文旅开发"双向奔赴"。

第四节　县域融媒做好热点孵化、引流和涉民族因素舆情管控

一、宣传好民族团结进步示范单位和先进典型

"村 BA""村超"的全媒体传播及其中传递的鲜活、立体、生动的人民形象，为讲好中国故事、传播好中国声音提供了良好示范。从"出圈"到被中央提名为值得探索推广的全国经验，台江县、榕江县农文体旅产业新发展报道的数字化加工在其间功不可没。下一步，应站在宣传民族团结创建工作和"观察中国

[①] 亓玉昆. 让非遗在新时代焕发新活力 [N]. 人民日报，2024-10-31(011).

式现代化窗口"的高度，将事例上有典型性、经验上有代表性、文化属性上有"村"味的素材尽可能多地收集起来，打磨出各地各民族人民喜闻乐见的报道作品，也打造好融合创新的多维文化传播传承体系。

首先从文旅产业角度而言，线上内容"种草"、线下奔赴打卡，已成为地方文旅宣传的基本操作。民族地区的文旅形象要在形成广泛吸引力的同时保持文化内核稳定，就必须突破"他塑"而进入"自塑"状态——此前，曾有学者调研发现黔东南民族体育文化与乡村旅游融合发展的首要问题是品牌化程度低并且体旅融合参与度低。[①] 随着互联网成为人们获取信息、展示自我的主渠道，自媒体以其广覆盖性和高渗透性，成为本次撬动"两江两村"赛事火爆出圈的有力杠杆。台江县、榕江县的融媒体中心一面培育本土"网红"、以乡土 MCN 带动文旅人气，一面从小红书、Vlog、马蜂窝游记以及携程、大众点评攻略等自媒体内容中持续挖掘受众欢迎的文旅元素。发挥好"大 V"和"UP 主"的作用，是旅游信息传递的载体，也是增进游客与当地居民了解的良好方式。"两江两村"赛事主办方的"互联网 +"思维和引流、聚会经验，是新时代农文体旅商融合发展产业链条铺设过程中至关重要的一环。

图 7-4-1　一场"村 BA"大赛后灯光音响屏幕转播等设备拆卸装车

其次从民族团结进步创建角度而言，建议全国各省区民族村寨在学习"村 BA""村超"经验时放宽视野，不仅参考其切中时代脉搏并且凸显民族风情的

---

① 谭小春,宁瑾.黔东南民族传统体育文化与乡村旅游融合发展研究[J].当代体育科技，2020，10(02):199-201.

土法办赛、云端直播等"体育 + 农文旅 + 互联网"经验，也应借鉴其开展院坝议事、创办民族团结食堂、创建铸牢中华民族共同体意识示范法庭等基层治理经验，参考其鼓励各族群众共建共治共享的乡土治理思路。各族人民"像石榴籽一样紧紧抱在一起"的状态，需要靠文旅等纽带带动民族交往维系，也需要网络空间中的美美与共、正气充盈。"村 BA"这样一扇"观察中国式现代化的窗口"，是贵州省"黄金十年"干事创业的缩影，民族文旅目的地呈现出经济兴、百姓富、生态美的面貌，是民族团结进步创建的题中之义。因而当前全国学习"村 BA""村超"经验，开展联赛并共同延伸农文旅产业链，也是全方位共建中华民族共有精神家园的契机。

再者从体育强国和民族外宣的角度而言，对"两江两村"赛事的媒体热度上升，外媒如美国《华尔街日报》《华盛顿邮报》，英国广播公司（BBC）和《经济学人》，日本《经济新闻》，新加坡《海峡时报》《联合早报》等也都有所报道。其关注题材与解读内容也从群众体育延伸到了中国民族地区的乡村振兴与非遗保护等方面。应对此情况，我国媒体人应予以重视并提高认识，以"乒乓外交"为历史经验，力争讲好"村 BA""村超"依靠村民文化主体性创新实现以赛兴农、以赛扶产、以赛助旅、以赛促治的中国故事，展现真实、生动而富有活力的中国各族人民形象。不止为延续文旅热度和人气，更在持续从中华民族优秀传统文化中挖掘内容特色的基础上，将外媒关注和全球流量都带入铸牢中华民族共同体意识的"最大增量"里来。

二、解读跨区联动球赛的各民族"三交"意义

2022 年"村 BA"将贵州苗乡推入全国观众视野，2023 年升级为全国赛事，民族风味不仅未曾在跨省联赛中被稀释，反而呈现出更为多姿多彩的互嵌交融面貌，更与榕江"村超"联动成为全国民族地区自主开发文化旅游业的标杆，2024 年在南北各地掀起了效仿潮流。目前，各地各级媒体的报道重点多在文旅赋能乡村振兴，尚缺乏深层解读民族交往交流交融并共创灿烂文化的历史积淀在其间作用的机制。

从某种意义上讲,"村BA""村超"是新时代民族文旅开发的一次"供给侧改革"——实践证明,民族村寨搞旅游,不一定要依托非遗资源,也未必要建仿古建筑、扮传统服饰、载歌载舞地等待游客光临,独辟蹊径地打出展示自我的乡土牌,以真实鲜活的乡球为卖点,同样能博得全国游客的兴趣和好感,甚至不必等游客身临其境,赛事期间即可通过"直播助农带货"等形式引流盈利增收。已有学者基于对"村BA"赛事的研究指出,若要形成长效机制,必须从坚持以体育赛事助力各民族"三交"的理念、以中国式现代化的文明新形态为引领构建"三交"的新阵地、确保社会大众的参与感、持续打造文化品牌等方面入手,不断拓展体育赛事培育中华民族共同体意识的张力①。

笔者认为,基层体育精神的群众性普及、赛事宣传的网络化传播,都是各民族文化互嵌、交融和共同迈向现代化的表现——其实,新时代民族村寨并不缺深层交流和文化互嵌,基层的互嵌体现在多方面,并不是静态等待自上而下地推动。基于此,各地各级媒体下一步可考虑重点报道"村BA""村超"友谊赛、交流赛中那些体现各地各族人民加深对彼此文化理解和欣赏的瞬间,展示和传播中国特色社会主义精神文明建设成就以及新农村文明之美的交流互鉴平台。

随2023年起我国实行"中国72/144小时过境免签"政策,外国游客涌入中国后的旅行目的地在不断向基层下渗。可预见在"村BA""村超"等IP的引流作用下,将会有数量可观的境外游客来到中国民族村寨并进行自媒体传播。因此一方面,地方赛事主办方以及文旅开发等单位应及时发现并排除各地因过分强调单一民族特色差异性、抢注文化资源等引发的网络舆情,报道中从文案编排到视觉设计,都应着力树立和突出各民族共享的中华文化符号和中华民族形象;另一方面,要常态化地以传媒护航各民族同场竞技以及全国旅游客流双向流动,在营造宣传氛围时致力于增进各民族交往接触中的和谐交流,规避反向引发过分强调差异性和民族身份的风险,从而在服务各地农文体旅产业健康成长的同时增强各族群众对中华文化的认同。

---

① 杨逐原."以赛为媒":文旅融合视域下各民族交往交流交融的促进策略研究——以贵州省黔东南州台江县的"村BA"赛事为例[J].原生态民族文化学刊,2023,15(06):90–97+155.

三、以留"村味"确保"中国好故事"不变味

客观而言，按互联网传播的一般规律，"村 BA""村超"是很容易在一鸣惊人后一两年内逐渐淡出大众视野的；同时，网红经济是把"双刃剑"，如果强行拔高其赛事价值或给予转化商业盈利，可能滑向媚俗炒作、文旅"堆盆景"、脱离群众等发展陷阱，甚或会污染这扇"观察中国式现代化的窗口"。

图 7-4-2　CCTV 新闻节目就"村 BA"的升级延续问题连线专家访谈

因而，就像非遗保护与文旅开发必须秉持对历史负责、对人民负责的原则一样；媒体对民族村寨文旅事业进行宣传报道时，也肩负着守好意识形态防线、维护国家文化安全的责任。"两江两村"主办方当前研究如何延续热度，各地研究如何借力"热点"打开文旅局面，都必须先从传媒专业的角度考虑如何保障"村 BA""村超"始终是好故事，台江、榕江始终是和美乡村形象，以讲好体育联赛背后的民族团结进步故事为主轴，以当地节庆承载的各民族"三交"史实和多彩贵州承载的中华文化共同性为宣传重点。

回望"村 BA""村超"近两年的宣传报道，都突出了其以人民为中心、鼓励文化创新中的人民首创精神的经验。所谓村赛姓"村"，重点不在于"土味"，而是始终代表基层、立足民间、反映民族文化的精神内核。建议各省区结合本

地文化资源引入乡球联赛时，首先要确保村民文化主体性地位不变，进而拓展"体育＋农文旅＋消费"新场景以助力乡村振兴，打造以文化为轴的城乡互动经济生态模式。其间还须密切监测舆情，一旦出现如2023年五一假期山东淄博烧烤节因网红围堵而浇灭游客商家热情、云南泼水节女生被扯雨衣骚扰等负面报道，整个农文体旅商的产业链条以及县乡景区形象都会受到影响。

对县域融媒相关单位及从业者而言，在为乡球联赛做宣传预案时应综合考虑社会影响、文化品位等要素，依靠群众自媒体力量但有所规范导引，通过宣传把控规避为博眼球而夸张虚浮、变味走样的风险。例如，随"两江两村"赛事联动县域文旅的知名度越来越高，前期出现过的"村超足球宝贝等你来""苗族情人节""爱在台江—姊妹寻芳"等格调不高的旅游营销噱头已消失。尤其在民族地区，对旅游产业新业态、文化事业新风尚进行对外宣传时，必须秉持"以多样共存超越文明优越，以和谐共生超越文明冲突，以交融共享超越文明隔阂，以繁荣共进超越文明固化"①的原则，立足中国现实讲好民间故事，植根中国大地传递文化精神，把当代中国发展进步和当代中国人精彩生活表现好展示好，把中国精神、中国价值、中国力量阐释好。

第五节 "家门口吃上旅游饭"的经营者持续文化主体性创新

一、以球赛聚人气以破解乡村空心化、老龄化

旅游一业兴，市场百业旺。台江县、榕江县凭借对文化主体性的发挥以及互联网时代同频共振的文旅创意营销，实现了从"留住乡愁"到"靠山吃山"、

---

① 刘华，郝薇薇，杨依军，等．习近平的天下情怀 [N]．人民日报，2023-03-24(001).

再到破解农村产业空心化与人口老龄化难题的良性循环。国家 2023 年印发的《关于推进体育助力乡村振兴工作的指导意见》①中提出了包括乡村社会体育指导员领军人才培养计划、乡村体育后备力量"雏鹰计划"等在内的五大行动计划，并明确要求"以体育促进农民健康，让农民更幸福"。以乡村文化振兴驱动产业振兴、人才振兴是"两江两村"值得全国推广的核心经验。以台江县为例，2021 年的农村居民人均可支配收入还仅排在贵州全省的第 86 位，而 2022 年摸到"村 BA"这张文旅牌之后，村寨人气与文化凋敝的困境都得到了极大改善——"村 BA"首先盘活了餐饮、住宿、农产品乃至休闲旅游业的赛季客源，远期看还有望带来在地服务业、轻工业和多种经营的拓岗机会，连台盘村之外的各族村民也都看到了"家门口就业"的希望。

长久以来，青壮年劳动人口外流、高素质人才总量不足、青年"双语"②人才难得、引进人才又常因不熟悉当地民族语言文化习俗等而"水土不服"，这些问题是制约西部民族村寨内生发展、高质量发展的瓶颈。"村 BA""村超"早在走红之前，就以乡球联赛形式与民俗文体活动共同承担着为乡村聚人气的功能，受到全国瞩目后，更是吸引到大批熟悉互联网、农商经济以及现代产业经营的本地人才回流和外地人才寻商机而

图 7-5-1　通往"村超"球场的必经之路被政府开辟为特色小吃聚集的"就业一条街"

---

①　2023 年 5 月 22 日，由国家体育总局会同中央精神文明建设办公室、国家发展改革委、教育部、国家民委、财政部、住房城乡建设部、农业农村部、文化和旅游部、国家卫生健康委、共青团中央、全国妇联等部委印发。

②　即能熟练使用本民族语言和国家通用语言文字者，其中通晓外语者在民族村寨就更少。

来。例如榕江县虽然是在"村 BA"出圈后捧红"村超"，但以其 38 万多的人口基数和县城更大的游客容纳能力，打造出了一个全新文旅消费业态——以夜间经济、地摊经济、周末经济等为内核的超好吃、超好玩、超好游、超好住等"超"字号系列。在农文体旅商产业链的市场价值与潜力持续释放的背后，无数个农业人口和高返贫风险家庭实现就业和创收。

"两江两村"赛事的示范性经验在于，对产业基础薄弱、高素质人才匮乏、返贫风险高的村寨，应首先引导村民认识到"脱贫摘帽"是新奋斗的起点，鼓励群众群策群力，以文化"两创"追求富足生活。例如台盘村在"村 BA"走红后及时跟进对返乡人才的座谈和意见征集，结合其就业意向分类整理出餐饮业、运输业、种养殖业、服务业等各类拓岗就业安置计划，留住"新农人"，培养"新乡贤"。就像当年篮球作为与斗牛、唱歌跳舞一样的吸引打工者返乡的"仪式感"一样，如今从"村 BA"延伸出的农文旅产业链成为凝聚村里年轻人谋发展、想出路的突破口，下一步在农文体旅商融合发展的产业开发上强链、补链、延链，都少不了依靠个体经营者培育产业新优势、集聚发展新动能。

二、扩大战果的同时勿忘民族团结创建立足点

"村 BA""村超"的意义，已远超体育赛事的范畴，是农文体旅产业延伸和民族团结进步创建的示范性工程。不同于传统的乡村球赛，"村 BA""村超"在互联网时代实现弯道超车，增加了农民收入，提升了乡间人气，激活了县域资源，成为引全国大众目光向民族村镇聚焦的主体文化创新典范——让乡村和县城不仅被看见，并且被关注，乃至成为新的中心。

"村 BA""村超"要在更长周期和更大范围惠及当地，必须与乡村振兴衔接，振兴乡村首先需要的是人气，而实践已证明文化自信对村民自主发展的内生动力具有显著带动作用。有学者在对"村 BA"的研究中重点结合其他省的相关体育活动解读了村落体育赛事对增进文化自信的意义。[①] 尽管并不是每个

---

① 王子涵 . 文化自信视角下乡村体育文化的传承与发展——一项对"村 BA"篮球赛事的社会学研究 [J]. 文化学刊，2022(12):67–71.

村寨都有乡球联赛的举办传统，也不是每个村寨都适合开发农文商旅项目，但转化群众性文体活动之凝聚力服务于乡村振兴是普遍可行的。笔者实地调研中，在台盘乡和榕江县都看到了"人民有信仰，民族有希望，国家有力量"的标语。"以球会友"的群众性文体活动中彰显出体育强国、全民健身、乡村振兴、民族团结、旅游强国等多重意义，也贯彻落实了铸牢中华民族共同体意识的主线要求。

图 7-5-2　榕江县公路边的标语和"村超"宣传指示牌

　　"村 BA""村超"走红之余，乡亲们必然对以球赛人气拉动农业和产业寄予厚望，但若缺乏顶层设计就会事倍功半。须知，群众性体育赛事的看点不是竞技而是氛围，"两江两村"令全国观众赞叹的是根植乡土的民族风情，因而无论朝哪个方向开发，都应时时回望出发点、吃息而不吃本——若忽视篮球融入民族节庆的在地化过程而简单机械地搭建现代化"体育 +"产业，是舍本逐末。"村 BA""村超"代表民族村寨文化创新性发展的现代化，但只有建基于"村"、立足于民族，才能永葆生命力，所以当务之急是将黔东南各民族在文体联赛中同写悠久历史、共创灿烂文化的渊源讲清楚。例如在宣传地方形象方面，台江不仅要继续打好"天下苗族第一县"的特色牌，也要进阶打响"全国民族团结进步示范县"的综合牌；榕江"村超"则要突出黔东南苗、侗、汉、布依、水、瑶、壮、土家等各族球员同场竞技和全国各族人民共同观赛所反映的民族团结凝聚力和向心力。

三、继续用好广场公共空间并巩固好群众基础

图 7-5-3　黔东南的典型村寨广场——有长廊、踩鼓场和篮球、乒乓球设施

　　台江县、榕江县切中时代脉搏又彰显民族风情的土法办赛、云端直播、以赛带货等"体育＋农文旅"的开发经验，向全国乃至世界人民展示了中国特色社会主义新农村的崭新形象及其背后万千新农民的活力朝气。从篮球／足球运动传统到集体议事的组织经验，"村BA""村超"几十年中持续孕育的"培养皿"始终在民族村寨广场。各省区在学习"两江两村"赛事组织及文旅开发经验的过程中，也应当从宏观上找准立足本地历史文化传统的"广场"所在。台江、榕江依托苗乡侗寨自古传承议榔、合款、张榜公开活动账目等传统，依靠乡贤主体并调动村民主体能动性，动员村民参与共建共治共享的治理经验，对全国从全民健康到共同富裕的全方位推动，均具有启示意义。发展为了人民，从"人

民广场"出发，致力于更好地满足各族群众在物质生活丰足与精神世界丰富之协调发展方面的需求，是"两江两村"的制胜秘诀。

我国民族文旅自20世纪90年代以来取得了长足的发展，然而也曾因忽视地方历史文化底蕴的挖掘和未能充分引导文化主体发挥作用，而面临民族风情"舞台化"、大量重复建设、设施资源闲置乃至影响民族风情游口碑的危机。相形之下，"村BA""村超"的示范性参考价值凸显了，通过制造接地气、通文脉、融合于民族文化生境的新热点，盘活带动社区民族文旅资源焕发新活力、绽放新光彩。从中可总结，民族特色作为"旅游吸引物"，其内核始终是村寨群众以及表征其文化的具象物——村寨广场。"村BA""村超"之所以延伸出文旅产业，是基于对非遗元素的有效链接，也是基于当地包括体育传统、民众参与、文化特色等一系列内生性环境要素的有力承托。主办方的文旅开发策略并非迎合，而是开拓了本地衔接古今、中西合璧的新民俗"被看见"的机会，让这些群众"两创"实践的成果发挥其文化资本的社会功能。

"村BA"之所以是"观察中国式现代化的窗口"，"村超"之所以能让世人看到"热气腾腾的中国"，源于当地各族村民在以赛助农中得到了实惠，并统一了其个人爱好、产业经营、人生追求、文化自信以及民族自豪感。乡村振兴的故事还在延续，本书只是对"两江两村"赛事进行一个阶段总结，"村BA""村超"为促进各民族共同富裕、共同繁荣发展、进而共同迈向中国式现代化贡献文化力量的故事，还将继续在人民叙事框架中有力地书写。

结　语

　　近年各地民族特色的文旅热拉动疫情后国民经济回暖效果明显。以文塑旅、以旅彰文，实现文旅融合高质量发展和加快建设旅游强国，有赖于不断总结对中华优秀传统文化的传承保护利用经验，探索从"系统性保护"到"创造性转化"的实践路径，分析新增长点的创新优势，以新发展理念引领并贯通从文化强国、体育强国到旅游强国的建设。

　　我国广大民族村寨是发展不平衡不充分、返贫风险高的"洼地"，同时也是民俗传统、文化遗产的富集区，是中华优秀传统文化创造性转化的"一线"以及非遗活化利用的"前沿"。本书以兴起于黔东南、走红于互联网的"村BA""村超"为例，介绍当地将篮球、足球联赛融入民俗节日庆典，凭借网红IP盘活非遗资源、文旅线路并带动乡村产业振兴的创新经验。

　　笔者经实地调研发现，"村BA""村超"的出圈密码内建于民族风情——依托当地斗牛、赛龙舟等传统节庆项目的组织经验和参与热情，篮球、足球等外来的现代体育运动顺利实现了本地化和文旅嫁接；独木龙舟节、姊妹节及苗绣、银饰锻造工艺、侗族大歌等均为黔东南非遗项目，这些传统文化符号点缀在现代球赛的中场对歌、"蹦苗迪"及奖品文创之中，发挥出了对当地农文旅的网络引流功能……古为今用，洋为中用，因而被央媒称为"观察中国式现代化的窗口"，被国家主席在2024年新年贺词中提及并作为"展现活力满满、热气腾腾的中国"的例证。

　　本书系统探讨"村BA""村超"个案对于贯彻"中国式现代化赋予中华文明以现代力量，中华文明赋予中国式现代化以深厚底蕴"以及促进各民族交往交流交融和构筑中华民族共有精神家园的现实意义。通过提炼、归纳"村BA""村超"两三年间给当地文旅产业带来巨大商机的成功经验，兼顾旅游强国、体育强国、乡村振兴三重视阈总结适合基层推广实践中华优秀传统文化创造性转化、创新性发展的行动逻辑，为广大具备文旅创新开发潜力的民族村寨提供借鉴。

历史照亮未来。从"两江两村"赛事中可以看到中国式现代化是赓续古老文明的现代化，是从中华大地长出来的现代化，是新起点上中华文明的新样态。"村BA""村超"的成功并非一蹴而就，而是有其历史渊源与民间传统，村寨广场正是其民族文化交融互嵌、传承创新的关键场域；乡球联赛之所以能遍地开花并切实带来乡村文旅开发机遇，因其承载了当地村民对美好生活的追求，也能为村民带来拓岗增收和乡村振兴的希望。当更多民族村寨振兴起来，和美的乡村、可爱的中国的好故事也将更全面地展现给世界。

征程未有穷期。从"村赛"办到"州赛"，再到"省赛"乃至"国赛"，"村BA""村超"是脱贫攻坚向乡村振兴有机衔接的生动证明，也是事关中华民族凝聚力和向心力的民族团结进步创建事业。在本书写作过程中，贵州的"村马""村T"等又接连打响全国知名度，为民族村寨文化"两创"再添浓墨重彩的一笔。从"百节之乡"的多彩文化底蕴到"万桥飞架"的现代建设成就，"村"字号文体创新一次次证明了文化互嵌堪称一种综合保障活化利用非遗、乡村文化振兴、赓续中华文脉以及推动各民族共同迈向中国式现代化的新发展理念。党中央要求的"逐步实现各民族在空间、文化、经济、社会、心理等方面的全方位嵌入"中，文化是一个泛在而又润物无声的抓手，驱动时空折叠、经济互惠、社会整合、人心凝聚等连锁反应，在当前文旅融合发展语境下探讨民族村寨文化"两创"，兼具建设中华文明新形态与建设中华民族共同体的双重意义。

附　　录

附录 1 ："村 BA"大事记

赛期	比赛全称	比赛简况
2022 年夏	2022 年"六月六"吃新节篮球赛	赛事由当地村民自发组织，因其火热的现场氛围和"接地气"的办赛风格迅速火遍全网，被誉为"观察中国式现代化的窗口"。 外交部新闻发言人华春莹、汪文斌同时在海外社交媒体推介"村 BA"，使得壮观的"村 BA"场面再次被境外媒体聚焦，让台江县这个名不见经传的少数民族山村成为"网红打卡地"。
2022 年7 月 30 日至 8 月 2 日	贵州省"美丽乡村"篮球联赛黔东南州半决赛	贵州第一个以乡村群众为参赛主体，全省级别最高、参赛人数最多、周期最长的大型体育赛事。 比赛由贵州省体育局主办，贵州省体育产业发展有限公司、贵州省篮球协会、黔东南州文体广电旅游局承办。 黔东南州 16 县市的球队参赛。 赛事在部分中央媒体、省级主流媒体以及贵州省体育局官方抖音号"贵州体育之声"等平台进行了全程直播，观看人数超 1000 万人次。
2022 年8 月 9 日	佛黔协作美丽乡村篮球交流赛	顺德均安碧桂园女篮和顺德篮协男子代表队，在被誉为"村 BA 圣地"的台江县台盘乡对阵当地球队。
2022 年8 月 17 日	全国和美乡村篮球大赛（村 BA）西南赛区大区赛	赛事由农业农村部农村社会事业促进司、国家体育总局群众体育司指导，中国农民体育协会、中华全国体育总会群体部主办，中国篮球协会提供技术支持，台江县人民政府承办。

赛期	比赛全称	比赛简况
2023 年 3 月 25 日— 3 月 27 日	贵州省首届"美丽乡村"篮球联赛("村 BA")总决赛	以乡村群众为参赛主体，是贵州级别最高、参赛人数最多、周期最长的大型体育赛事。 黔东南州代表队战胜遵义市代表队，夺得首届冠军。季军由铜仁市代表队获得，毕节市代表队获第四名。
2023 年 3 月 27 日	贵州省第二届"美丽乡村"篮球联赛启动仪式	贵州省第二届"美丽乡村"篮球联赛举行 9 市州同步启动仪式，主会场设在黔东南州台江县台盘村，其他市州设分会场。
2023 年 10 月 25 日 —28 日	全国和美乡村篮球大赛（村 BA）总决赛	农业农村部农村社会事业促进司和体育总局群众体育司指导，中国农民体育协会联合中华全国体育总会群体部主办。 赛程 6 月启动，10 月结束，分基层赛、大区赛和总决赛三个阶段进行，总决赛在台江县举办。 被广大农民朋友和篮球爱好者称之为"篮球盛宴"。 总决赛中，广东沙溪队战胜广东大朗队获得全国和美乡村篮球大赛（村 BA）总决赛冠军。
2024 年 4 月 24 日— 27 日	贵州省第二届"美丽乡村"篮球联赛总决赛	贵州省体育局主办，贵州省 9 个市州人民政府、贵州省篮球协会、贵州省体育产业发展有限公司承办，中国农业银行贵州省分行特别支持。 27 日，总决赛落幕，黔东南州凯里队战胜毕节市威宁队，夺得冠军。
2024 年 4 月 28 日	贵州省第三届"美丽乡村"篮球联赛启动仪式	贵州省体育局、黔东南州人民政府主办，黔东南州文体广电旅游局、台江县人民政府、贵州省篮球协会、贵州省体育产业发展有限公司承办，中国农业银行贵州省分行特别支持。 贵州省"美丽乡村"篮球联赛特别支持计划小篮球表演赛（凯里八小对阵凯里十三小）开球。
2024 年 3 月 22 日— 23 日	首届村 BA 球王争霸赛揭幕赛	大赛主题："活力四射，迎'篮'而上"。 比赛分为预选、小组晋级和总决赛三个阶段，将从 3 月持续到 10 月，是一次跨度长、范围广的全新赛事。 全国共有 24 个赛区响应参加，报名参赛的球队超过 600 支，其中贵州赛区有 75 支队伍报名参赛。 预选赛阶段为 3 月 22 日至 6 月 30 日，贵州赛区在台盘村举行，其他赛区比赛地点由各赛区自行明确。

赛期	比赛全称	比赛简况
2024 年6 月 9 日—30 日	2024 年民族团结"村 BA"篮球邀请赛	国家民委、国家体育总局举办的第十二届全国少数民族传统体育运动会"同心畅享"系列活动之一。 紧紧围绕铸牢中华民族共同体意识主线，传承中华优秀传统文化，弘扬中华体育精神，充分契合运动会"民族团结的盛会、群众体育的盛会"基本定位，积极打造各民族交往交流交融的平台，助力中华民族共有精神家园建设。 来自贵州、江苏、重庆等 19 个省（市、区）的 20 支参赛队伍在台江县台盘村篮球场进行了 44 场比赛。
2024 年8 月 10 日—9 月 26 日	2024 年"村 BA"球王争霸赛全国晋级赛	2024 年"村 BA"球王争霸赛全国晋级赛在黔东南州台江县台盘村开幕。 来自全国各地的 43 支篮球队伍参加比赛。
2024 年9 月 30 日—10 月 4 日	2024 年"村 BA"球王争霸赛总决赛	2024 年"村 BA"球王争霸赛全国总决赛，于 9 月 30 日至 10 月 4 日在贵州省台江县台盘"村 BA"篮球场举行。 经过预选赛、小组晋级赛，来自广西、四川、湖南、甘肃、贵州等地的 10 支队伍将举行 23 场比赛。 在 10 月 4 日的总决赛中，山东汇东集团代表队以 101：71 的比分战胜甘肃临夏州代表队夺冠。 当晚，冠军之夜深山音乐会也同时上演，台湾艺人李圣杰、蒙古族歌手乌兰图雅、苗族歌手蝶当久和台江当地民众为现场观众带来了多元化的音乐表演。现场还进行了特色的"蹦苗迪"及无人机编队表演。

附录2："村超"大事记

赛期	比赛全称	比赛简况
2023年 5月13日— 7月29日	2023年榕江（三宝侗寨）和美乡村足球超级联赛（村超）	赛事由榕江县足球协会主办，榕江县古州三宝侗学研究会、榕江县文化旅游投资有限公司承办。 赛事以车江三宝侗寨八个村代表队为基础，邀请各乡镇（街道）以村为单位积极组队参加，共有20支足球队参赛。 比赛采用小组循环及淘汰赛制，每个周五、六、日进行比赛，每个周六定为超级星期六乡村足球之夜。 5月13日，比赛在榕江县城北新区体育馆正式开幕。 现场万余人观看乡村足球超级联赛的震撼画面和浓浓的最炫民族风在网上迅速蹿红，引起省内外各大主流媒体争相报道。 网友参照"英超""中超"等命名规则，将该乡村足球超级联赛称为"村超"，并时髦地称之为"村FA"，对应台江县的"村BA"。 比赛间隙有丰富的民族文化展演、趣味足球体验活动等轮番上演。奖品极具乡村气息，如前四名奖励的是小黄牛、猪、小香羊、鹅等本地特色农产品。
2023年 8月— 10月	贵州榕江全国美食足球友谊赛（第一季）	贵州榕江全国美食足球友谊赛将按季举办，第一季为2023年8月—10月，第一季结束后将根据上一季举办情况进行改造升级、不断优化，休整完善后再策划下一季的赛程。 8月13日，贵州榕江全国美食足球友谊赛揭幕战在榕江县村超足球场打响。贵州本土美食球队与香港明星足球队、广西大学甜蔗队、佛山市南海桂城竹笋队、南昌拌粉队等多支球队进行了精彩对决。 2023年8月至10月期间，比赛打造五个全国美食足球友谊赛"超级星期六"，分别于8月26日、9月9日、9月16日、10月14日、10月28日举行。

续表

赛期	比赛全称	比赛简况
2023 年 11 月 11 日	贵州"村超"与香港明星足球队友谊赛	香港明星队队长谭咏麟率陈百强、黄日华等演艺人员到榕江进行友谊足球赛。 香港特区政府文化体育及旅游局局长杨润雄、香港特区立法会议员霍启刚等到场观赛。 香港明星队队员黄日华等在休息环节演唱《射雕英雄传》主题曲，带动全场大合唱。
2024 年 1 月 6 日	2024 贵州榕江（三宝侗寨）和美乡村足球超级联赛启动	新赛季参赛队伍实现大幅扩容，从 2023 年的 20 支球队增加到 2024 年的 62 支，参赛队伍覆盖榕江县所有乡镇街道，共计有超过 1800 名球员参与。 预选赛采取分组循环、积分制规则，每个小组前两名晋级联赛。整个预选赛期间将进行 162 场比赛。 1 月 6 日的揭幕赛中，丰乐村足球队最终以 6：1 击败了归柳村足球队。
2024 年 2 月 3 日	"村超村晚"活动	2 月 3 日是农历腊月廿四，恰逢南方小年，小年夜相聚榕江看"村超村晚"再次掀起欢庆热潮。 "村超村晚"活动中，澳门职工联队与贵州村超联队进行了 2024 龙年"村超"贺岁战。 2300 多名参演人员表演了侗族大歌、苗族锦鸡舞、瑶族鼓乐等节目。 赛场设立了"村晚"龙门阵演播室，2023 年"村超"赛场上涌现的各个代表性人物以及为村超赛事提供服务的代表，通过现场互动访谈＋短视频的形式，畅谈他们的"村超"故事和"村超"梦想。
2024 年 2 月 26 日	贵州"村超"中法青年友谊赛	比赛由贵州"村超"联队对阵法国人民援助会队，贵州"村超"联队 5 比 4 战胜法国人民援助会队。 赛事中场休息期间，进行了侗戏、苗族芦笙舞等民族文化展演，法国青年球员也献唱了法语经典名曲《玫瑰人生》《香榭丽舍》。
2024 年 5 月 1 日	非洲利比里亚社联足球队与辽宁东港草莓足球队友谊赛	本场比赛是继贵州"村超"作为一个民间足球赛事品牌在非洲的贝宁、南非等地传播之后，其发源地榕江与非洲展开的近距离互动，也预示着未来两地以球联谊旅途的开启。 辽宁东港草莓队以 4：3 的比分战胜非洲利比里亚社联队。

赛期	比赛全称	比赛简况
2024 年 3 月 16 日— 5 月 25 日	第二届贵州村超决赛	第二届贵州村超决赛举办时间为 3 月 16 日到 5 月 25 日的周末和节假日。所有比赛都在村超球场上进行，20 支晋级球队分为 A、B 两组，先后进行循环赛和淘汰赛，共 98 场比赛，直至决出总冠军。 62 支来自榕江县各个村的球队经过 162 场比赛激烈角逐，最终口寨村、平地村、忠诚村、党相村、扒王村、小瑞村、两汪村、车江一村等 20 支球队进入到新赛季的决赛环节。 3 月 16 日是第二届贵州村超决赛的开幕式，来自 A 组的 6 支球队在开幕当天进行了三场比赛。 43 支方队 3500 人参加现场巡游，参与表演的除了榕江县当地群众外，还有贵州省杂技团、榕江纤缇艺术体操培训中心、乌兰图雅、水木年华等优秀歌手、团队。
2024 年 3 月 23 日— 24 日	贵州"村超"与香港警察球队友谊赛	贵州村超球队与香港警察足球队共进行两场友谊赛，分别是香港警察女子足球队 vs. 村超男女联队，以及香港警察男子足球队 vs. 寿洞村足球队。
2024 年 5 月 27 日	2024 "逐梦"冠军公益赛	本次公益赛包括"逐梦"冠军青少年女足公益赛与"逐梦"冠军明星公益赛。 巴西足球明星卡卡、前中国女足队员王坤等亮相球场。
2024 年 7 月 20 日	2024 年榕江"村超"总决赛	党相村足球队 5 比 0 击败东门村足球队，夺得总冠军，车江二村以 2-1 击败车江二村获得了"村超"的季军。 此次"村超"决赛的奖品也是十分接地气。冠军奖励当地小黄牛 1 头，亚军奖励小香猪 2 头，季军奖励小香羊 2 只，第四名奖励小香鸡 30 只，五至八名奖励每个队 40 份村超大礼包，价值 2000 元锄头、铁铲、化肥等。 总决赛当天，来自全国各地的数万名游客、球迷涌进"村超"足球场，感受贵州"村超"的魅力，球场内人山人海，座无虚席。
2024 年 8 月 31 日	民法典进赛事贵州"村超"专场活动	贵州"村超"全国美食非遗友谊赛"超级星期六"，中国摇滚明星队对战榕江摇滚足球联队等 3 场友谊赛于活动当天依次开展，来自全国各地的球迷现场观赛。 活动将学习宣传民法典与"村超"体育赛事有机结合，号召赛事主办方、参赛队伍、观赛群众在"依法办赛、规范参赛、文明观赛"倡议签名墙上签名自觉践行承诺。

续表

赛期	比赛全称	比赛简况
2024年 9月27日— 10月7日	"发现中国之美·相约贵州村超"国际友谊赛	文化和旅游部、阿根廷驻华大使馆共同主办。 2024年"村超"国际交流赛是"村超"国际化战略的第一步，第二步是于2026年举办"一带一路"村超友谊赛，第三步是于2028年举办第一届"村超"世界杯。跟全世界很多国家和民间足球进行互动，讲好贵州故事，以足球、民族文化为媒推荐、引入更多的人真正走进贵州，了解贵州，助力贵州打造成世界级旅游目的地。 9月28日，即榕江县打造的"超级星期六"，举行了两场国际友谊赛，分别是拉美/加勒比国家驻华外交官联队对阵贵州"村超"罗汉果足球队，阿尔及利亚球员代表队对阵贵州"村超"清白茶足球队。 活动首次以国际友谊赛的形式开展，邀请驻华外交官组成足球联队，参与"村超"足球赛，与"村超"球队同场竞技，全方位体验中国乡村的风土人情，促进中外文化和旅游交流。
2024年 10月1日	第一届贵州"村超""一带一路"国际友谊赛暨贵州—粤港澳大湾区"村超"足球友谊赛	村超"一带一路"国际友谊赛是贵州村超组委会组织的国际友谊足球赛事。 村超"一带一路"国际友谊赛的比赛方式以十一人制足球友谊赛为主，参照国际足联(FIFA)标准比赛规则执行。 国庆"村超"专场国际友谊赛，一共有34支球队报名参赛。其中，有外籍球员的队伍有10支，国庆期间，在"村超"球场将会进行19场足球比赛。 仅国庆假期第一天，榕江县接待游客超8万人次。

主要参考文献

著作类

1. 马克思，恩格斯 . 马克思恩格斯全集：第 47 卷 [M]. 北京：人民出版社，1979.

2. Julian H. Steward. Theory of Culture Change[M]. Urbana: University of Illinois Press, 1979.

3. 费孝通 . 乡土中国 [M]. 北京：生活·读书·新知三联书店，1985.

4. 鲁思·本尼迪克特 . 文化模式 [M]. 张燕，傅铿，译 . 杭州：浙江人民出版社，1987.

5. Pierre Nora. The Realms of Memory: The Construction of the French Past[M]. New York: Columbia University Press, 1989.

6. 费孝通，鹤见和子 . 农村振兴和小城镇问题——中日学者共同研究 [M]. 南京：江苏人民出版社，1991.

7. 季羡林 . 比较文学与民间文学 [M]. 北京：北京大学出版社，1991.

8. 陈勤建 . 文艺民俗学导论 [M]. 上海：上海文艺出版社，1991.

9. Henri Lefebvre. The Production of Space[M]. London: Blackwell Publisher Ltd., 1991.

10. 塞缪尔·亨廷顿. 现代化：理论与历史经验的再探讨 [M]. 张景明，译. 上海：上海译文出版社，1993.

11. 马克思，恩格斯. 德意志意识形态 [M]// 马克思恩格斯选集：第 1 卷. 北京：人民出版社，1995.

12. 李亦园. 文化与行为 [M]. 中国台北：台湾商务印书馆，1993.

13. 徐家干. 苗疆见闻录 [M]. 吴一文，校注. 贵阳：贵州人民出版社，1997.

14. 丹纳. 艺术哲学 [M]. 傅雷，译. 北京：人民文学出版社，1997.

15. 费孝通. 乡土中国 生育制度 [M]. 北京：北京大学出版社，1998.

16. 安东尼·吉登斯. 现代性与自我认同：现代晚期的自我与社会 [M]. 赵旭东，方文，译. 北京：生活·读书·新知三联书店，1998.

17. 埃米尔·涂尔干. 宗教生活的基本形式 [M]. 渠东，译. 上海：上海人民出版社，1999.

18. 克利福德·格尔兹. 文化的解释 [M]. 纳日碧力戈，等译. 上海：上海人民出版社，1999.

19. 黔东南苗族侗族自治州地方志编纂委员会. 黔东南州志. 民族志 [M]. 贵阳：贵州人民出版社，2000.

20. 吉尔兹. 地方性知识——阐释人类学论文集 [M]. 王海龙，张家瑄，译. 北京：中央编译出版社，2000.

21. Louisa Schein. Minority Rules: The Miao and the Feminine in China's Cultural Politics[M]. Durham: Duke University Press, 2000.

22. 埃米尔·涂尔干. 社会分工论 [M]. 渠东，译. 北京：生活·读书·新知三联书店，2000.

23. 马戎，周星. 21 世纪：文化自觉与跨文化对话（一）[C]. 北京：北京大学出版社，2001.

24. 曼纽尔·卡斯特尔. 网络社会的崛起：经济、社会与文化 [M]. 夏铸九，王志弘，译. 北京：社会科学文献出版社，2001.

25. 莫里斯·哈布瓦赫. 论集体记忆 [M]. 毕然，郭金华，译. 上海：上海人民出版社，2002.

26. 拉德克利夫 – 布朗 . 社会人类学方法 [M]. 夏建中，译 . 北京：华夏出版社，2002.

27. 秦晖 . 传统十论——本土社会的制度文化与其变革 [M]. 上海：复旦大学出版社，2003.

28. 王明珂 . 羌在汉藏之间：一个华夏边缘的历史人类学研究 [M]. 中国台北：联经文化出版公司，2003.

29. 向云驹 . 人类口头和非物质遗产 [M]. 银川：宁夏人民教育出版社，2004.

30. 费孝通 . 乡土中国 生育制度 [M]. 北京：北京大学出版社，2004.

31. 赵世瑜 . 小历史与大历史：区域社会史的理论、方法与实践 [M]. 北京：生活·读书·新知三联书店，2006.

32. 董晓萍 . 全球化与民俗保护 [M]. 北京：高等教育出版社，2007.

33. 波兰尼 . 大转型：我们时代的政治与经济起源 [M]. 冯钢，刘阳，译 . 杭州：浙江人民出版社，2007.

34. 瓦伦·L.史密斯 . 东道主与游客：旅游人类学研究 [M]. 张晓萍，何昌邑，译 . 昆明：云南大学出版社，2007.

35. 王文章 . 非物质文化遗产概论 [M]. 北京：教育科学出版社，2008.

36. 单霁翔 . 文化遗产保护与城市文化建设 [M]. 北京：中国建筑工业出版社，2009.

37. 苑利，顾军 . 非物质文化遗产学 [M]. 北京：高等教育出版社，2009.

38. 钟敬文 . 民俗学概论 [M]. 上海：上海文艺出版社，2009.

39. 皇甫晓涛 . 文化资本论 [M]. 北京：人民日报出版社，2009.

40. 萧放 . 民俗传统与乡村振兴 [M]. 北京：学苑出版社，2011.

41. 萧放 . 传统节日与非物质文化遗产 [M]. 北京：学苑出版社，2011.

42. 皮埃尔·布迪厄 . 实践感 [M]. 蒋梓骅，译 . 南京：译林出版社，2012.

43. 赫尔曼·鲍辛格 . 技术世界中的民间文化 [M]. 户晓辉，译 . 桂林：广西师范大学出版社，2014.

44. 让·鲍德里亚. 消费社会 [M]. 刘成富，全志钢，译. 南京：南京大学出版社，2014.

45. 鲁春晓. 新形势下中国非物质文化遗产保护与传承关键性问题研究 [M]. 北京：中国社会科学出版社，2017.

46. 阿莱达·阿斯曼. 回忆空间：文化记忆的形式和变迁 [M]. 潘璐，译. 北京：北京大学出版社，2019.

47. 欧文·戈夫曼. 日常生活中的自我呈现 [M]. 2版. 冯钢，译. 北京：北京大学出版社，2022.

48. 姚瑶. 村BA：观察中国式现代化的一个窗口：台盘村乡村振兴故事 [M]. 贵阳：贵州民族出版社，2023.

49. 黄永林. 中国文化产业的现代发展 [M]. 武汉：华中师范大学出版社，2023.

论文类

1. 路易莎·沙因 (Louisa SCHEIN), 杨健吾. 贵州苗族文化复兴的动力 [J]. 贵州民族研究，1992, (01).

2. 安东尼·吉登斯. 现代性与后传统 [J]. 南京大学学报（哲学·人文科学·社会科学版），1999(03).

3. 费孝通. 经济全球化和中国"三级两跳"中的文化思考——在"经济全球化与中华文化走向"国际学术研讨会上的讲话 [J]. 中国文化研究，2001, (01).

4. 方李莉. 文化生态失衡问题的提出 [J]. 北京大学学报（哲学社会科学版），2001, (03).

5. 费孝通. 关于"文化自觉"的一些自白 [J]. 学术研究，2003(07).

6. 刘魁立. 论全球化背景下的中国非物质文化遗产保护 [J]. 河南社会科学，2007, (01).

7. 苑利，顾军. 传统节日遗产保护的价值和原则 [J]. 中国人民大学学报，2007(01).

8. 何明. 当下民族文化保护与开发的复调逻辑——基于少数民族村寨旅游

与艺术展演实践的分析 [J]. 云南师范大学学报（哲学社会科学版），2008, (01).

9. 陈才，卢昌崇. 认同：旅游体验研究的新视角 [J]. 旅游学刊，2011, 26(03).

10. 桂榕，吕宛青. 民族文化旅游空间生产刍论 [J]. 人文地理，2013, 28(03).

11. 黄亦君. 黔东南苗族斗牛活动的文化人类学考察 [J]. 中华文化论坛，2015, (01).

12. 李达. 新媒体时代少数民族文化传播的困境与策略 [J]. 湖北民族学院学报（哲学社会科学版），2015, 33(02).

13. 高丙中，宋红娟. 文化生态保护区建设与城镇化进程中的非遗保护：机制梳理与政策思考 [J]. 西北民族研究，2016, (02).

14. 韦晓康，蒋萍. 民俗体育文化在社会治理中的作用研究 [J]. 中国体育科技，2016, 52(4).

15. 蔡磊. 中国传统村落共同体研究 [J]. 学术界，2016, (07).

16. 张希月，虞虎，陈田，等. 非物质文化遗产资源旅游开发价值评价体系与应用——以苏州市为例 [J]. 地理科学进展，2016, 35(08).

17. 罗云丽. 旅游共享经济的基本特征、运行机制与发展对策 [J]. 商业经济研究，2016, (14).

18. 张士闪. 非物质文化遗产保护与当代乡村社区发展——以鲁中地区"惠民泥塑""昌邑烧大牛"为实例 [J]. 思想战线，2017, 43(01).

19. 光映炯. 认识"旅游展演"：基于"行为—文化—场域"的阐释路径 [J]. 广西民族研究，2017, (05).

20. 孙九霞，黄秀波，王学基. 旅游地特色街区的"非地方化"：制度脱嵌视角的解释 [J]. 旅游学刊，2017, 32(09).

21. 刘棠子. 乡村振兴战略的全域旅游：一个分析框架 [J]. 改革，2017, (12).

22. 徐海鑫，项志杰. 旅游对民族杂居地区经济发展与民族交往交流交融的影响研究——以四川省阿坝藏族羌族自治州为例 [J]. 青海社会科学，2018, (03).

23. 徐勇. 乡村文化振兴与文化供给侧改革 [J]. 东南学术，2018, (05).

24. 彭兆荣. 景观与凝视 [J]. 湖北民族学院学报（哲学社会科学版），2018,

36(6).

25. 白晋湘. 中国民族传统体育文化建设的使命与担当 [J]. 体育学研究，2019, 2(01).

26. 邹文兵. 新时代非遗苗绣的"活化"：特质、现状与路径 [J]. 艺术百家，2019, 35(01).

27. 方坤，秦红增. 乡村振兴进程中的文化自信：内在理路与行动策略 [J]. 广西民族大学学报（哲学社会科学版），2019, 41(02).

28. 萧放. 民俗传统与乡村振兴 [J]. 西南民族大学学报（人文社科版），2019, 40(05).

29. 谭小春，宁瑾. 黔东南民族传统体育文化与乡村旅游融合发展研究 [J]. 当代体育科技，2020, 10(02).

30. 张朝枝，朱敏敏. 文化和旅游融合：多层次关系内涵、挑战与践行路径 [J]. 旅游学刊，2020, 35(03).

31. 孙九霞，黄凯洁，王学基. 基于地方实践的旅游发展与乡村振兴：逻辑与案例 [J]. 旅游学刊，2020, 35(03).

32. 欧欢. 突变的节点 – 通过刘花里个案对黔东南苗绣图案传承方式的初步研究 [D]. 中央美术学院，2021.

33. 萧放，王辉. 非物质文化遗产融入当代生活的路径研究 [J]. 广西民族大学学报（哲学社会科学版），2021, 43(01).

34. 毛巧晖. 乡村振兴战略背景下民俗节日的传承发展 [J]. 中国非物质文化遗产，2021, 4(02).

35. 刘晓春. 当代民族景观的"视觉性"生产——以黔东南旅游产业为例 [J]. 社会学评论，2021, 9(03).

36. 张勃. 中华传统节日的文化内涵——基于人与自然、他者和自身关系视角的考察 [J]. 中国文艺评论，2021, (05).

37. 徐玉特. 嵌入与共生：民族传统节庆文化创造性转化的内生逻辑——基于广西DX县陇峒节的考察 [J]. 中南民族大学学报（人文社会科学版），2021, 41(12).

38. 李任. 深度融合与协同发展：文旅融合的理论逻辑与实践路径 [J]. 理论月刊，2022, (01).

39. 李红飞，李杉杉，慈福义. 区域文化生态视野下非物质文化遗产价值与高质量发展路径研究——以贵州少数民族非物质文化遗产为例 [J]. 贵州民族研究，2022, 43(02).

40. 叶敬忠，胡琴. 共同富裕目标下的乡村振兴：主要挑战与重点回应 [J]. 农村经济，2022(02).

41. 李耕. 乡贤回乡与资本下乡：双重逻辑下的乡村遗产实践 [J]. 文化纵横，2022(4).

42. 郑春霞，丁霜青，陈晓亮，等. 民俗文化旅游动机与文化认同关系研究——以闽南芗剧为例 [J]. 华南师范大学学报（自然科学版），2022, 54(05).

43. 孙九霞. 文旅新消费的特征与趋势 [J]. 人民论坛，2022, (05).

44. 雷明，王钰晴. 交融与共生：乡村农文旅产业融合的运营机制与模式——基于三个典型村庄的田野调查 [J]. 中国农业大学学报（社会科学版），2022, 39(06).

45. 高宏存. 文创赋能乡村振兴的理念革新与思路突破 [J]. 行政管理改革，2022, (11).

46. 黄永林，任正. 非物质文化遗产赋能乡村文化振兴的内在逻辑与实现路径 [J]. 云南师范大学学报（哲学社会科学版），2023, 55(02).

47. 刘华. 苗绣文本的叙事功能和意义 [J]. 大众文艺，2023, (02).

48. 蒲毕文，邓星华. 我国乡村体育赛事发展经验及启示——以贵州"村BA"为例 [J]. 体育文化导刊，2023(02).

49. 宋俊华. 可持续发展理念与非物质文化遗产系统性保护 [J]. 文化遗产，2023, (03).

50. 杨玉欢，贺建雄，张新红，等. 中国农文旅耦合协调发展空间分异特征及影响肌理 [J]. 干旱区地理，2023, 46(03).

51. 周真刚，韦泽珺，杨江萍. 贵州有形有感有效践行铸牢中华民族共同体意识 [J]. 原生态民族文化学刊，2023, 15(03).

52. 旷芳 . 审美视域下的黔东南"村BA"文化研究 [J]. 贵州民族研究，2023, 44(04).

53. 李娟 . 农村体育赛事的时代价值审视以及优化路径——以贵州省"村BA"为例 [J]. 体育科学进展，2023, 11(04).

54. 刘海涛，周晓旭，王宜馨 . 贵州"村超"现象级传播的生成逻辑与传播效应——基于知识发酵理论的视角 [J]. 体育与科学，2023, 44(05).

55. 刘智英，马知遥，刘垚瑶 . 非遗工坊的生成逻辑、基本意涵与实践分析 [J]. 民俗研究，2023, (05).

56. 杨逐原 . "以赛为媒"：文旅融合视域下各民族交往交流交融的促进策略研究——以贵州省黔东南州台江县的"村BA"赛事为例 [J]. 原生态民族文化学刊，2023, 15(06).

57. 郭庆 . 乡村体育振兴的新内生发展逻辑与实践探索——来自台盘"村BA"的案例分析 [J]. 武汉体育学院学报，2023, 57(06).

58. 蔡寅春，朱洺新 . 从交往交流交融视域构建民族地区旅游社区参与度综合评价体系 [J]. 民族学刊，2023, 14(07).

59. 姚瑶 . 贵州"村BA"火爆出圈的前世今生 [J]. 文史天地，2023, (12).

60. 黄永林，邹蓓 . 推动非遗与乡村旅游深度融合发展的基本规律与主要路径 [J]. 文化遗产，2024, (01).

61. 许晓 . 生活共同体：乡村治理有效的实践路径——基于贵州省台盘村"村BA"的田野调查 [J]. 求实，2024, (01).

62. 徐姗姗，王军杰 . 从"村BA"看中国式现代化与民族文化创新的互构实践 [J]. 云南师范大学学报（哲学社会科学版），2024, 56(01).

63. 黄雄，刘春华，王帅 . 价值链模型下我国乡村体育赛事研究——以贵州"村BA""村超"为例 [J]. 河北体育学院学报，2024, 38(02).

64. 代向伟，凌媛，郭修金，等 . 我国乡村体育赛事振兴的历史机遇、实践经验与启示——以台盘"村BA"为例 [J]. 沈阳体育学院学报，2024, 43(02).

65. 林继富，汤尔雅 . 非物质文化遗产旅游与铸牢中华民族共同体意识 [J]. 文化遗产，2024, (02).

66. 张友浪，冉宇豪. 多元协同治理如何助力公共服务合作生产？——基于 R 县"村超"赛事的制度分析 [J]. 治理研究，2024, 40(02).

67. 周立. "村超"出圈：乡村文化振兴新力量 [J]. 人民论坛，2024, (03).

68. 张英，白冰，冯莉. 民族交融互嵌推进旅游业高质量发展——基于交往行为理论的贵州典范研究 [J]. 贵州民族研究，2024, 45(03).

69. 郑少雄. 从赛龙舟、"村 BA"到巴黎奥运会——中国体育人类学的两条脉络 [J]. 社会学评论，2024, 12(04).

70. 张洪昌，吴迪. 乡村群众体育铸牢中华民族共同体意识的逻辑、经验与启示——以贵州"村 BA"为例 [J]. 体育文化导刊，2024, (04).

71. 安海燕，何金彪，杨昌能. "村+"类体育 IP 促进乡村振兴的内在逻辑与实践研究——以贵州"村超"为例 [J]. 资源开发与市场，2024, 40(04).

72. 李俊清，李泽锋. 基于游客视角的旅游促进"三交"机理研究 [J]. 云南民族大学学报（哲学社会科学版），2024, 41(04).

73. 朱全国，肖艳丽. 贵州现代乡村表演与中华民族共同体意识的呈现——以贵州"村 BA"与"村超"为例 [J]. 中南民族大学学报（人文社会科学版），2024, 44(04).

74. 张继焦. 文化赋能论：文化遗产赋能、文旅产业发展与中华民族现代文明建设 [J]. 思想战线，2024, 50(04).

75. 孙九霞，罗意林. 以旅游"三交"铸牢中华民族共同体意识的理路 [J]. 北方民族大学学报，2024, (05).

76. 严庆，张建兰. 从西江千户苗寨看旅游促进各民族交往交流交融——以空间生产的视角 [J]. 云南民族大学学报（哲学社会科学版），2024, 41(05).

77. 张宸溪，周真刚. 礼俗互化：发展现代生活场景推动各民族共同走向中国式现代化的可能性分析 [J]. 贵州社会科学，2024, (08).

78. 中共贵州省委宣传部调研组. "村超""村 BA"何以火爆出圈 [J]. 求是，2024(11).

79. 王蕊. 国际传播中"人民形象"的立体构建——以国际媒体对"村超""村 BA"的报道为例 [J]. 传媒，2024, (11).

报纸类

1. 坚持依法治疆团结稳疆长期建疆 团结各族人民建设社会主义新疆 [N]. 人民日报，2014-05-30.

2. 中央民族工作会议暨国务院第六次全国民族团结进步表彰大会在北京举行 [N]. 人民日报，2014-09-30.

3. 习近平在会见基层民族团结优秀代表时强调 中华民族一家亲 同心共筑中国梦 [N]. 人民日报，2015-10-01.

4. 习近平. 在哲学社会科学工作座谈会上的讲话 [N]. 人民日报，2016-05-19.

5. 习近平在江苏徐州市考察时强调 深入学习贯彻党的十九大精神 紧扣新时代要求推动改革发展 [N]. 人民日报，2017-12-14.

6. 习近平. 在全国民族团结进步表彰大会上的讲话 [N]. 人民日报，2019-09-28.

7. 中共中央关于制定国民经济和社会发展第十四个五年规划和二〇三五年远景目标的建议 [N]. 人民日报，2020-11-04.

8. 习近平春节前夕赴贵州看望慰问各族干部群众 向全国各族人民致以美好的新春祝福 祝各族人民幸福吉祥祝伟大祖国繁荣富强 [N]. 人民日报，2021-02-06.

9. 习近平在中央民族工作会议上强调 以铸牢中华民族共同体意识为主线 推动新时代党的民族工作高质量发展 [N]. 人民日报，2021-08-29.

10. 向全国各族人民致以美好的新春祝福 祝各族人民幸福安康 祝伟大祖国繁荣富强 [N]. 人民日报，2022-01-28.

11. 彭芳蓉. 贵州"村BA"为什么会火出圈 [N]. 贵州日报，2022-08-12.

12. 习近平. 高举中国特色社会主义伟大旗帜 为全面建设社会主义现代化国家而团结奋斗：在中国共产党第二十次全国代表大会上的报告 [N]. 人民日报，2022-10-26.

13. 习近平对非物质文化遗产保护工作作出重要指示强调 扎实做好非物质文化遗产的系统性保护 推动中华文化更好走向世界 [N]. 人民日报，2022-

12—13.

14. 王汉超，杨文明．传承发展提升农耕文明，走乡村文化兴盛之路 [N]．人民日报，2022-10-09.

15. 李强总理出席记者会并回答中外记者提问 [N]．人民日报，2023-03-14.

16. 习近平在文化传承发展座谈会上强调 担负起新的文化使命 努力建设中华民族现代文明 [N]．人民日报，2023-06-03.

17. 陈冠合，吕慎．"村超""村BA""村歌"乡村热土释放"幸福能量"——从贵州实践看乡村振兴新气象 [N]．光明日报，2023-06-28.

18. 邓国超，王璐瑶，李坤，等．直播火了村超电商甜了生活 [N]．贵州日报，2023-09-04.

19. 邓国超，李坤，陈诗宗，等（贵州日报报刊社调研组）．群众创造历史创新引领发展——从村BA村超看西部欠发达地区中国式现代化的生动实践 [N]．贵州日报，2023-09-20.

20. 习近平对宣传思想文化工作作出重要指示强调 坚定文化自信秉持开放包容坚持守正创新 为全面建设社会主义现代化国家 全面推进中华民族伟大复兴提供坚强思想保证强大精神力量有利文化条件 [N]．人民日报，2023-10-09.

21. 习近平向世界中国学大会·上海论坛致贺信 [N]．人民日报，2023-11-25.

22. 陈江南．线上"种草"线下引流短视频注入文旅新玩法 [N]．贵州日报，2023-12-15.

23. 国家主席习近平发表二〇二四年新年贺词 [N]．人民日报，2024-01-01.

24. 曹雯．"村超""村BA"美好生活引客来 [N]．贵州日报，2024-01-01.

25. 史红云，沈安永，石含开．盘活招商引资"全盘棋" [N]．贵州日报，2024-02-12.

26. 把培育和弘扬社会主义核心价值观 作为凝魂聚气强基固本的基础工程 [N]．人民日报，2014-02-26.

27. 彭芳蓉．"村BA"流量密码不止在球上 [N]．贵州日报，2024-05-08.

28. 习近平对旅游工作作出重要指示强调 着力完善现代旅游业体系加快建

设旅游强国 推动旅游业高质量发展行稳致远 [N]. 人民日报，2024-05-18.

29. 张恒，陈诗宗，熊诚."村 BA"点燃台江发展星星之火 [N]. 贵州日报，2024-05-15.

30. 习近平对旅游工作作出重要指示强调 着力完善现代旅游业体系加快建设旅游强国推动旅游业高质量发展行稳致远 [N]. 人民日报，2024-05-18.

31. 倪玉洁，谢柳峙. 广东省粤黔协作工作队黔东南工作组：谱写东西部协作的"佛黔篇章" [N]. 佛山日报，2024-07-05.

32. 中共二十届三中全会在京举行 [N]. 人民日报，2024-07-19.

33. 习近平对加强文化和自然遗产保护传承利用工作作出重要指示强调 守护好中华民族的文化瑰宝和自然珍宝 让文化和自然遗产在新时代焕发新活力绽放新光彩 [N]. 人民日报，2024-08-07.

34. 徐梅，戴正国. 榕江蓝染，走上多彩新路 [N]. 贵州日报，2024-08-09.

35. 习近平. 在全国民族团结进步表彰大会上的讲话 [N]. 人民日报，2024-09-28.

36. 韦俊文，华姝. 组织带动作风转变流量引才 [N]. 贵州日报，2024-10-17.

37. 亓玉昆. 让非遗在新时代焕发新活力 [N]. 人民日报，2024-10-31.